광덕스님 시봉일기 · 5

佛光香風 5

광덕스님 시봉일기 · 5
-임의 숨결-

지은이 · 松菴 至元 外
펴낸이 · 김인현
펴낸곳 · 도서출판 도피안사

2007년 5월 16일 1판 1쇄 인쇄
2007년 5월 21일 1판 1쇄 발행

책임편집 · 이상옥
영업 · 지국 한충정, 혜국 정필수
관리 · 법해 김대현, 혜관 박성근
인쇄 및 제본 · 금강인쇄(주)

등록 · 2000년 8월 19일(제19-52호)
주소 · 경기도 안성시 죽산면 용설리 1178-1
전화 · 031-676-8700
팩시밀리 · 031-676-8704
E-mail · dopiansa@kornet.net

ⓒ 2007, 송암지원

ISBN 978-89-90223-32-6 04220
      89-951656-0X(세트)

眞理生命은 깨달음(自覺覺他)에 의해서만 그 모습(覺行圓滿)이 드러나므로
도서출판 도피안사에서는 '독서는 깨달음을 얻는 또 하나의 길' 이라는 신념으로 책을 펴냅니다.

佛光香風
5

광덕스님 시봉일기 5

임의 숨결

글 · 송암지원 外

傳　法　五　誓

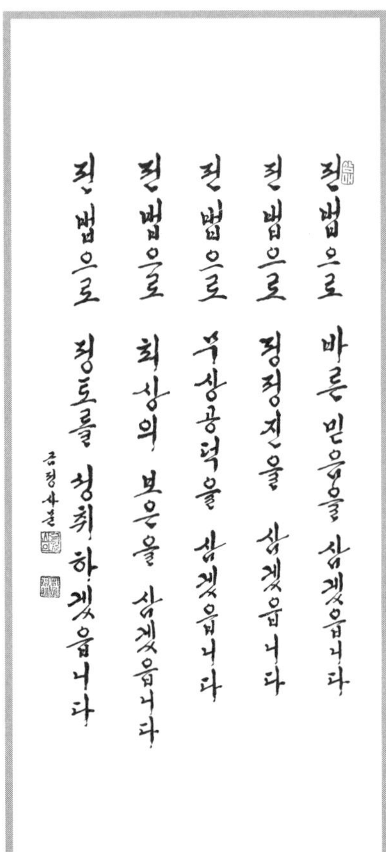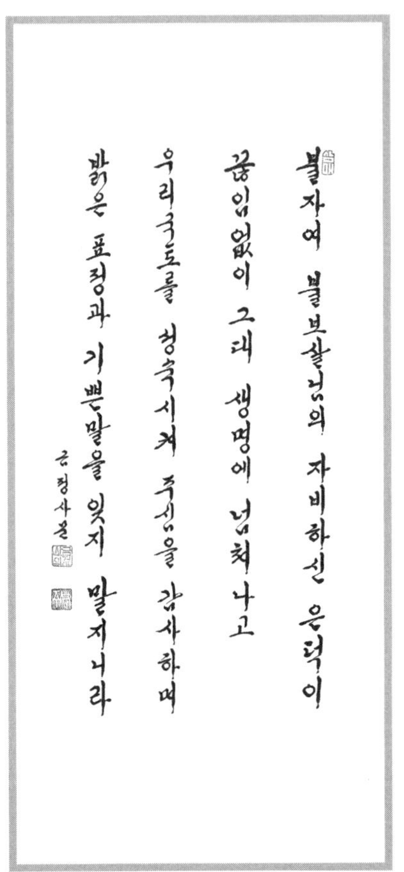

글씨 / 석주(1986년 作)

왼쪽은 先師께서 매월 포살 때 대중에게 다짐받은 포살 계목 중의 하나이고,

오른쪽은 매주 법회 때마다 동참 대중이 함께 다짐한 傳法五誓임.(필자)

그림 / 석정

普賢身相如虛空	보현보살	미묘한몸	형상이없어
依眞而住非國土	어느 때나	법신광명	두루 비추네.
隨諸衆生心所欲	일체중생	원하는바	이루기위해
示現普身等一切	보현원왕	일체처에	현전하시네.

보현행원으로 보리 이루리!

"보현행원 수행하는 보살들이여

1. 모- 든- 부처님께 예경할지라
2. 일체여래 모든공덕 찬탄할지라
3. 시방세계 일체불께 공양할지라
4. 무시이래 지은업장 참회할지라
5. 모든여래 지은공덕 기뻐할지라
6. 일체불께 설법을- 청할지로다
7. 일체제불 주세간을 청할지로다
8. 어느때나 여래따라 배울지로다
9. 온갖형상 일체중생 수순할지라
10. 중생에게 모든공덕 회향할지라

허공계가 다하고 중생 다하고
중생의 번뇌가 다할지라도
보살의 행원은 다하지 않아."

"보현행원은 나의 진실생명의 문을 엶이어라
　　　무량위덕 발휘하는 생명의 숨결이어라
보현행원은 나의 영원한 생명의 노래
　　　나의 영원한 생명의 율동
　　　나의 영원한 생명의 환희
　　　나의 영원한 생명의 위덕
　　　체온이며 광휘이며 그 세계이어라.

내 이제 목숨 바쳐 서원하오니
삼보자존이시여 증명하소서

보현행원을 수행하오리
보현행원으로 불국이루리
보현행원으로 보리이루리
나무마하반야바라밀다
나무대행보현보살마하살"

그림 / 소공

울려서 법계를 진동하여 철
위산이 밝아지고 잠잠해서 껌
전봄소식이 겁후에 찬란해라
일쩌기 형상으로 몰형상을
떨쳤으니 금정산이 당당하여
그의소리 영원하리

군하광덕대선사열반송을쓰다

기묘년봄 법진정웅 쓰

글씨 / 법진

眞　　影

해인사 백련암에서 조계종 종정이신 성철대종사와 담소하시는 스님(필자)

金河堂 光德大禪師는
1927년 4월 4일(정묘년 3월 3일) 경기도 화성에서 출생.
1950년 가을, 24세 때 부산 범어사 입산. 그 이후 오직 爲法忘軀 傳法度生으로 이 시대의 횃불이 되다.
1999년 2월 27일 오후 2시경 불광사 법주실에서 세수 73세,
법랍 48세로 사바 세연을 조용히 거두고 대원적 무상(無相) 삼매에 들다.(연보는 뒷면)

- 門人 松菴至元 謹抄

용생룡(龍生龍)이요, 봉생봉(鳳生鳳)이라

無住淸華 | 성륜사 조실·조계종 원로

금하당(金河堂) 광덕 큰스님은 한국불교사에서 찬연히 빛나는 불멸의 횃불이시다.

큰스님은 복잡한 서울, 그 한가운데서 문수의 투철한 반야지혜(般若智慧)와 보현의 훈훈한 자비행원(慈悲行願)을 몸소 실천하신 대비보살이셨음은 비단 우납(愚衲)만의 찬탄이 아닌, 모든 불자의 위대한 의호(依怙)로서 앙모(仰慕)해 마지않는 불세출(不世出)의 선지식이시다.

큰스님 유별(有別)의 청수(淸秀)하고 고결(高潔)한 풍모와 이십여 성상을 두고 불광지를 통해 베풀어주신 시기상응(時機相應)한 사자후는 모든 불교인들의 가슴에 뜨거운 감격으로 오래오래 메아리치게 될 것이다.

고인(古人)의 격담(格談)에 용생룡(龍生龍)이요 봉생봉(鳳生鳳)이라 했는데, 큰스님의 문하에 수많은 용상대덕들이 나오신 가운데 특히 송암당(松庵堂) 지원화상은 철두철미(徹頭徹尾) 지성일관(至誠一貫)하여 은법사(恩法師)인 광덕 큰스님의 고매한 유지를 받들어 『광덕스님 시봉일기』라는 책을 펴냈을 뿐만 아니라, 도피안사의 대작불사를 발원 진행중이시니 실로 사자상승(師資相承)의 귀감으로서 우리 불가의 희유한 수범(垂範)이 아닐 수 없다.

본시 우납은 평소 도회은거(韜晦隱居)로 지내왔기에 광덕 큰스님과 배면(拜面)의 연(緣)은 없었으나 큰스님의 출천고풍(出天高風)은 이심전심으로 경모해 마지않았다.

이번 송암화상의 간곡하신 부탁을 과분하게 생각하며 다만 성긴 말 몇 마디를 보태어 추천사를 대신하는 바다.

辛巳年 부처님 오신 날을 앞두고

聖輪寺 禪窓에서

無住 淸華 合掌

기도하면서 썼고, 쓰면서 기도한 스승 존경의 길잡이

원성 김종서(圓成 金宗西) | 문학박사서울대 명예교수

불과 얼마 전에 있었던 일이다. 내가 교직생활을 처음 시작할 무렵에 가르쳤던 제자 십여 명과 오랜만에 저녁식사를 같이 했다.

그때 그들 중 몇 명이 방밖 출입이 잦았다. 아마도 담배를 피우기 위해 드나드는 것 같아서 나는 이를 눈치채고 "담배를 밖에서 피우지 말고 여기서 피우지"라고 말했더니 그들은 "스승님 앞에서 어떻게 담배를 피웁니까?"라고 대답하는 것이었다. 그때 나는 "지금 몇 살이나 되었지" 하고 다시 물었더니 머리를 긁적이며 "일흔셋입니다"라고 말하는 것이었다.

이것이 원래 우리의 '스승과 제자' 관계였다. 그러나 최근에 와서 이러한 전통적인 관계는 땅에 떨어지고 스승이 체벌을 한다고 학부모나 학생이 선생님을 고발하고 심지어는 폭행까지 하는 현상까지 나타나고 있으니….

아, 이 어찌된 일인가?

'군사부일체(君師父一體)'니 '스승의 그림자는 밟지도 않는다'는 말은 이미 옛말이 되고 말았는가? 참으로 비감(悲感)한 생각마저 드는구나!

이때, 홀연히 한줄기 희망의 빛이 비쳤으니 바로 송암지원(松庵至元) 스님이 지어낸 『광덕스님 시봉일기』다. 이 책은 스승과 제자의 관계를 올바르게 정립하는 지침서며 시금석(試金石)이기도 하다.

살펴보면 오늘날의 사회는 급격히 변하고 있다. 이 급변하는 사회에 사는 현대인은 두 가지의 가치관(價値觀)을 동시에 추구해야 한다. 그 하나는 변하는 사회에 적응하기 위한 '변하는 가치관'의 추구며, 다른 하나는 사회가 아무리 변해도 변해서는 안 되는 '항구적 가치관'의 추구다. 스승 존경의 가치관은 후자에 속한다. 왜냐하면 사제지간의 올바른 관계의 설정이 이 사회를 발전시키는 근간이고 원동력이 되기 때문이다.

인류가 쌓아 놓은 문화유산의 전달자는 스승이며 이를 전수받은 제자는 이를 보다 확대 발전시켜 다음 세대를 위한 전달자가 되어야 한다. 이러한 스승 존경의 훌륭한 전통은 특히 우리 불교에서 더욱 뚜렷이 나타나고 있다.

도(道)를 구하기 위해 자신의 팔을 끊어 스승인 달마대사(達磨大師)에게 바쳤던 혜가(慧可) 스님의 이야기는 비록 불자가 아니라고 해도 모르는 사람이 없을 정도로 널리 알려져 있다. 이리하여 '역대전등 제대조사(歷代傳燈 諸大祖師)'가 부처님 가르침의 정법(正法)을 면면히 이어나가고 있다.

송암스님이 쓴 이 책, 『광덕스님 시봉일기』는 스승을 어떻게 받들어야 하는지를 우리의 마음과 몸속에 깊숙이 스며들도록 제시하고 있다. 또 이 책은 저자인 송암스님이 다년간에 걸친 관찰과 체험과 감동을 통해 스승이신 광덕대선사의 불교사상과 수행 실천의 모습을 실상 그대로 예리한 필봉으로 부드럽게 표현한 스승 존경의 길잡이 책이다. 여기에는 저자가 평소 스승이신 광덕스님을 얼마나 절대시했고 존경했으며, 진심으로 받들었는지 구구절절이 잘 나타나 있다.

특히 시봉일기 중에서 처음 두 권은 저자가 스승께서 입적하신 뒤 백일 추모재를 올리는 날, 제1권을 상재(上梓)하고 바로 티베트 수미산과 인도 부처님 성지(聖地)를 돌며 스승의 환생기도를 올렸다고 했다. 그때 깨닫는 바가 있어 스승의 1주기 재를 올리는 날, 천일기도를 입재하고 그날부터 집필에 들어가 정확히 367일 만에 제2권을 세상에 내놓았다. 이제 또 저자는 집필에 착수하여 천일기도가 끝날 무렵 나머지 책을 마저 출간할 예정이라고   한다.

즉, 이 책은 저자인 송암스님이 천일기도를 하면서 썼고, 쓰면서 기도했기 때문에 글 하나 하나가 살아 있어서 책을 읽는 독자의 피부를 뚫는 느낌을 받게 된다.

아무쪼록 이 책이 스님들은 말할 것도 없고, 학교 교육자, 사회 교육자, 학부모, 사회인, 학생 등 모든 사람들에게 널리 읽혀 스승과 제자의 본래 면목을 각기 되찾아 스승 존경의 풍토가 이 사회에 다시 가득 차기를 바라는 간절한 마음에서 이 책을 추천한다.

2001년 스승의 날을 앞두고

기록의 백미(白眉), 일기 장르

달공 조홍식(達空 趙洪植) | 문학박사, 성균관대 명예교수

한 선지식(善知識)의 수행기록이 일기의 이름으로 그 시봉(侍奉 : 上佐, 弟子)에 의해 편찬되었다.

한국전쟁이 발발하던 해가 1950년, 고처사(高處士)가 범어사에 입산한 해 이래로 1999년 세수 73세로 원적에 이르기까지 그 행장의 대부분이 담겨져 있다.(물론 고처사의 어린시절 이야기도 나온다)

현장 거기, 있었던 그대로 리얼하게 드러내기 위하여 일기의 형식을 빌었는가. 분량에 있어서도 단행본 한두 권 정도가 아닌 무려 10권이 넘는 대형 전집. 게다가 권마다 300여 쪽에서 500여 쪽에 이르는 거권(巨卷)들이다.

세계적으로 가장 방대한 일기는 19세기의 프랑스 작가 아미엘의 것을 들 수 있을 것이다. 174권의 노트, 16,900쪽에 달한다. 그 가운데 일부가 그의 사후(死後)에 500쪽에 해당하는 일기초(日記抄)로 2권이 간행되었다. 그 후 다시 1,100쪽에 해당하는 분량이 출간되고, 다시 전량의 일기 간행이 기획되었다고 알려졌다.

그는 일생동안 독신으로 일관하였다. 따라서 여성에 대한 열

정의 기록은 읽는 이로 하여금 소설의 흥미를 돋우기도 한다. 그러나 전체적으로 조감할 때는 그의 남다른 독서에서 오는 영향이 크다. 즉 당대 작가들의 작품 비평, 따라서 문학과 예술 비평이 그의 일기의 주류를 이루고 있다. 게다가 모럴리스트로서 당대 사회와 정치 및 풍속에도 날카로운 비평의 안목으로 기록하고 있다.

이와 같이 문학의 일기는 독립된 한 장르로서 그 시대의 사회 전반의 상세한 기록이다. 때문에 자연 당대보다도 후세에 더 많은 각광을 받게 된다.

문학사에서뿐만 아니라 사회나 정치문화 전반에 걸쳐 많은 연구가들이 이 일기를 탐독하여 적지 않은 재료를 얻어낸다. 일기는 거짓 없는 인간의 정신사이기 때문에 가장 신빙할 수 있는 정직한 역사가 될 수 있어서이다. 후세 사가, 연구가들이 언젠가 믿고 찾을 수 있도록 대개는 국립도서관에 깨끗이 보관되어 있다. 한 작가를 연구하기 위해서는 무엇보다 그 사람의 일기를 읽어야 한다. 일기는 그 작가의 양심의 고백이기 때문이다. 그래서 아무리 난해한 작품이라도 수수께끼를 푸는 열쇠는 다른 데 있지 않다. 20세기의 양심이라는 앙드레 지드의 경우는 일기가 그의 혼의 수련도장이었다고까지 고백하고 있다.

한 사람의 신앙고백까지도 그 사람의 일기를 통해서 알려진다. 그 사람의 온갖 비밀이 그 속에 숨어 있는 까닭이다. 공꾸우르 형제의 「문학생활의 수기」라는 부제를 붙인 그의 일기의 일부는 생전에 발표되는 것을 기피했다. 사후(死後) 20년이 경과된 뒤에 세상에 발표하는 것을 허락하였다.

또 쥴르 르나아르의 경우는 23세부터 죽기 한 달 반 전까지 일기를 빠짐없이 써 나갔다. 작가가 세상을 떠나고 일기를 발표할 즈음에 그의 부인이 원고를 일일이 살폈다. 생전에 복잡하였던 여성관계의 비밀을 모두 파기해 버리기 위해서였다. 그럼에도 당대의 배우, 작가, 예술가 등 문단의 저명인들을 신랄하게 비평한 내용들이 많았다. 당대 문단의 이면사를 한 눈에 볼 수 있었다.

이 여러 가지 흥미로운 사건들이 담겨진 일기가 발표되자 센세이션을 일으킨 것은 당연지사였다. 일기는 픽션일 수 없기 때문이다. 아울러 거기에는 여러 가지 교훈도 담겨 있다. 물론이다.

이상에서 일기의 장르가 갖는 특징을 몇 가지 실례로서 알아보았다.

이 '광덕스님시봉일기' 시리즈는 광덕스님의 전기(傳記)로도 손색이 없다. 스님의 사생활 기록도 이보다 더 세밀할 수가 없기 때문이다. 왜냐하면 시봉(侍奉)인 그 제자는 은사의 분신으로 스승을 가까이에서 모셨다는 사실이다. 한 집에서 같이 살고, 한 솥의 밥을 먹고, 기거(寄居)를 더불어 하고, 호흡을 함께 한 그림자였다. 그 시봉, 송암의 몸이 곧 스승의 수족이듯 그 생각 또한 떨어질 수가 없었으리라. 일심동체 그대로.

뿐만 아니다. 광덕스님 자신이 수행자로서 선지식으로서 스승으로서 뛰어난 자질을 두루 갖추었기 때문이기도 하리라. 이토록 훌륭한 선지식, 빼어난 수행자, 특출한 스승이라도 부처님이 그랬듯이 역시 무상(無常)을 넘을 수는 없다. 무여열반의 부처님을 우리 곁에 모시고 시봉할 수 있는 방법은 부처님 행장의 기록뿐이다. 그러므로 온전히 모실 수 있는 것은 온전한 기록뿐이다. 이런 점에서 시봉일기는 그 가치를 갖는다.

그 스승을 잘 시봉하기 위하여 스승의 행적을 사실 그대로, 간직하는 일. 그것은 오로지 착오가 없이 기록하는 일이다. 시봉(侍奉), 자신이 보고 들은 사실들을 재확인하는 뜻에서 여기 참여한 그때, 그곳에 함께 한 이들의 보고 들은 사실도 보충의 의미를 갖는다. 일기 속에 자신의 기록 이외에 다른 도반들의 청문(聽聞)을 여러 모로 받아들이는 이유가 여기에 있다 하겠다.

기록은 망각(忘却)을 되살린다. 세월은 지나가는 것이다. 흘러간 세월 뒤에는 망각만이 남는다. 산천도 변하고 인걸도 돌아간다. 그 뒤에 남는 것은 오직 망각뿐이다. 팔만대장경이 존재해야 할 이유가 여기에 있다. 대장경은 경장(經藏)이다. 삼보(三寶) 중에 승보(僧寶)인 선지식들의 법문은 논장(論藏)에 해당된다. ‘광덕스님시봉일기’ 시리즈도 논장임에는 틀림없다. 부처님께서 열반에 드신 후, 구송(口誦)의 결집이 없었던들 부처님이 이 사바세계에 다시 출현하셔야 할 번거로움이 남았을 것이다.

십대제자들의 구송과 부처님 행장의 기록, 이 역시 부처님 설법의 부연설명이다. 그 후 오늘까지 수많은 선지식들의 행적 역시 그러하다. 그러나 불법의 후속 조치는 이상의 것으로 충분한 것은 아니다. 면면히 이어져 오는 스승들로부터 쏟아져 나오는 언어행동이 도리어 번거로울 수 있을지 모른다. 하지만 시간은 모든 것을 변화시키기 때문에 지나간 스승의 가르침의 수단도 변하지 않을 수 없다. 스승이 가고 또 사이사이에 중생도 가고 온다. 생활풍속과 언어문자도 변화한다. 여기에 끊임없는 기록의 필요성이 대두된다.

역사를 만드는 것은 기록이다. 기록을 게을리 하던 시대는 역사 역시 사라졌다. 공백의 역사는 무엇으로도 되살릴 길이 없다. 고고학자들의 노고가 얼마나 크랴? 그래도 분명 한계는 있다.

이 '광덕스님시봉일기' 시리즈는 광덕스님이 살아온 한 평생의 기록에 그치는 것이 아니다. 거기에는 그 주변의 수많은 인물들이 동원되고 참여하고 있다. 이를 통해서 이 시대, 한국불교의 역사적 기록으로도 손색이 없을 것이다.

한 시대를 살고 간 한 선지식의 생애를 긴 역사의 안목으로 볼 때는 한순간에 지나지 않는다. 도도히 바다로 흘러가는 긴 강에 비해서는 골짜기 샘물에 불과하다. 그러나 한 시대의 연원을 캐기 위해서는 그 순간 순간을 연구하게 되고, 긴 강의 근원을 알기 위해서는 계곡 하나 하나를 뒤지지 않으면 안 된다. 이런 점에서 '광덕스님시봉일기' 시리즈는 역사적인 사업이 아닐 수 없다. 후세의 사가(史家)들이 이 시대, 한국의 불교사를 연구함에 있어 그 얼마나 귀중한 자료가 되랴.

비단 역사적인 고증을 위해서만 이 기록이 의의(意義)를 갖는 것은 아니다. 이런 여러 가지 업적 중에서도 이 사업의 가장 큰 의의는 불법을 전수한다는 거룩한 사업이 거기에 있다. 그리고 수행자란 과연 어떠해야 하고 또 어떻게 살아야 하는가를 보여 주어 만천하 수행자들에게 귀감이 된다는 뜻이 거기에 있다.

2004년 10월

불광회 창립 30주년의 소식을 전해 들으며

河南 古州山房에서

차례

제 1 장 임의 숨결

우리 임 눈부시고 다정해라

歷千劫不古　　천겁을 지나도 과거가 아니요
亘萬世長今　　아득한 미래도 영원한 현재로다.

진여불성(眞如佛性)의 공덕을 믿자

無住淸華 | 성륜사 조실, 조계종 원로

1. 진여불성과 계정혜(戒定慧)

오늘 이 장엄도량에서 여러 불자님들을 만나 뵙게 되어 대단히 감사하고, 또 환희한 마음 어디에 비할 수 없습니다. 젊은 주지스님 [송암, 편집자] 은 덕도 많고, 또 현대적인 감각이 아주 탁월하고 수승한, 진지하면서도 무척 세밀한 성품이라는 것을 느꼈습니다. 여기 법당에 들어오기 전, 잠깐 오늘 법회진행 프로그램을 살펴보았더니 행사가 무척 다양할 뿐만 아니라 주도면밀하게 잘 짜여 있어서 매우 감명 깊었습니다.

여러분들도 다 아시는 바와 같이, 이 회상(會上)의 법주(法主)이셨던 광덕 큰스님은 정말로 현대 한국불교의 큰 별이셨습니다. 큰스님께서는 현대 한국불교 포교의 장을 새로 개척하신 위적(偉蹟)을 우리에게 남겨주셨습니다. 그 어른께서는 '진여불성공덕(眞如佛性功德), 즉 부처님 공덕이 얼마나 위대하신가, 부처님의 무량공덕과 그 위신력에 대해서 유난히 말씀을 많이 하셨습니다. 따라서 저도 거기에 공명하는 한 사람이기 때문에, 오늘의 제 말씀도 거기에다 초점을 두겠습니다.

여러분들은 조금 전에 다섯 가지 계를 수계하였습니다. 부처님께서 제정하신 계율은 여러 가지입니다. 5계가 있고, 재가불자가 받는 8계도 있고, 10선계(十善戒)도 있고, 출가자가 받는 사미 10계, 사미니 10계도 있고, 비구 250계, 비구니 348계, 또 재가불자나 출가불자나 다 함께 받는 보살대계인 10중금 48계, 즉 열 가지 무거운 계와 마흔여덟 가지 가벼운 계도 있습니다. 그렇게 계의 종류가 많이 있으나, 그 모든 계는 이 다섯 가지 계의 근본정신에 포함돼 있습니다.

그렇기 때문에 근본 5계만 잘 지키면 다른 모든 계는 저절로 원만해지게 됩니다. 우리는 대개 계를 잘 지킴으로 해서 선정(禪定)에 들고, 선정에 들므로 반야지혜가 나온다는 식으로 제각각 분리해서 생각합니다. 그러나 사실은 계정혜 삼학이 제각각 나뉘어진 것이 아닙니다. 부처님의 계를 잘 지키는 거기에 반야지혜가 이미 원만구족하게 갖추어져 있습니다. 그래야 비로소 계도 부처님 법에 맞게 됩니다.

참다운 지혜를 얻기 위해서는 이른바 선정, 즉 우리의 마음을 잘 가다듬어서 산란한 마음을 쉬어야 합니다. 그래야 우리는 정말로 법의 실상을 체험할 수 있게 됩니다. 비록 법의 실상을 우리가 다 체험하기는 어렵다 하더라도, 적어도 그 자리, 선정에 서야만 참다운 지혜도 발생되고, 동시에 제대로 계도 지킬 수가 있게 됩니다.

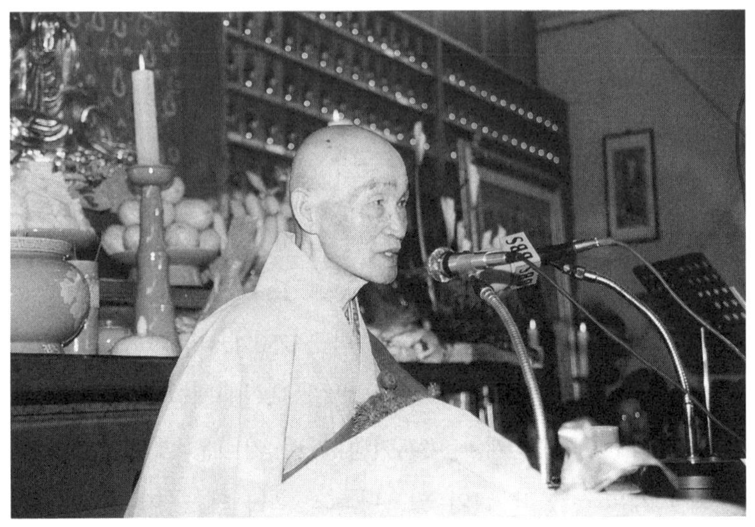

1999년 3월 28일 도피안사 법당에서 설법하시는 청화큰스님.

　다시 바꿔 말씀드리면, 계율 가운데 선정과 지혜도 있는 것이고, 선정 가운데 계율과 지혜도 있고, 지혜 속에 계율과 선정도 함께 있다는 말입니다. 결코 이것은 제각각 뿔뿔이 나뉘어져 있는 것이 아니라, 서로 밀접한 상관관계를 맺고 있는 것이므로 모두가 하나의 진리에 대한 다른 표현에 불과합니다.

　오늘 이곳 도피안사의 '스님의 날' 기념법회와 수계식 법회를 맞이하여 여러분들이 나서서 격려사나 축사를 하셨습니다. 모두 아주 감명 깊은 소중한 말씀이셨습니다. 특히 프랑스 출신의 세네갈 신부님 말씀은 더욱더 그랬습니다. 우리 출가수행자들에게 하신 훈계의 내용은 다소 듣기에 거북하기도 했으나, 설령 그렇더라도 본인이 평소에 가지고 있는 소신이라는 점에서는 이해할 수 있습니다. 또 우리들 불교의 출가수행자들에게 평소 바라는 우정어린 기대에서 하신 말씀이라고 생각하니 자못 진지한

28

느낌마저 들었습니다.

신부님의 모습은 매우 특색이 있습니다. 사제(司祭)를 상징하는 흰 칼라는 어느 분이나 그대로이지만, 세네갈 신부님의 복장은 우리 한복을 신부님 스타일로 개량한 느낌이 드는군요. 거기다가 멋스럽게 목도리마저 돌리고 있으니 무척 세련된 모습입니다. 혹시 그 멋스러운 복장을 우리 불자들이 시주하지 않았는지 모르겠습니다.

우리가 생각해 보건대 종교적인 화해와 협력의 의미에서라도 불교와 기독교, 또는 다른 종교와도 서로 존중해야 하리라고 봅니다. 앞으로 세계적인 종교에서는 꼭 서로서로 화해하여 대화도 하고 교류도 해서 세계평화에 앞장서야 할 것입니다.

2. 대승의 믿음은 진여불성

앞에서 이미 제가 말씀드린 바와 같이 이곳 개산조이신 우리 광덕큰스님께서 그렇게도 역설하신 불성공덕(佛性功德), 사실 이 불성공덕을 모르면 대승불법(大乘佛法)은 못 됩니다. 그런데 혹 다른 나라에 가서 그 나라의 불교를 볼 때는 이 불성공덕을 매우 소홀히 하는 느낌이 들어요. 불성공덕을 소홀히 하면 대승불법이 못 됩니다.

우리가 생각하면 물론 소승불법이나 근본불교도 모두 불법이긴 합니다. 그러나 그런 정도로는 현대사회와 같은 복잡한 시대에 있어서는 제대로 기능을 다 못합니다. 반드시 대승불법이 되어야 현대의 복잡한 사회, 다양성에 어울리고 거기에 맞는 참다운 종교의 역할을 할 수 있는 것입니다.

여러분들이 잘 아시는 바와 같이 대승불법은 마명대사가 지은 『대승기신론(大乘起信論)』에서 강조됩니다. 마명대사는 부처님 정법(正法)의 12대 조사입니다. 가섭존자가 초조이시니까 그로부터 이어져서 12대가 되는 것이지요. 그 마명대사가 내놓은 책이 바로 『대승기신론』입니다. 『대승기신론』은 대승의 신앙을 일으키는 중요한 논장(論藏)입니다. 이 책으로 말미암아 마명대사를 대승불교의 할아버지라고 말하게 되었습니다. 그럴 정도로 이 책은 대승불법과 밀접한 관계가 있지요.

『대승기신론』을 보신 분들은 다 아시겠지만, 그 가운데 가장 중요한 핵심을 말씀드리면 '진여불성(眞如佛性)'입니다. 진여불성이라는 이 말씀은 근본불교에는 없습니다. 대승불법에 한해서만 '진여(眞如)'란 개념이나 또는 '불성(佛性)'이라는 개념이 있습니다. 우리가 일반적으로 생각할 때는 '부처님'이라고 하면 석가모니 부처님만 부처님이라고 하거나 또는 과거나 현재를 통해서 천겁 세상에 삼천불이 나오시는데 그런 부처님만 부처님이라고 생각하기 쉽습니다.

그러나 진리의 참다운 부처님은, 석가모니 부처님이 이 세상에 나오시고 안 나오시고 하는 것에 상관없이 과거, 현재, 미래의 어느 때나 영원히 존재하는 부처님을 말하는 것이지요. 즉 언제 어디서나 우리 범부 중생들 그 가운데 무수한 부처님이 계시는 것이지요. 또는 이 우주 구석구석 광대무변한 이 세계에 계시는 천만의 그 법신(法身) 부처님이 모두 참다운 부처님이십니다. 진리이신 부처님이 진짜 부처님이라는 뜻이지요.

3. 진리이신 부처님

이런 도리가 앞에서 말씀드린 바와 같이 대승불교의 근본사상입니다. 우리가 철학적으로 본다 하더라도 적어도 대승불법이 되어야, 형이하학적인 물질세계와 형이상학적인 영혼의 세계, 이런 것을 통합한 하나의 체계가 수립될 수 있다는 말입니다. 우리가 부처님 사상에서 '부사의부사의(不思議不思議), 불가사의(不可思議) 법'이라, 이런 말씀을 많이 쓰지 않습니까? 우리 중생의 상식으로는 도저히 알 수 없는 심히 부사의한 그런 도리가 이른바 부사의 법, 즉 부처님의 가르침이란 말씀입니다.

『유마경』에도 '부사의 해탈' 법문이란 그런 장절이 있습니다마는 사실 거기뿐만 아니라 부처님의 말씀 그 어디에나 다 있습니다. 그래서 참으로 부처님 법은 너무나 불가사의한 미묘법입니다.

이런 불가사의 경지는 중생의 상식으로 다 알 수가 없습니다. 우리 중생들은, 더군다나 현대 유물적인 사상에 중독된 사람들은 눈에 안 보이는 세계나 부사의 법문에 관해서는 무조건 부정하려고 듭니다. 이런 경향이 전반적으로 농후합니다. 그렇게 되면 종교는 성립될 수가 없게 됩니다. 나아가 차원 높은 철학도 성립될 수가 없습니다.

적어도 눈에 보이든 안 보이든 모든 존재의 근본 성품자리, 이른바 실상자리를 드러내서 얘기하지 못하면 참으로 부사의한 가르침은 못 되는 것입니다. 앞에서 말씀드린 바와 같이, 석가모니 부처님은 가시적으로 우리 중생의 눈에 딱 나타나신 분 [化身]이지만 그 분의 본래 몸인 법신(法身)의 부처님은 절대로 눈에 보이지가 않는단 말입니다. 보이지 않으면서 우주 어디서나 언제나 항상 존재하는 실존적인 생명입니다.

우리가 생각할 때 '아, 그러면 그런 부처님은 우리 마음과 어떠한 관계가 있는 것인가?' 이런 의문을 품게 되겠죠. 사실 이 문제가 굉장히 중요합니다. 우리 마음과 법신 부처님과의 관계는 매우 중요하다는 것이지요. 바로 말씀드리자면 이 두 가지는 동일합니다. 스님들이나 법사님들 중에서는 부처님께서 말씀하신 가장 궁극적인 본체론적인 말씀을 피해서 하십니다마는, 현대란 사회는 감추거나 피할 수 있는 그런 때가 아닙니다. 모든 존재의 근원적인 자리, 근본 성품자리, 또는 본체의 자리, 이런 것을 제대로 드러내지 않고서는 우리 불교도 살 수가 없고, 또는 우리 인생고(人生苦)도 제도할 수가 없습니다.

4. 인생고(人生苦)를 벗어난 행복의 자리

우리 불자님들, 「반야심경」 잘 아시지 않습니까? 인생고를 어떻게 벗어나야 될 것인가? 불교를 한 마디로 말씀드리면 인생고를 떠나서 안온하고 행복스런 최고의 자리를 이루려고 하는 것이겠지요. 만약 이 말을 상식적인 분야라든가 우리가 알기 쉬운 일반적인 분야로 이해해서는 결코 인생고를 떠날 수 없습니다. 못 떠납니다.

「반야심경」 앞머리에 '조견오온개공(照見五蘊皆空)하여 도일체

고액(度一切苦厄)'이라고 나와 있습니다. 인생고를 떠나기 위해서는 오온이 다 비어 있음을 비추어 봐야 인생고를 벗어난다고 하셨습니다. 그러면 과연 오온이 어떠한 것인가?

우리 불자님들은 대체로 오온 정도는 다 아시지 않습니까? 색수상행식(色受想行識), 즉 물질과 정신이 오온이라는 말입니다. 우리 중생이 느끼고, 분별하는 그런 차원에서의 물질과 정신이 색수상행식, 곧 오온이란 말이지요. 그 색수상행식인 오온이 다 비어 있음을 비추어 봐야만 인생고를 비로소 떠난다고 경에서 분명히 말씀하고 계십니다.

정신과 물질, 이것을 오온이라고 말하고 또 이것이 비었다고 말하면 사람들은 잘 이해를 못합니다. 정신과 물질이 분명히 이대로 있는 것인데, 어떻게 해서 비어 있다는 말인가? 하고 의심을 냅니다.

5. 석공(析空)과 체공(體空)

여기서 우리 불자님들이 분명히 아서야 될 것은, 모든 것을 다 분석해서 공으로 돌아가는 이른바 쪼갠다 분석한다는 석(析)자, 빌 공(空)자, 합하여 석공입니다. 쪼개거나 분석해 들어가 보니 비로소 공이라는 말이지요. 분석해 본 뒤 도달하는 석공과 모든 법 현상 그대로 본래 텅 비었다는 체공(體空)을 동시에 알아야 합니다.

말하자면 우리의 몸도 비어 있고 마음도 비어 있고 또는 산하대지 두두물물이 본래부터 다 비어, 이름 그대로 체공이라는 것이지요. 말 그대로 본래부터 아무런 이유와 조건 없이 비어 있는 것을 체공이라고 합니다.

이와 같이 똑같은 공(空)도 현대의 물리나 화학을 연구하는 모양으로 차근차근 쪼개고 분석해 가지고 마침내 다 공이라는 결론을 갖는 것, 이것을 석공이라고 말합니다. 이것은 이른바 학문적인 공입니다. 알음알이 공이라는 것입니다. 그러나 그런 학문적인 방법으로 접근해서는 분석과정에서 다 해체되어 버립니다.

내 몸이 본래 공인데, 그것을 모르고 분석해 본 뒤에 비로소 공이 된다고 하면 분석하는 도중에 내 몸은 죽어 버리겠지요. 그러므로 이 석공은 인생고(人生苦)를 해탈하는 이른바 합리적인 진리의 참된 공은 못 되는 것입니다.

그러나 체공은 우리가 납득하기는 어렵다 하더라도 바로 문제 해결의 근원적인 방법입니다. 꼭 체공의 바른 뜻을 여러분들은 깊이깊이 음미하고 잘 납득하셔야 합니다.

우리 중생이 오온(五蘊)을 볼 때는 모든 것이 명명백백하게 존재합니다. 그러나 맑은 법안(法眼)이나 혜안(慧眼)이나 불안(佛眼) 등, 청정한 안목에서 보았을 때는 우리 중생이 그토록 명명백백히 존재한다고 믿는 것이 그대로 바로 공이란 말입니다.

여러 불자님들, 유식학에 있는 일수사견(一水四見)이란 법문을 들어서 잘 아실 것입니다. 같은 물이라 해도 우리 인간이 생각할 때는 마시는 물이지만, 귀신이 물을 볼 때는 불로 본다는 것입니다. 즉 활활 타는 불로 본다는 말이지요. 그러면 천상[하늘나라] 사람이 볼 때는 어떻게 보는가.

혹시 여러분들 가운데서 제가 천상이나 귀신 말씀을 드리면 천상은 실지로 있는 것이 아닌데, 우리 중생이 좋은 일을 해서 천상으로 가라는 권선징악으로 말하는 방편이 아닌가? 하고 의심하는 분도 계실 것입니다. 그러나 천상은 분명히 존재하는 세계입니다. 우리 인간이 허망하지만 존재하듯이 천상도 허망하여 생사가 있지만 분명히 존재하는 세계란 말입니다.

그런데 천상의 인간은 우리 지상의 인간보다 훨씬 더 안목이 정화되어 있습니다. 즉 마음이 더 맑다는 말입니다. 따라서 천상 사람들이 물을 볼 때는 영롱한 유리로 본다는 것입니다. 영롱한 유리 보배로 본다는 것이지요.

그러면 가장 수승한 안목, 가장 청정한 안목, 모든 존재의 실상을 그대로 볼 수 있는 부처가 보면 어떻게 볼 것인가? 부처의 눈으로 본다고 생각할 때는 같은 물이지만, 그때는 물을 불성(佛性)으로 본다는 말입니다. 부처 불(佛)자, 성품 성(性)자, 불성으로 본다는 말이지요.

6. 불성은 무엇인가

그렇다면 도대체 불성은 무엇인가? 불성은 일체 존재의 근본 성품자리입니다. 우리 마음의 본체도 바로 불성이고, 또는 물질도 쪼개고 쪼개고 또 쪼개어 저 마지막 끝에 가서 소립자가 되고 또는 에너지만 남아도, 에너지 자체도 역시 그 순수한 생명체는 바로 불성이란 말입니다. 따라서 우주란 것은 그 부처 불(佛)자와 성품 성(性)자, 불성으로 이루어졌단 말입니다.

화엄경 도리는 전적으로 그런 도리이고 자세한 이치입니다. 화엄경 사구게에 일체유심조(一切唯心造)라는 말씀이 나옵니다. 또 일체세계가 모두 다 화장세계(華藏世界)라는 말씀도 있습니다. 화장세계라는 뜻은 불성만으로 이루어진, 불성생명의 빛으로 이루어진 광명세계라는 뜻입니다. 다만 우리 중생은 번뇌에 가려서 감득하지 못할 뿐이지요.

그러나 그 세계는 실상세계이기 때문에 언제나 이 사실은 조금도 변함이 없습니다. 일체의 생멸을 떠난 영생불멸한 그런 세계란 말입니다. 우리 불자님들, 아까 제가 말씀드린 바와 같이 대승불법의 가장 중요한 핵심은 불성을 믿는 것입니다. 비록 우리들의 두 눈에 보이지 않는다 하더라도 모든 존재의 근본생명으로 불성, 바로 이 자리는 진리 그 당체이기 때문에, '진여불성'이라고 이렇게 한번에 몰아서 얘기도 합니다. 따라서 진여불성을 긍정 못하고, 진여불성에 대해 바른 이해를 못하면 그때는 대승불자(大乘佛子)가 못 됩니다. 대승불자가 못 되면 참다운 불자가 못 된다는 말이지요. 여러분 이점 분명히 기억해 두시기 바랍니다.

그러면 불성이라 하는 것은 어떠한 것이기에, 이곳 개산조이신 광덕큰스님께서 그 불성공덕을 그렇게도 강조하여 말씀하셨는가? 다 그만한 까닭이 있지요. 그 불성공덕은 정말로 우리 중생의 지혜로 헤아릴 수 없을 만큼 무량한 공덕입니다. 우리가 이 불성공덕에 대한 공덕상(功德相)만 떠올려도 우리들의 공부는 비약적으로 진척됩니다. 우리들의 신심도 마찬가지입니다.

우리가 부처님 법을 믿는다는 것은, 부처님께서 설하신 사성

1999년 3월 28일 도피안사 대웅전 기공식 장면(왼쪽부터 서명원 신부, 이순국 회장, 도피안사 주지스님, 청화큰스님, 불광사 주지 보륜스님, 박병주 사장)

제(四聖諦), 팔정도(八正道), 육바라밀(六婆羅蜜) 등 가지가지 훌륭한 법이 많은데, 그 법을 믿는 것이지요. 그 법을 믿는 사람이 참된 불자, 진실한 불자라고 할 수 있지요. 설령 그 법을 매우 잘 믿는다 하더라도 불성공덕, 즉 우리 인생과 우주만유(宇宙萬有)의 근본생명 자리인 그 불성을 확실히 믿지 못한다면 참다운 신심은 아직 이루지 못했다고 봐야 합니다.

그 불성은 어떤 면으로 보나 한도 끝도 없는 무량한 공덕을 본래부터 갖추고 있단 말입니다. 부처님 경전에 의하면, 아라한과를 성취한 성자라고 해도 이 불성공덕을 믿지 않으면 부처가 못 되지요.

아라한은 다시 더 배울 것이 없는 무학(無學)인데 그 분들은 삼명육통(三明六通)을 다 성취했습니다. 이런 아라한과를 이룬 대단한 성자들이 수도 없이 많이 모여서 그 진여불성에 들어 있는 공덕, 자비가 얼마나 많고, 지혜가 얼마나 많고, 또 기능이나 능력이 얼마나 많고, 또는 행복이 얼마만치 많은지를 무량한 세월을 두고 설명해도 다 얘기할 수가 없단 말입니다.

바로 그런 어마어마한 공덕이 불성공덕입니다. 말이나 형상으로 다 표현하지 못합니다. 그러한 불성공덕은 바로 우리 마음의 공덕입니다. 여기 모인 우리 불자님들, 마음과 그런 불성은 호리불차(毫裏不差)라고 말합니다. 털끝만한 차이도 없이 똑같다는 뜻이지요.

그러니까 즉심시불(卽心是佛)이라고 했지요. 바로 이 마음, 내 마음이 부처란 말입니다. 해서 참선공부라 하는 것은 이처럼 핵심인 자기 마음을 바로 짚는 것이지요. 나뭇가지나 줄기와 잎을 떠나서 바로 근본 핵심만 파고드는 공부가 참선공부 아니겠습니까. 빙빙 돌지 않고 바로 뛰어드는 것이지요(一超直入如來地). 방편이나 가설을 떠나서 오직 그 본체, 우리 생명의 본체만 가지고서 철저하게 잡두리해 가는 공부가 이른바 참선공부란 말입니다. 이렇게 화두를 들거나 또는 염주를 돌리며 염불을 하고 진언으로 주력을 하는 것, 다 마찬가지이지요.

요즘 우리 불자님들이 염불을 많이 하시는데 염불의 참뜻도 바로 거기에 있습니다. 우리가 흔히 생각할 때 염불은, '부처님은 저 밖에 계시는데, 우리가 부처님 만나기 위해서 기원드려야 부처님의 가피를 입는다'고 상식적으로 생각하기가 쉽습니다마는 참다운 염불은 그것이 아니란 말입니다.

부처님이 극락세계에만 계신다고 생각할 때는 이미 불교가 아닙니다. 부처님은 언제 어디나 항상 계십니다. 그것이 부처님 생명의 본체란 말입니다. 생명의 실상이란 말입니다. 따라서 못난 자기, 지금 번뇌 망상을 못 끊어서 삼독심이 치성한 그런 범부중생이 자기라 하더라도 머리카락부터 발끝까지 진여불성으로 가득 차 있다는 사실입니다. 다만 스스로 닦지 않아서 진여불성을 못 느끼고 있을 뿐입니다.

그러기에 우리가 진여불성에 대한 바른 신앙심만 갖고 있어도 우리 생명은 비약적으로 승화하는 것입니다. 여러분들께서도 스님들이 공부한 이야기를 많이 들어서 잘 아시겠지요. 어느 스님은 일언지하에 대오철저(一言之下大悟徹底)라, 선지식의 한마디 말씀에 대오철저, 그냥 깨달아 버렸다는 말입니다. 제가 이렇게 말씀드리면 여러분들께서는 대오철저는 무수한 과정을 거쳐야 될 일인데, 어떻게 그렇게 단 한마디에 깨달을 수가 있단 말인가 하는 의심을 품겠지요.

그러나 의심하지 마십시오. 의심을 가질 필요가 없습니다. 더러는 무수한 과정을 거치는 분도 있겠지만, 자 보십시오. 저 육조 혜능대사는 불과 나이 스물넷에 응무소주이생기심(應無所住而生其心)이라는 『금강경』의 한 구절을 듣고서 단박에 깨달아 버렸지 않습니까. 육조 혜능대사는 과거 전생에 무수생 동안을 잘 닦아 오신 분입니다. 그러기에 육조 혜능스님을 두고서 팔십 생의 선지식이라고 말합니다. 즉 팔십 생 동안 나고 죽음을 되풀이하는 가운데 선지식이 되어서 중생제도를 하신 분이라는 뜻입니다. 그런 분이시기에 혜능의 몸이었을 때는 24살의 젊은 나이에 깨닫게 되었지요.

그 육조 혜능스님에게 들어 있는 그런 뛰어난 불성과 우리
같은 범부중생에게 있는 불성이 과연 차이가 있는 것인가? 하
면 조금도 차이가 없습니다. 다만 우리가 느끼지 못한 것뿐이지
사실은 그대로입니다. 부처님께 있는 불성이나 예수님께 있는
불성이나 육조스님께 있는 불성이나 다 똑같은 불성이란 말입
니다.

불성은 물질이 아니기 때문에, 물질이 아닌 것은 모양도 없지
않습니까? 모양도 없고 원래 이름도 없단 말입니다. 명상(名相)
을 떠나 있단 말입니다. 따라서 우리가 삼독심을 마음대로 치성
하게 일으켜, 금생에 아주 못된 일을 많이 했다 해도 불성은 달
라지지 않았습니다.

예를 들면 어떤 사람이 살인죄도 범하고 때로는 잘못 생각하
여 자기 부모를 상해하기도 하는, 아주 나쁜 짓을 많이 했다 하
더라도 그것은 그의 나쁜 버릇이 그렇게 한 것이지요. 그 모양
없는 불성, 그의 본래 마음자리는 조금도 오염이 안 됩니다. 모
양 있는 것이 아니기 때문에, 물질이 아니기 때문에 오염을 시
킬래야 시킬 수가 없습니다.

그러니까 지위고하 빈부귀천을 모두 떠나 어느 누구에게나
조금도 차별 없는 똑같은 불성이 사람마다 다 있단 말입니다.
우리가 진정으로 불성을 확신할 때는 저 육조 혜능스님처럼 스
물넷이 되었든 열 살이 되었든 또는 팔십 세의 노인이 됐든, 아
주 짧은 순간 동안 깨달을 수 있는 것이 불법입니다.

7. 인생의 참뜻은 성불하는 것

그렇다면 우리 인간 존재에게 가장 중요한 과제는 무엇일까요? 그것은 인간 누구나 진여불성의 생명을 원만히 갖춘 존재이기 때문에 인간이 해야 할 일도, 인간 삶의 목적도 명명백백합니다. 다른 길이 있을 수가 없습니다. 오직 이 한 길, 성불의 길밖에는 없다는 말입니다. 금생에 못하면 내생, 내생에 못하면 또 내생, 이렇게 몇 만 생을 헤맨다 하더라도 본래가 부처이기 때문에 성불은 반드시 해야 하는 것이고 되는 것입니다. 말하자면 인생으로 태어난 참뜻이 성불입니다.

성불의 길은 부처님께서 약속하고 보증하신 길입니다. 다만 게으름 부리면 더디게 되고, 부지런하면 빨리 되는 차이뿐이지요. 흔히 우리 중생들이 부처가 되기 위해서 가는 길을 네 가지의 차원으로 구분해서 말을 합니다.

가장 낮은 차원은 삼도오욕의 흐린 물에 빠져 첨벙거리느라 벗어나기가 어려운 상황입니다. 우리 중생이 사는 탁류, 즉 물질세계와 애욕세계에 침몰되어서 허우적거리느라고 빠져 나오기 어려운 상태를 말합니다.

그런가 하면 그보다 좀 나은 차원은 부처님 법을 간신히 만나고 선지식을 잠깐 만나 잠시나마 그 삼도오욕의 물결에서 고개를 들어 생각하기를, '정말로 인생은 삼도오욕에 빠져 첨벙거려서는 안 되는구나. 여기서 얼른 나가 영생해탈로 가야 하구나'라고 느끼는 상태를 말합니다. 그러나 그 한순간에는 잠깐 느끼지만 또 나쁜 버릇 때문에 그냥 오욕세계에 사정없이 침몰해 버리고 맙니다. 보통 우리 중생 차원에서는 그 오욕세계에 '들어갔다 나왔다 들어갔다 나왔다'를 무수히 반복하는 것이라고 보면 됩니다.

여기 우리 불자님들 가운데는 그런 분은 한 분도 안 계시겠지요. 적어도 불자라고 하면 그 삼도오욕 가운데서 고개를 내밀고 거기서 가급적이면 마음으로라도 거리를 둬야 합니다. 그래서 똑바로 성불해탈의 피안을 향해서 한 걸음씩 한 걸음씩 뚜벅뚜벅 나아가야 한단 말입니다. 여기 계시는 훌륭한 불자님들은 모두 그렇게 하시고 있다고 저는 확신합니다.

또 한 가지 더 말씀드릴 것은, 그 모든 과정을 다 거쳐서 성불의 피안에 이르는 것입니다. 이런 분은 이른바 견성오도(見性悟道)한 그런 성자가 아니겠습니까. 불자들이 흔히 생각하기를 견성오도는 출가한 스님들이나 가능한 것이지 우리 같은 재가 불자들은 어림도 없다고 말합니다. 수많은 생을 되풀이하는 중생 가운데 헤매다가 정말 가까스로 선지식을 만나 이렇게 불법 만나 수행하는 것도 큰 행운인데 어찌 감히 견성오도를 넘보겠는가 하는 생각일랑 아예 하지도 마십시오.

아까도 말씀드린 바와 같이 우리가 성불의 길을 가는 것은 절대로 어려운 길이 아니고 못 가는 길이 아닙니다. 사실은 이미 예정된 길이란 말입니다. 왜냐하면 모두가 다 석가모니 부처님으로부터 오는 미래세에 성불하리라는 수기를 받았기 때문입니다. 그것이 바로 부처님께서 하신 실유불성(悉有佛性)이라는 말씀이지요.

기독교 신학에도 예정조화라고 하는 대목이 있습니다. 예정조화는 무엇인가 하면 모두가 다 이미 하나님으로부터 예정이 딱 돼 있다는 말입니다. 사실은 기독교 신학이나 우리 불교 교학이나 근원적인 도리는 절대로 둘이 아닙니다. 다만 사소한 표현의 차이뿐이라는 말입니다. 성자라도 조금 더 깨달은 분도 있고 조금 덜 깨달은 분도 있을 뿐입니다.

따라서 석가모니 부처님은 천지우주의 진리를 조금도 모자람 없이 원만하게 다 깨달은 분이고, 다른 성자들은 우주의 본질을 깨달은 분들이기는 하지만, 석가모니 부처님같이 완벽하게 깨달은 분은 아니라고 볼 수밖에 없습니다. 그래서 차이가 나는 것이고, 또 그 시대 상황에 따라서 약간씩 교화의 묘(妙)에 차이가 있는 것이지 진리의 근본은 다 같다고 봅니다. 우리가 정말로 허심탄회하게 기독교의 공관복음서라든가 사대복음서를 보면 그 진리성에 숭고함을 느끼지 않을 수가 없습니다.

아무튼 앞서 말씀드린 바와 같이 성불의 길은 절대로 어려운 길이 아니란 말입니다. 사실은 가장 마음도 편하고 몸도 편한 길이 성불의 길입니다. 성불의 길에 위배되는 이른바 계율도 지키지 않고, 선정에도 들지 않고, 반야바라밀다도 외면하고, 온갖 악행과 추행을 저지르는 것이 오히려 힘든 길이고 어려운 길입니다. 왜냐하면 그런 잘못된 길은 성불의 길과 배치되는 매우 불안하고 불편한 힘든 길이기 때문입니다.

8. 반야바라밀다의 수행

특히 불광법회에 다닌 여러분들은 반야바라밀다에 대해서는 누구보다도 더 깊은 애정을 가졌고, 또한 깊이 연구한 분들이십니다. 불광의 스님들이나 스님들을 따르는 불자님들은 다 잘 아시리라고 보지만 반야바라밀다는 참다운 지혜입니다. 한마디로 반야바라밀다를 모르면 불교를 모르는 것입니다. 과연 그렇다면 반야바라밀다는 어떤 지혜인가? 바로 제법공(諸法空)의 지혜입니다.

제법공이어도 모두가 다 비어 있다는 것에 멈추어 있지 않고 그 공의 정체, 공의 실상이 바로 불성입니다. 부처님 법을 우리가 체계적으로 생각할 때는 우리 중생 차원에서 보는 '있다 없다' 하는 상식적인 차원도 있고, 그 반대로 일체법이 다 비었다는 제법공의 근본도리도 있습니다. 금강경이나 반야심경은 모두가 제법이 다 비었다는 제법공의 근본도리를 잘 말씀하고 있습니다.

그러나 거기에만 머물러버리면 참다운 진리가 못 됩니다. 거기에 집착하면 그것 역시 하나의 공에 빠지고 만 것입니다. 이것을 공집(空執)이라고 합니다. 그러나 그 공의 정체, 공의 알맹이는 이른바 불성이란 말입니다. 이러한 불성도리는 누누이 말씀드린 바와 같이 지금 있고 없고 하는 것도 아니고, 누구에게 사서 우리에게 가져오는 것도 아니란 말입니다. 우리에게는 본래 있는 것이란 말입니다.

우리 불자님들 모두가 본래부터 성불 아닙니까? 그렇지요, 일체중생 본래성불입니다. 즉 구원겁전본래성불(久遠劫前本來成佛)이라는 뜻이지요. 이런 말은 깊이 새겨서 각자의 공부에 도움이 되기를 바랍니다. 그 본래라는 것은 우리 중생의 조작으로 만들거나 또는 수행해서 억지로 얻거나 찾은 것이 아닙니다. 누구나 본래부터 가지고 있다는 말입니다. 한 생각만 돌이키면 범부 이대로 바로 부처가 된다는 말입니다. 새삼스럽게 부처가 따로 되는 게 아니라는 설명입니다.

석가모니 부처님의 안목으로 본다던가, 달마대사의 눈으로 본다면 아무리 못된 짓을 많이 한 중생이라고 해도 역시 똑같은 부처로 다 보이겠지요. 이것이 누구나 본래성불이라는 뜻입니다. 그래야 대승불교가 권교(權敎)가 아닌 실교(實敎)가 되는 것이지요. 대승에도 권교와 실교가 있습니다. 권교라는 것은 중생이 애쓰고 공부를 해야 비로소 부처가 된다는 뜻입니다.

실교는 설령 중생이 안 닦는다 하더라도 근본은 그대로 부처라는 뜻이지요. 다만 우리 중생이 잘못 살아서 스스로 범부 짓을 하는 것일 뿐 부처님의 청정한 눈으로 본다면 못생긴 이대로가 바로 부처란 뜻이지요.

따라서 삼천대천세계 두두물물 다 이대로 부처 아님이 없습니다. 또한 이것이 화엄경 도리입니다. 화엄경은 대승실교(大乘實敎)입니다. 참으로 실다운 가르침이란 뜻입니다. 일체유심조(一切唯心造)라는 말씀은 이 세계 모두가 다 오직 불심(佛心)이라고 하는 마음뿐이라는 말입니다. 그렇게 간절하게 받아들여서 '내가 지금 여러 가지로 부처님 법에 어긋난 짓도 많이 했고,

또 가족에게도 부족이 많았는데 불법을 위해서나 가족을 위해서 참다운 일을 한 것이 무엇이며 사회에 봉사한 것은 또 무엇인가' 하는 회의를 품는 분도 있을 것입니다.

비록 그런 분일지라도 자기가 지금보다 앞으로 우리 사회에 더 두드러진 공적을 남기기 위해서, 또는 가족의 화평을 도모하기 위해서 가장 중요한 것은 부처님 가르침을 충실하게 따르는 것입니다. 아무쪼록 부처님 가르침 가운데도 본래성불이란 실다운 가르침을 먼저 가슴에 두셔야 반야바라밀다를 스스로 실천하는 것이 되는 것입니다.

반야바라밀다는 권교의 방편이 아닌 실교의 가르침임을 분명히 알아야 합니다. 현실 이대로 '천지 우주가 바로 부처님 생명이다. 우주 자체가 부처님 덩어리다'고 알아야만 반야바라밀다 사상, 화엄경 사상, 열반경 사상, 또는 법화경 사상이 됩니다. 이것이 이른바 중도실상(中道實相)이란 말입니다. 이렇게 아시고서 우리의 행동 하나하나, 즉 우리의 신(身)·구(口)·의(意) 삼업(三業)을 모두 기울여 오직 진리대로 살아야 합니다.

옆 사람이 자기 기분을 부추겨주고 살려준다 하더라도, 아니면 욕하고 배신한다 하더라도 저 사람은 내가 봐서 좋은 사람이거나 배신자이지 깨달은 부처의 눈으로 본다면 똑같은 부처라고 생각해야 한다는 것입니다. 그렇지요. 그는 분명히 부처입니다. 다만 우리가 부처라고 보지 못하고 범부중생이라고 볼 뿐입니다.

이 허물은 전적으로 보는 자기 자신에게 있습니다. 남을 미워하는 것도 상대가 미운 짓을 하니까 미워한다고 하겠지만, 그러나 그 사람을 밉게만 보는 책임 또한 자기에게 있단 말입니다. 자기 스스로를 맑게 하지 못해 범부 생활하는 자신에게 가장 큰 책임이 있습니다. 정말로 진여불성의 무한공덕은 원만무결한 행복을 다 가지고 있습니다. 반야바라밀다를 조금도 흠절 없이 다 갖추고 있습니다.

9. 옛 사람의 반야바라밀다 수행

옛날에 부처님 가르침을 그대로 봉대해 가지고서 가까스로 일곱 살이 되어서 아라한과를 성취한 분도 있습니다. 잠깐 그분 이야기를 해 보겠습니다. 이른바 부파불교 시대는 불교의 초기에 서로 다른 견해로 인한 파벌이 생겨 18내지 20파로 분열되었을 때를 말하고, 그 당시의 어느 일파인 설산부에 대한 이야기입니다. 가섭유부(迦葉遺部)라고도 합니다. 설산부의 비조, 즉 할아버지 같은 분의 이름이 선세(善歲)인데, 선세는 과거 숙세에 선근(善根)이 많아서 10세 미만인 7세에 아라한과를 성취했다 합니다.

또 협존자(脇尊者)는 나이 80세에 출가했습니다. 부처님의 법이 가섭존자로부터 출발하여 열 번째 조사가 바로 협존자가 됩니다. 그런데 협존자가 다 늙어 80세에 출가하게 되니까 주변 사람들이 늙어서 무엇을 하려고 출가를 하느냐고 비웃기까지 했어요. 그래도 협존자는 아랑곳하지 않고 속으로 결심하기를 '내가 부처님의 8만 법문을 남김없이 통달무애(通達無碍)하여 삼명육통(三明六通)을 이루기 전에는 결코 옆구리를 땅에 되지 않겠다’고 했지요. 그래서 줄곧 3년 동안을 한 번도 옆구리를 방바닥에다 붙이지 않았습니다. 그렇게 죽기살기로 목숨걸고 공부하여 처음 결심한 대로 부처님의 온갖 법문을 통달무애하여 삼명육통을 성취했단 말입니다.

이처럼 불교공부에는 나이가 어리거나 많거나가 장애가 되지 않습니다. 오히려 후세 사람들에게 큰 용기를 불러 일으켜 주었지요. 그러니까 인간은 마음먹기에 달렸습니다. 인간은 누구나 무한한 가능성을 가지고 있어요. 우리 모두 말입니다. 그런 지극한 보배를 우리 각자가 다 갖추고 있다는 말이지요. 그런 것을 내어 쓰느냐 못 쓰느냐 하는 것은 전적으로 자신의 마음먹기에 달렸습니다.

무한의 보배를 가진 우리 인간, 장차 꼭 성불해야 될 우리 존재가 성불의 길로 안 나갈 때는 여러 가지 장애가 생깁니다. 보

도피안사 대웅전 기공식을 알리는 플래카드.

배를 가지고 있으면서도 보배를 쓰지 않기 때문이지요. 그러니 자연 몸도 아프고 마음도 아프고, 또 모든 것이 잘 풀리지 않는 것은 당연한 일이지요.

10. 진리의 길은 쉽고 편한 길

정말로 우리가 부처님께로 나아가는 길은 모든 것이 다 순조로운 길입니다. 안락하고 기쁜 대자연의 길입니다. 우주 모두가 지금 그리로 가고 있습니다. 우주란 것은 텅텅 빈 공겁(空劫)으로부터 형체가 이루어진 성겁(成劫), 중생이 사는 주겁(住劫), 다시 엔트로피가 증강되어서 파괴되는 괴겁(壞劫)이 되풀이 반복되는 것입니다. 이 사겁이 영겁(永劫)으로 돌고 돌며 회전합니다.

텅텅 빈 공겁에서 성겁이 되고 또는 존재가 사는 주겁이 되고 다시 파괴되는 괴겁이 되고, 또 다시 공겁이 된단 말입니다. 그래서 영겁으로 쉼 없이 돌아가는 것인데, 따라서 우리 중생계가 파괴되어 공겁이 될 때는 우리가 싫든 좋든 이 몸뚱이는 흔적도 없이 사라진단 말입니다. 지구도 마찬가지입니다. 태양계도 다 파괴되고 없어지는데 지군들 온전할 리가 있겠습니까.

그때 우주에는 오직 순수한 에너지, 순수한 불성만 존재합니다. 따라서 이 부처님 공부는 우주의 순환도리를 깨닫는 것이고 그 도리를 따르는 것입니다. 그러니 꼭 우리한테 들어 있는 무가보(無價寶)의 보배를 그때그때 확인하시기 바랍니다. 우리가 화두를 뭐 때문에 드는 것인가, 달마스님이 서쪽에서 온 뜻이 과연 무엇인가, 불법의 궁극적 진리는 또 무엇인가, 이런 해답을 위해서 화두가 나왔다 말입니다. 무(無)자 화두나 이뭣고 화두나 다 그렇습니다.

다시 더 새겨서 말씀드리면 우리가 본래부터 부처님을 느끼고 부처가 되기 위해서 노력을 해야 할 것인데, 우리 중생이 스스로의 업장에 가려서 자신이 본래 부처인지를 모르고 있습니다. 사실 본래 이대로 청정자성심(淸淨自性心)이지요, 자성청정심(自性淸淨心)이 바로 우리들 면목이라는 말입니다. 여기에 모인 우리 불자님들 자성이라는 말을 꼭 기억해 주십시오. 자성은 자성불(自性佛)을 말합니다. 스스로의 성품이 바로 부처란 뜻입니다. 자신의 자성불을 자신이 모르니까 의심을 내서 자성불을 알게 하는 것이 화두의 요체입니다. 그러나 나의 자성이 바로 부처다, 또는 우주에는 부처님의 공덕으로 충만해 있다고 생각할 때는 화두는 따로 필요가 없습니다.

여기 모인 불자 여러분들은 지금 당장 그 여러 가지 의단(疑團, 의심덩어리)을 치워버리십시오. 왜냐고요, 모두 그대로 다 부처이니까요. 따라서 무량공덕을 갖춘 부처가 나한테 있으니까 그 보배를 쓰는 것보다 더 소중하고 우선되어야 할 일은 절대로 없습니다. 여기 앞에 앉아 계시는 우리 주지스님과 여러 스님들, 그리고 불자 여러분들 정말로 복이 많습니다. 일찍이 우리 광덕큰스님께서는 그렇게 몸이 불편하셨는데도 불광지(佛光誌)를 읽어보면 서두에나 말미에 꼭 주옥 같은 글을 쓰셨어요. 그런 어른께 직접 훈도를 받으신 것만큼 복된 일이 세상에 어디에 있겠습니까. 그분의 후학들이 얼마나 자랑스럽습니까.

11. 정법의 중심도량 도솔산 도피안사

여기 도솔산 도피안사는 이 도량의 개산조이신 광덕스님께서 이름을 지으셨다고 들었습니다. 제가 보기에도 주변 산세가 꼭 도솔천궁 같습니다. 천궁의 내원같이 아늑하여 마음 편하기 이를 데가 없습니다. 이름과 지형이 너무나 잘 어울린다는 생각이 들어서 감탄을 금할 수가 없습니다. 과연 이름과 산세의 지형이 무척 합당하구나 하는 것을 재삼 느꼈습니다.

이 보현도량이 정말로 부처님 정법을 펴는 데 있어서 중심지가 되기를 거듭 간곡하게 바랍니다. 특히 이 안성은 편안할 안(安)에 성이라는 성(城)이 아닙니까? 무척 편안한 곳이라는 뜻이지요. 거기에 도솔산이 이렇게 아늑하니 여기에 무슨 말을 더 보태겠습니까. 사실은 저도 한 15년 전에 이곳 안성에서 살았습니다. 그래서 안성은 언제나 그리운 향수가 젖어 있는 곳이어서 감회가 사뭇 깊습니다.

정말로 이 도량을 여러분들이 잘 가꾸셔서 모범적인 불법의 정법도량, 모든 사람에게 그 불성을 깨닫게 하는 핵심적인 전법도량이 되기를 간절히 기원하면서 저의 말씀을 마칩니다. 대단히 감사합니다.

나무 석가모니불 나무 석가모니불 나무 시아본사 석가모니불.

이 글은 개산조이신 금하당 광덕대선사께서 입적하신 지 꼭 한 달 뒤인 불기 2543(1999)년 3월 28일에 청화 큰스님께서 보현도량 도솔산 도피안사 '스님의 날'에 모인 승속 1천여 명의 대중에게 하신 개산조 추모법문입니다.[『광덕스님시봉일기』 2권 203쪽 참조. 당일 아침 큰스님께서 설법하시기 직전 보현당에서 주지인 송암스님에게 당부하시고 부촉하신 내용(앞의 '11. 정법의 중심도량 도솔산 도피안사')에 있는 것처럼 법상에서 다시 한 번 그대로 말씀하시어 강조하셨습니다.—편집자]

또 당일 법회가 끝난 뒤 큰스님의 바쁘신 일정과 법체 미령(靡寧)하심에도 불고하시고 대웅전 봉건 기공식도 원만히 증명해 주셨습니다.(『광덕스님시봉일기』 3권 367쪽의 사진참조 : 편집자) 특히 이 도량을 다녀가신 뒤 큰스님께서는 '광덕스님시봉일기' 시리즈에 추천사를 친필로 써 보내주셨습니다. 큰스님의 지중하신 은혜와 불연(佛緣)에 감읍 감격하며 간절한 마음으로 엎드려 기원합니다.

"큰스님, 거듭 자비를 드리우사 사바에 다시 오시어 광도중생(廣度衆生) 하시옵소서."

불기 2548(2004)년 10월에 녹취록을 옮김—편집자

육신, 보현보살에게 받은 수기

정안(正安) | 스님, 대둔산 태고사

내가 이곳, 충남 금산군 진산면 행정리에 있는 대둔산 태고사에 온 때는 1968년도 저물어 가는 11월 5일이었다.

나는 1962년에 전주에 있는 공업고등학교를 졸업하고 집에서 한동안 놀고 지냈다. 그때 홀연히 무상(無常)을 느껴 훌쩍 절로 들어갔다. 그러니까 내 나이 스물넷, 전북 임실군 임실읍에 있는 죽림사에 입산해서 3년 동안 어산(魚山)과 염불을 배웠다. 도량석, 종송, 예불, 불공, 권공, 신중불공까지 배우고 다시 담양군 금성면에 있는 보광사로 가서 약 한 달 정도 머물다가 태고사로 왔던 것이다. 나의 출가 목적은 세 가지 원 때문이었다.

첫째, 불교의 어산염불, 영산재까지 다 배워 마치리라.

둘째, 불교강원에 들어가서 부처님의 일대시교(一代時教)를 다 배워 마치리라.

셋째, 참선을 해서 견성성불(見性成佛)의 대도를 이루어 중생을 제도하리라.

태고사에 왔을 때 내 나이는 스물여섯 살이었다. 그때까지 나는 계를 받지 않고 행자로 지냈다. 그렇지만 그동안 배운 염불 공덕으로 말미암아 태고사에서 바로 기도를 시작하게 되었다. 감히 행자로서 태고사 중창기도를 맡게 된 것이다. 무척 과분한 일이지만 영광스러운 소임이었다. 처음에는 백일기도를 모셨다. 백일기도를 회향하고 바로 이어서 천일 관음기도를 입재했다. 나는 그 사이 1969년 음력 4월 15일, 당시 도인으로 이름을 떨쳤던 전강큰스님께 수원 용주사에서 사미계를 받았다.

그로부터 나의 삶은 오직 기도였다. 사미계를 받은 이후 더욱 발심하여 천일 관음기도를 네 번 마쳤다. 햇수로 따지면 그 사이 12년의 세월이 훌쩍 지나갔다. 그 다음부터는 천일 지장기도를 입재하기로 했다. 그때 광덕큰스님께서 태고사에 오셔서 입재 설법을 해주셨다. 평소 광덕큰스님은 은사이신 도천(道川)스님을 꼭 '사형님'이라고 부르셨고, 대하는 마음이 참으로 각별하심을 느낄 수 있었다. 그것은 아마도 화엄사 도광스님을 광덕스님이 사형님이라고 부르는 데서 비롯되지 않았나 싶지만, 단지 그것만은 아닌 것 같다. 우리 스님을 진심으로 존경하고 받드는 기색이 역력했기 때문이다. 우리 스님과 도광스님과의 관계는 모르는 사람이 없을 정도로 대단하여 새삼 말할 필요도 없겠다. 각박한 세상에 청풍 같은 미담이기에 말이다.

아무튼 나의 천일 지장기도 입재 날 광덕큰스님께서 하신 법문을 통해 나는 큰 가피를 입었다. 큰스님께서 먼저 '지장보살 예찬문'을 읽으시고 법문을 하셨는데 나는 어찌나 좋던지 지장보살님에 대한 믿음이 딱 섰다. 그 뒤 지장기도를 충실하게 할 수 있었던 힘이 온전히 큰스님으로부터 나왔다고 할 수 있다. 나는 그 이후로 줄곧 은사스님과 광덕큰스님을 마음에 모시고 살고 있다. 그때 이후로 광덕큰스님에 대해서, 보현행을 하시며 보현행을 가르치시고 평생 보현행으로 살다 가신 이 시대의 보현보살이라고 확신하고 공경하고 있다.

나는 1986년도에 광덕큰스님께서 번역하신 '한글 금강경'을 태고사에서 만들기로 생각했다. 앞부문에는 한문 금강경을 싣고, 뒤쪽에는 한글 금강경을 실어서 글자를 좀 크게 하여 누구나 읽기 좋게 독송용 책으로 묶었으면 하는 서원을 세웠다. 이 계획을 큰스님께 말씀드리고 허락을 얻기 위해 큰스님의 충실한 신도인 호은보살님과 함께 잠실 불광사로 큰스님을 친견하러 갔다. 절하고 꿇어앉아서 사유를 말씀드리고 금강경 독송용 책을 내놓으니 큰스님께서 펼쳐서 살펴보신 뒤 "경을 너무 크게 만들지 않았나? 휴대하여 지송하기 어려울 것 같아서 말이야. 그렇지만 태고사에는 연세 든 신도들이 많이 계실 터이니 괜찮겠구나!" 하시면서 오히려 잘했다는 흐뭇한 표정으로 웃어주셨다. 또 나에게 "우리 기도스님, 지장기도 열심히 하여 큰 서원을 세워요. 지장보살이시니 지장기도 잘 하셔!"라고 당부해주셨다.

그 날 친견 이후 나는 더 큰 용기와 희망으로 지장보살님의 원력바다에 뛰어들었다. 우주법계의 영가님들에 대한 자비심과 그들을 천도하겠다는 서원으로 게으름 부리지 않고 열심히 기도했다. 지금 다시 생각해봐도 그때의 나는 그야말로 기도하기 위해 태어난 사람처럼 밥 먹고 나면 오직 기도였다. 아니 밥 먹는 중에도 기도가 계속되었다. 이 모두 큰스님의 은혜였다.

1993년 봄에 큰스님을 뵙기 위해 호은보살님과 경기도 안성시 죽산에 있는 도피안사를 참배했다. 큰스님은 법체가 불편하셨다. 그러나 나는 모처럼 뵙는 귀한 자리여서 절을 올린 뒤, 바로 공부이야기를 꺼냈다. 누워 계신 스님께 평소 궁금하던 것을 이것저것 여쭈어 본 뒤, 말미에 "큰스님, 저는 이제부터 보현행원만 하겠습니다"라고 다짐을 두었다. 그때까지도 가만히 누워 계시던 큰스님께서 느닷없이 벌떡 일어나셔서 나에게 다가와 나의 두 어깨를 꽉 움켜잡고 우렁찬 목소리로 "그래, 그래! 네가 앞으로 할 일은 오직 보현행이야! 보현행이야! 보현행이야!" 하시면서 마치 벼락치듯이 고함을 지르며 사정없이 어깨를 흔들었다. 세 번이나 큰소리로 보현행을 외치시면서 '오직 보현행원만 해라!'고 하시었다.

도대체 큰스님의 어디에서 그런 준엄하고 우렁찬 음성이 나오고 힘이 나왔는지 지금도 알지 못한다. 정말 보현보살님께서 오셔서 직접 수기(授記)를 주신다는 느낌이 단박에 들었다. 나는 얼떨결에 "예, 큰스님! 저는 보현행원만 하겠습니다" 하고 외쳤다. 어른 앞이라는 생각도 없었고 예의를 갖춰야 한다는 생각도 없었다. 아무 생각이 없었던 것이다.

그 이후로 나의 가슴에는 큰 믿음이 자리했다. 내 마음자리, 본 자성에는 보현행원이 요지부동으로 꽉 박혀버렸다. 사십구재 법문을 하든지, 어디 가서 설법을 하든지, 아니면 태고사에서 법문을 하든지 보현행원 10가지를 마지막 결론으로 말한다. 그때 이후 지금까지 단 한 번도 빠진 적이 없다.

나는 처음 출가할 때 세운 세 가지 원을 다 이루지 못했으나 태고사에서 중창기도를 맡아서 기도하던 중에 은사스님과 광덕 큰스님을 뵙고 다시 세 가지 큰 원이 세워졌다. 이 원은 나의 세세생생(世世生生)의 원이 되었다.

첫째, 세세생생 무상대도(無上大道)를 이루어서 일체중생을 제도하겠습니다.

둘째, 세세생생 영가천도를 하면서 지장보살행을 하겠습니다.

셋째, 세세생생 보현행원을 하겠습니다.

나는 은사스님에 대해 '문수보살'의 화신이라는 믿음을 가지고 있고, 광덕큰스님은 '보현보살'의 화신이라고 믿고 있다. 큰스님은 나를 볼 때마다 "사형님 잘 계시냐?"고 깍듯이 은사스님의 안부를 물으셨다. 어쩌나 은근하신지 그 말씀을 듣는 내 가슴이 먹먹해 올 때가 많았다.

올해 음력 4월 25일, 나는 호은보살을 앞세워서 큰스님의 상좌인 송암스님을 도피안사에서 만났다. 지난 번 양평에 있는 용화사 점안의식 때 만난 후 두 번째 만남이었다. 차를 마시면서 이야기를 듣는 가운데 여러 어려운 여건 속에서도 스승님의 뜻을 이으려는 그의 효심 어린 노력이 참으로 장하게 여겨졌다. 그는 그 자리에서 나에게 광덕큰스님과의 인연담을 써달라고 했다. 윗대의 도심(道心)을 본받아서인지 송암스님도 나에게 사형이라고 부르면서 각별한 도우지정(道友之情)을 보여주었다.

점심공양 후 한동안 이어진 송암스님과의 대화에서 나는 우리 광덕큰스님께서 상좌인 송암스님에게 당신의 법을 다 주고 가셨구나 하는 느낌을 받았다. 문득 한 구절 노래가 뱃속에서 솟아올랐다.

만리에 보현행원의 바람이 불어오누나
창공에 보현행원의 햇빛은 빛나누나
아, 광덕큰스님이시여!
아, 보현보살의 화신이시여!
가르침은 영원히― 다시 영원히 이어지고
행은 세세생생 빛나고― 또 빛나며
법의 종 울리고― 다시 울려
시방세계 끝까지 퍼져나가리 ―

불기 2549(2005)년 6월 27일(음 5월 21일)
대둔산 태고사에서
受法弟子 正安 분향하고 삼가 씀

금하산책(金河散策)

월탑 박경훈(月塔 朴敬勛) | 前 법보신문 주필

변명(辨明)

이 글의 제목을 '금하산책(金河散策)'이라고 한다.

'금하(金河)'는 광덕(光德)스님의 당호(堂號)이다. 스님이 출가한 범어사의 산 이름이 금정산(金井山)이므로 '금하(金河)'는 '금정(金井)'에서 발원(發源)한 강이라는 뜻이다. 이것은 당호를 지은이의 뜻과는 무관한 내 생각이다.

내가 그러한 광덕스님의 당호를 취해서 '금하산책'이라고 이 글의 제목을 삼은 것은, 강변을 소요하면서 때로는 그 물에 발을 담그고 때로는 손과 얼굴을 씻기도 하며 목이 마르면 한 모금 떠 마시면서 풍광(風光)에 젖듯이 광덕스님이 개착(開鑿)한 금하의 강변을 발길 닿는 대로 거닐면서 광덕스님을 비롯하여 만나는 사람들과 여러 가지 이야기를 나누고자 함이다.

만나는 사람에 따라서는 세상일에 찌든 때묻은 이야기를 나누게 될 것이고, 불교와 그 밖의 이야기도 가능할 것이다. 그리고 강변을 오르내리다 보면 강심(江心)에 뜬 달이 유혹도 할 것이다. 굳이 그 유혹을 뿌리칠 이유는 없다. 다만 탐닉하는 것을 저어할 따름이다.

나는 그 이유를 증도가 중에서 찾고 있다. 문장이 고졸(古拙)한 탄허스님의 번역을 인용하기로 한다.

이미 능히 여의주(如意珠)를 알지니	旣能解此如意珠
자리하고 이타함에 마침내 다함이 없도다	自利利他終不竭
강월(江月)이 비치고 송풍(松風)이 불어	江月照松風吹
긴 밤［永夜］ 맑은 밤［淸宵］에 무엇하는 바인고	永夜淸宵何所爲

이 시구 중 셋째 구절, '강월조(江月照) 송풍취(松風吹)'를 일본의 『선학대사전』은 '강상(江上)에 달은 빛나고 소나무 가지를 스치는 바람은 맑다'라고 번역하였다. 그리고 이어서 '오경(悟境 : 깨달음의 경계)의 오묘한 풍광을 말한다'라고 주석을 하고 있다.

그러나 여섯 글자의 짧은 한시 한 구절이 어떻게 오경의 오묘한 풍광을 담고 있는지 쉽게 납득이 가지 않는다. 그래서 시인의 시정(詩情)을 따라가 보기로 한다.

맑게 갠 깊은 밤［淸宵］, 하늘에는 무심한 달이 교교히 빛나고 강심(江心)에 내려온 달, 일렁이는 금파은파(金波銀波)의 물결, 삽상(颯爽)한 바람은 소나무 가지를 흔든다. 깊은 밤을 더욱 고즈넉하게 하는 솔바람 소리, 시심(詩心)이 아니고서는 도저히 형용할 수 없는 정경이다.

참으로 탐닉하지 않고서는 참기 어려운 자연의 풍광에서 주인공인 나[詩人]는 달이 되고 달은 내 안에 들고 비롯함이 없는 때로부터 그렇게 있어온 자연은 달이고 밤이고 바람이고 또 나이고, 그것들이 혼연히 하나가 된 몰아지경(沒我之境), 나와 자연을 분별하지 않는 나와 자연과의 합일(合一), 이것을 시인은 무심의 경지라고 한다.

시인은 저절로 '어느 누구의 조화인가(何所爲)'라고 감탄을 금치 못한다.

강에 달이 비치고 솔바람이 부는 맑고 깊은 밤의 정취에 도취한 시인의 이 같은 시심에 공감하는 일본 굴지의 선객 무문(無文)선사는 '증도가의 강의' 중에서 이 대목에 이르자, "강월(江月)이 비치고 송풍(松風)이 부는 영야(永夜)의 청소(淸宵), 무슨 소위(所爲)인가"라고 번역해서 인용한 다음, "얼어붙은 듯한 한월(寒月)의 달빛 아래 하룻밤 앉아보라" 하였다. 그리고 "하늘에는 차가운 한월이 비치고 송풍 소리가 시원하다. 나라고 하는 존재는 자연 속에 녹아들어 나와 자연은 하나가 되고 부는 솔바람과 듣는 내가 하나가 되어 시원한 바람 소리를 내는 것이다. 비치는 달님과 보는 내가 하나가 되어 맑고 밝게 빛나는 것이다"라고 하였다.

시인의 시정과 마찬가지로 자연을 향한 탐미(耽美)의 극치이다. 주목할 것은 '나라고 하는 존재는 자연 속에 녹아들어…'라고 한 표현 역시 무심의 경지를 강조하고 있는 점이다. 무문선사는 여기에 덧붙여, "이러한 경지가 일초직입여래지(一超直入如

來地)라고 하는 세계이다”라고 딱 잘라 말하고 있다.

‘일초직입여래지’는 단숨에 부처의 경지에 드는 것이다. 다시 말해서 깨달음의 세계에 거침없이 들어가는 것이다. 무문선사는 자연과의 합일을 그러한 깨달음의 경지라고 말하고 있는 것이다.

앞에서 든 증도가의 시구를 ‘오경(悟境)의 오묘한 풍광을 말한다’고 한 일본『선학대사전』의 주석은 무문선사에게서 보듯이 일본인 특유의 자연을 향한 지나친 탐미주의에서 나온 것이 아닌가 한다.

수행인에게 있어서 탐미주의는 경계해야 할 대상이다. 시인의 영탄(詠嘆)과 선사의 감탄 또한 금물이다. 그곳에는 매혹이 있기 때문이다.

수행인이 아닌 사람, 삶의 괴로움을 꿈속에서나마 잊고 싶어 하는 평범한 사람에게 있어서도 매혹이 지배하는 삶은 반가운 것이 못 된다. 매양 시정(詩情)에 젖어서 살 수만은 없는 것이 인생이 아닌가.

때문에 증도가는 강심에 달이 비치고 시원한 솔바람 부는 풍광에 도취한 사람을 향해 강월(江月)이 비치고 송풍(松風)이 분다고 해서 ‘긴 밤[永夜] 맑은 밤[淸宵]에 무엇 하는 바인고’라고 경고하고 있는 것이다. 현실을 바로 보라는 경고이다. 그리고 마땅히 해야 할 일을 깨달아 실천하라는 것이다.

긴 밤, 영야(永夜)는 일 년 중 밤이 가장 긴 동지의 밤이다.

‘증도가’가 태어난 중국에서는 유독 동지를 일 년 중 가장 크고 중요한 명절로 지킨다.

동지를 24절기의 기점으로 보는 중국인은 만물을 생성하는 기운이 동지에서 시작한다고 생각한다. 그래서 동지는 새해의 원단(元旦)보다 큰 명절이 된 것이다.

관아에서는 이 날을 위해 도성의 성문을 활짝 열고 백성들의 출입을 제한하지 않는다. 거리에서는 온갖 기예의 공연이 열리고 심지어 도박이 공공연하게 허용된다. 거리에는 사람들이 넘치고 벼슬아치와 상민(常民), 부자와 가난한 사람을 가리지 않고 만나는 사람마다 명절을 축하한다.

평생을 가난에 시달리며 살아온 당나라의 시인 두보(杜甫)가 '동지는 따뜻한 기운이 되살아나느니 봄이 다시 오도다〔小至〕' 라고 읊었듯이 동지에는 봄이 가져다주는 희망이 있다.

그러나 한편, 새해를 코앞에 둔 이때는 가난한 사람들에게는 어느 때보다도 고달픈 시절이다. 새 옷을 마련해서 갈아입어야 하고 갖은 음식을 장만해서 조상에게 제사를 올려야 한다. 그러자니 지난 한 해 동안 쌓인 빚더미 위에 빚을 더 져야 한다.

동지는 추운 계절이다. 가난한 사람은 이래저래 더욱 춥다. 재물이 없는 사람만이 추운 것이 아니다. 마음이 가난한 사람, 외로운 사람 또한 춥기는 마찬가지이다.

이들에게는 달이 휘영청 밝은 겨울밤이 한층 더 춥다. 추운 하늘, 한천(寒天)에 떠 있는 달은 한월(寒月)이다. 외롭고 쓸쓸해서 고월(孤月)이다. 고달픈 삶에 찌든 이들은 그러한 달을 보면서 시름을 잊으려 한다. 그러나 결코 잊혀지지 않는 것이 인생의 고뇌이다.

오죽하면 당나라의 시인 잠참(岑參)은 '추운 하늘은 고목(古

木)도 슬퍼한다[三會寺]’고 했겠는가.

잠참의 시는 무정물(無情物)인 고목도 인생의 고뇌에 대해서 느끼는 바가 있다는 것이다. 또한 고뇌하는 사람에 대해서 무심한 사람은 고목만도 못함을 은연중에 말하고 있다.

증도가는 부처님의 가르침에 뜻을 둔 사람이 음풍농월(吟風弄月)에 도취하여 고뇌하는 사람, 괴로움을 살아가는 인생에 대해서 무심한 것을 꾸짖는 준엄한 경구(警句)이다. 결코 오경(悟境)의 오묘한 풍광을 읊은 시가 아닌 것이다. 여기에 강심에 뜬 달의 풍광에 탐닉하지 않으려는 까닭이 있다.

증도가만이 아니다. 광덕스님 역시 고뇌하는 인간에 대해서 무심한 사람을 향하여 ‘무심을 도라 이르지 말라(메아리 없는 골짜기)’고 대갈일성이다.

“무심무념(無心無念)을 잘된 수행이라고 믿는 수행인이 있다. 무념이 되어 한 생각도 일어나지 않는 것을 도라 알고 거기에 머물러 있으면 아무것도 이루어지는 것이 없다. 그러한 상태는 창조의식이 전혀 없다. 최상의 불교를 믿으면서 실지에 있어서는 하나의 창조도 해내지 못한다. 자기와 자기 주변과 자기가 속해 있는 사회와 역사에 대해서 할 일을 못하고 만다.”(메아리 없는 골짜기)

우리는 여기에서 광덕스님이 불교의 실천을 무엇보다도 중요시하고 있음을 알 수가 있다. 스님은 『보현행원품 강의』에서 ‘실천’ 즉 ‘행(行)이 깨달음이다’라고 말하기를 주저하지 않는다. 해야 할 일을 하지 않는, 실천이 없는 깨달음이란 아예 없는 것이다.

이 같은 사상은 전생에 구도자였던 부처님의 보살행으로부터 면면히 이어온 사상이다. 불교의 실천을 보살행이라고 설하는 법화경은 부처님이 무수한 전생에 무상(無上)의 깨달음을 이루기 위하여 보살행인 육바라밀을 실천하였다고 설하고 있다.

경이 설하는 순서에 따라 육바라밀을 열거하면 보시, 지계, 인욕, 정진, 선정, 지혜의 여섯이다. 이 중 보시를 제외한 다섯은 개인의 수행에 관한 덕목이다. 반면 보시는 나보다는 남을 위하는 덕목이다.

부처님은 인간 존재의 실상을 '고(苦)'라고 통찰했다.(『보현행원품 강의』 참조) 그리고 '고'로부터의 해탈을 설했다. 이것이 불교이다. 보시는 남의 해탈을 위한 불교의 실천수행이다.

『법화경』은 이것을 '불도(佛道)에 회향하는 것'이라고 했다. 그리고 불도에 회향하는 보시는 '삼계제일(三界第一)로서 모든 부처가 찬탄하는 바'라고 설했다. 육바라밀 가운데 보시가 첫째인 까닭을 알 수 있다.

증도가 또한 삼계제일의 보시를 앞에서 든 시구에서 요구하고 있다.

"이미 능히 이 여의주(如意珠)를 알지니 자리(自利)하고 이타(利他)함에 마침내 다함이 없도다."

불교에 있어서 여의주는 여래장(如來藏)과 불성(佛性)을 비유한다. 여래장은 누구나가 본래부터 지니고 있는 부처의 씨앗이다. 불성 역시 누구나 가지고 있는 부처의 자질이며 부처가 될 수 있는 능력이다.

그래서 여래장과 불성을 보리심의 원천이라고 한다. 보리심을 내면 그가 곧 보살이다. 증도가는 보리심을 내어 자리와 이타의 보살행을 실천하라고 가르치고 있다.

자리와 이타는 전통적인 해석에 의하면 내가 깨닫고 그 다음에 나의 깨달음으로써 궁극에 가서 남을 깨닫게 하는 것이다.

그러나 광덕스님은 『보현행원품 강의』에서 그 전통적인 입장에서 벗어나라고 한다. 불교를 실천하는 사람, 보살은 '깨달은 다음에 사회로 돌아와 봉사하는 것이 아니다'라고 말한다.

불교의 실천, 보살행은 깨달은 뒤로 미룰 수 있는 것이 아니라는 것이다. 지금 당장 가지고 있는 '공덕 모두를 자기라고 하는 한계 속에 묶어두지 말라'고 한다.

남을 위해서 가진 것 모두를 흔쾌히 바치기를 촉구한다.

"수행의 결과로 얻어진 고귀한 공덕일지라도 애착심을 두지 않고 오직 일체중생의 이익만을 생각하여 그 모두를 바치는 이 것이 곧 회향이다"라고 말함으로써 불교의 실천, 즉 보살행의 방향을 가리키고 있다.

회향의 원어 '파리나마나(Parinamana)'는 '방향을 바꾸다' '변화시키다' '성숙시키다'의 뜻을 가지고 있다. 따라서 회향은 나를 위한 것을 남에게 방향을 돌려 남으로 하여금 변화하고 성숙하게 하는 것이다.

변화와 성숙은 일상적인 괴로움에서 벗어나는 작은 변화로부터 여래장의 씨앗이 싹을 트고 불성이 성숙해서 성불(成佛)에 이르기까지 헤아릴 수 없이 다양하다. 그러나 거기에 나를 위해서 바라는 것이 전혀 없어야 한다고 광덕스님은 말한다.

"공덕을 바라거나 부처님의 은혜를 바라거나 이웃이 알아주

기를 바라거나 내지 성불(成佛)하기를 바라지 않는다”고 ‘보현행자(普賢行者)의 서원’에서 다짐하는 것이 그것이다.

이 서원은 불교의 이상인 자신의 성불(成佛)을 포기하면서 이타의 보살행을 다짐하고 있다. 남을 위해서 최고의 이상을 포기하는 마당에 바랄 것이 또 있겠는가. 있다면 불교의 실천, 회향의 성취이다. 대가나 반대급부가 있을 수 없는 것이 광덕스님이 주장하는 회향이다. 증도가에서 강조하듯이 오직 ‘끝내 다함이 없이’ 보살행을 실천할 뿐이다.

보현행자의 이 같은 결의는 금하(金河)를 흐르는 광덕스님의 일관된 사상이다.

한편 광덕스님의 이같은 사상에 대해서 이의를 제기하는 사람이 있다.

미국의 작가 마크 트웨인이다. 마크 트웨인은 인간은 반대급부가 없는 어떠한 행동도 하지 않는다고 말한다. 그는 ‘인간이란 무엇인가’에서 작가의 분신인 작중인물 노인을 통하여 이렇게 말하고 있다.

“인간이란 작자는 요람에서 무덤까지 시종일관 자기 자신의 마음의 평안과 위안을 구하는 행위 이외는 절대로 하지 않는다.” 또 “인간이 물심(物心)을 바쳐서 남을 위해 무엇이 되었건 하는 일은 절대로 없다. 다만 그것이 최우선적으로 자기 자신의 정신적 위안이 되는 분명한 조건이라도 있으면 모를까 그렇지 않으면 절대로 하지 않는다.”

남을 위한다고 하는 일은 먼저 나에게 만족감을 주어야 한다는 것이다. 타인은 그 다음이다.

큰스님을 잘 모시라는 부탁과 함께 중광스님이 송암스님에게 그려준 그림(편집자).

마크 트웨인은 이 같은 인간관계를 인간의 룰(rule, 법칙)이라고 한다. 그는 인간이 이 룰을 벗어나 남을 위해서 자기를 희생하는 일은 절대로 없다고 한다. 마크 트웨인은 심지어 어머니가 자식을 위해서 희생하는 행위에 대해서도 이 룰을 고집하고 있다.

"자식을 고통으로부터 구하기 위해서 고문도 달게 받는다. 생명을 구하기 위해서 자기가 죽을 수도 있다. 어머니는 그러한

68

자기희생을 함으로써 사는 기쁨을 느낀다. 즉 자기 존재의 확인과 자기 만족, 마음의 평안, 기쁨이라고 하는 보답을 위해서 하는 것에 지나지 않는다. 만약 같은 보답을 얻을 수 있다면 그녀는 너[他人]의 자식에게도 같은 일을 할 것이다."(『인간이란 무엇인가』)

모성애와 같은 숭고한 정신이나 감정, 사랑 따위가 인간에게는 애당초 없다는 것이다. 있다면 그것은 교육이나 훈련의 결과라고 말한다.

절망(絶望)

미국의 작가 마크 트웨인(1835~1910)을 자세히는 몰라도 그가 쓴 『톰 소여의 모험』이나 『허클베리 핀의 모험』 등을 읽은 사람은 많을 것이다.

미국이 낳은 세계적인 문호(文豪) 헤밍웨이는 마크 트웨인을 미국 소설을 최초로 쓴 작가라고 격찬을 아끼지 않았다. 그리고 문학평론가들은 마크 트웨인을 기독교 작가라고 말한다.

그것은 마크 트웨인이 기독교인일 뿐 아니라 기독교의 모범적이며 열렬한 신앙인인 아내 올리비에 랭던 때문이라고 한다. 석탄 장사로 부자가 된 집안의 풍요 속에서 자란 올리비에가 가난한 마크 트웨인과 결혼한 것은 마크 트웨인이 소설가이기 때문이라고 한다.

그녀는 남편이 쓴 소설의 초고를 읽는 취미가 있었다. 초고를 읽은 그녀는 소설의 내용이나 문장이 자기의 신앙에 비추어 부합하지 않거나 부적당한 부문이 있으면 고쳐 쓰게 했다. 이러한 아내의 검열을 거친 결과 마크 트웨인의 작품은 기독교적 색채가 보다 농후해진 것이다.

그로 인해서 마크 트웨인은 작가로서 견디기 어려운 정신적 압박을 아내로부터 받아야 했다.

마크 트웨인은 본래 낙천주의자였으며 야성적이며 유머가 풍부한 작가였다.『톰 소여의 모험』과『허클배리 핀의 모험』, 그리고 그를 작가로서 스타덤에 오르게 한 처녀단편집『켈라버라스 카운티의 뛰어오르는 개구리』등의 작품에서 그것을 읽을 수가 있다.

또한 그는 자연과 더불어 사는 자유분방하고 문명에 오염되지 않은 자연인에게서 미국 정신의 뿌리를 찾는 자연주의자이기도 했다.

역사가 짧은 신생국 미국의 수로 안내원(水路案內員)과 인쇄공과 탄광의 서기 등, 하층으로부터 몸을 일으켜 저널리스트와 작가로 성공한 그는 신생국 미국의 발전과 진보를 보면서 미국에 대한 신뢰를 키워갔다.

그의 미국에 대한 믿음은 대단했다.

마크 트웨인은 유럽의 문화와 기독교의 성지를 돌아보고 와서 쓴 기행문에서 비록 미국의 역사는 짧지만 유럽의 긴 역사와 문화에 대해서 기죽을 필요가 없다고 했다. 그만큼 유럽의 역사와 문화를 대수롭지 않게 생각했으며 동시에 미국에 대한 믿음이 강했다.

따라서 마크 트웨인은 눈부시게 발전하는 신생국 미국이 거

대한 광명이 되어 세계를 비춘다고 생각하는 미국적 낙관주의
의 열렬한 대변자이기도 했다.

그러한 그에게 변화가 오기 시작했다.

19세기 말, 60세가 가까워지면서 차츰 비관론자가 되어간 것
이다. 아내 올리비에의 장기간에 걸친 중병과 맏딸의 죽음, 그
리고 막내딸의 지병인 간질병의 발작 등 집안의 겹친 우환, 거
기에다 작품에 대한 아내의 병적인 간섭과 빛을 얻어서 손을
댄 출판업의 실패로 안게 된 부채, 뒤에 갚기는 했으나 그 동안
빛에 시달린 고통 등등, 그러한 것들 때문에 심경에 변화가 온
그는 이윽고 미국의 미래까지를 비관하는 페시미스트로 변했다.

인간과 세계에 대해서 희망을 잃은 마크 트웨인은 1898년, 절
망 속에서 2편의 작품을 썼다. 하나는 대화체의 평론『인간이란
무엇인가(*what is man?*)』와 이 평론을 바탕으로 쓴 소설『신비한
이방인(*the mysterious stranger, a romance*)』이다.

아내 올리비에는 늘 해오던 대로『인간이란 무엇인가』의 초
고를 읽고 졸도할 뻔했다. 그만큼 충격이 컸던 것이다. 때문에
올리비에는 그 다음에 쓴『신비한 이방인』을 읽을 엄두를 내지
못했다.

마크 트웨인은 이 두 작품의 출판을 아내의 생전에는 보류했
다.『인간이란 무엇인가』는 아내가 죽은 지 2년 뒤, 1906년에
그것도 익명으로 250권만이 출판되었고『신비한 이방인』은 마
크 트웨인이 죽은 지 6년이 지난 1916년에야 빛을 보게 되었다.

출판된 이 두 작품은 아내 올리비에가 받은 충격 못지 않은
반항을 불러 일으켰다. 어떤 사람들은 독실한 기독교인인 마크

트웨인이 기독교를 배반하고 무신론자가 되었다고 비난하고 작품을 혹평했다.

스스로 기독교인임을 자처하는 마크 트웨인으로서는 듣기가 매우 고통스러운 비난이며 혹평이었다. 마크 트웨인이 그의 마지막 작품이 된 『신비한 이방인』의 대단원에서 밝힌 인간 존재의 실상은 앞에서 든 『인간이란 무엇인가』와 함께 그러한 비난과 혹평을 끌어내기에 충분했다.

"인생이란 그 자체가 단지 환(幻)이며 꿈에 지나지 않는다. 아무것도 존재하지 않는다. 모두가 꿈이다. 신(神)도 인간도 세계와 태양도… 꿈에 지나지 않는다"라고 했다.

이 말은 분명 신을 부정하고 있다. 뿐만 아니라 "신이라고 하면 나쁜 아이든 좋은 아이든 자유로이 만들 수 있었을 것이다. 그럼에도 일부러 즐겨 나쁜 아이를 만들었다. 뜻만 있다면 한 사람 남기지 않고 행복하게 해줄 수도 있을 것인데 실재로는 한 사람도 행복하게 해주지 않았다. 그리고 그 괴로운 인생을 존귀한 것이라고 말한다"고도 했다.

어찌 보면 이 말은 신을 비꼬는, 조롱하는 말로 들린다. 그러나 기실은 신을 믿는 사람들이 끊임없이 반복하는 의문이며 신에 대한 불만의 소리이다. 마크 트웨인을 비난하고 작품을 혹평하는 사람들이 보기에 더 나쁜 것은 "부탁을 하지 않았음에도 인간을 만들고 인간의 행동의 책임은 몽땅 인간에게 미루고 자신은 아무런 책임도 지지 않는다. 당연히 책임은 신 자신에게 있을 것임에도 멋대로 인간에게 밀어붙이고 있다. 그리고 최후에는 자기를 예배시키려고 한다"고 한 말이다.

인생에 대한 비관과 절망상태에서 쓴 소설의 작중 인물을 통한 작가의 자기 표현이라고는 하나 인간 존재의 진실을 밝힘으로써 신의 권능을 부정하고 있기 때문에 마크 트웨인은 그러한 비난과 혹평을 초래한 것이다. 미국 소설의 비조(鼻祖)이며 범상치 않은 작가정신의 소유자인 마크 트웨인이 인간 누구나가 겪는 가족의 병고와 죽음, 경제적 파탄이 가져다준 괴로움 등, 인간에게 공통된 고뇌를 통해서 인간 존재의 진실에 도달한 것을 보면서 부처님이 설한 사성제(四聖諦)가 보편적인 진리임을 새삼 깨닫게 된다.

광덕스님은 조물주라고 하는 신을 자기의 세계에서 끝내 몰아내지 못하고 투정하듯이 말하는 마크 트웨인을 달래듯이 이렇게 말한다.

"세계와 진리가 어떠한 것인지 이 법문(사성제)에서 배워야 한다"(『생의 의문에서 그 해결까지』)고. 그리고 마크 트웨인의 회의와 불만에 대해서 친절한 조언을 한다.

"심술궂은 권능자라도 있어서 제멋대로 인간을 만들어냈다 하면 항의라도 하고 책임을 전가하거나 어쩌면 인간 스스로 원천적 무능 앞에 절망해야 할지도 모른다. 그러나 실로는 자기[나] 자신이 자기[나]의 조물주인 것이다. 자기[나]를 만들 권능이 자기[나]에게 주어져 있고 자기[나]를 참되게 가꿀 책임이 자신[나]에게 주어져 있는 것이다"(『생의 의문에서 그 해결까지』, 괄호안의 '나'는 필자 삽입)라고 말함으로써 신의 존재에서 벗어나는 각성을 촉구하고 있다.

미혹(迷惑)

　광덕스님이 마크 트웨인에게 촉구하는 각성은 마크 트웨인에게 국한한 것이 아니다. 신의 존재를 회의하면서도 적극적으로 대처하지 못하는 사람들에게 촉구하는 것이다. 신을 창조한 인간이 자기가 창조한 신(조물주)의 권능을 두려워하고 그 두려움 때문에 진실로부터 도피하는 인간에게 각성을 촉구하는 것이다.

　조물주 자신인 인간이 피조물인 신에게서 두려움을 느끼고 도리어 피조물인 신에게 매달려 신의 지배와 구속을 자초한 넌센스로부터 헤어나라는 것이 광덕스님의 메시지이다.

　헤밍웨이는 마크 트웨인을 미국 소설의 비조라고 했다. 그것은 마크 트웨인이 그의 소설에서 미국 서민의 생각과 생활, 그리고 거기에 담긴 토속성을 토속적인 언어와 문체로 생동감 넘치게 그려서 성공한 미국 최초의 작가이기 때문이다.

　미국 냄새가 짙게 풍기는 그가 쓴 세계적 명작들은 그가 가지고 있는 특유의 낙천주의와 유머가 토속적인 생동감을 더해 주었기 때문에 미국인들은 그를 민중작가라고 칭송한다.

　민중작가란 민중의 애환과 고뇌 등에 대한 깊은 통찰을 바탕으로 한 작품을 통해서 이해와 연민과 기쁨을 함께 하는, 동시에 희망과 용기를 북돋아 주는 민중을 대변하는 작가를 말한다. 그러므로 민중작가라고 칭송을 받는 마크 트웨인은 누구보다도 인간의 고뇌를 잘 이해하고 그 고뇌로 인해서 좌절하지 않도록 메시지를 전하고 민중은 그것을 받아들이는 영향력 있는 영예로운 작가이다.

안성 도피안사 소장.

그러한 그도 인생의 다반사(茶飯事), 인생을 사는 데 있어서
흔하고 흔한 병고와 죽음과 이별과 경제적 고통 등, 누구나 겪
는 인생사 앞에 필부(匹夫)와 다름없이 무력했다.

마크 트웨인은 그로 인해서 인생을 비관하고 절망했다. 그가
그토록 신뢰한 신생국 미국과 세계에 대해서도 희망을 잃었다.

염세주의자가 된 것이다.

인생과 세계에 대해서 남다른 통찰력을 가진 유명한 작가이건, 그렇지 않은 필부이건 간에 인생을 살면서 겪어야 하는 괴로움에는 차이가 없는 것이 인간이다.

광덕스님은 그러한 마크 트웨인을 비롯해서 절망하는 사람들을 향해서 '세계와 진리가 무엇인지 이 법문(사성제)에서 배워야 한다'고 말한 것이다. 이 말은 인간세계의 실상을 깨달아 절망으로부터 벗어나기를 촉구하고 있다. 사성제(四聖諦)는 부처님이 설하신 '네 가지 거룩한 진리' 또는 '네 가지 거룩한 가르침'이다. 고(苦)·집(集)·멸(滅)·도(道)가 그것이다.

괴로움의 실체는 무엇인가[苦], 괴로움은 어디에서 오는가, 괴로움의 원인은 무엇인가[集], 괴로움의 원인을 없애면 괴로움은 저절로 없어진다, 괴로움의 원인을 없애는 방법은 무엇인가[滅], 괴로움을 없애고 이상을 실현하는 길은 무엇인가[道]에 대한 가르침이다.

광덕스님은 이 네 가지 가르침을 '부처님 가르침의 골격'(『생의 의문에서 그 해결까지』)이라고 말한다. 다시 말하면 불교의 근본이라는 것이다.

이것은 불교가 인간의 괴로움을 주제로 삼고 있는 종교임을 뜻한다.

불교는 왜 인간의 괴로움을 주제로 삼는가.

광덕스님은 "미혹(迷惑)인 이 세간은 모두가 고(苦)다"(『생의 의문에서 그 해결까지』)라고 갈파함으로써 중생과 세계를 구제하고자 하는 불교가 인간의 괴로움을 주제로 삼지 않을 수 없는 이유를 간명하게 잘라 말하고 있다.

미혹이란 도리와 사리에 어두워 갈 바를 잃고 마음과 행동이 어둠 속을 헤매듯이 방황하는 것이다. '사람이 미혹하면 화환(禍患)에 떨어진다'(「大略」)고 말한 순자(荀子)의 말이 아니라도 가야 할 길을 잃고 헤매면서 인생을 살면 재앙과 환난 속에 떨어질 것은 뻔하다.

광덕스님은 인간의 세계 그 자체가 미혹이라고 보고 있다. 스님의 말을 확인하기 위해서 구태여 인간의 오랜 역사를 들출 필요는 없다. 지금 우리 눈앞에 전개되고 있는 지구상에 만연한 인간 상호간의 피비린내 나는 살육만 보아도 알고도 남는다. 미혹이 아니고서는 일어날 수 없는 재난의 역사가 바로 인류사인 것이다.

불교는 인간이 미혹의 세계에 태어나는 것은 업연(業緣)에 의해서라고 한다. 미혹의 세계에 태어나는 것, 생(生) 그 자체가 고(苦)라고 한다. 또한 필연적으로 그에 수반하는 늙음[老]과 병(病)과 죽음[死] 역시 고가 아닐 수 없다.

부처님이 사성제의 첫머리에서 '이 세계는 고다'라고 설한 진리[苦諦]는 미혹의 세계에 유전하는 인간에게 있어서 외면할 수 없는 인간의 실상이기 때문이다. 이 실상을 깨닫고 진정한 삶의 길을 찾는 것이 곧 사성제이다.

광덕스님이 '고난 속에 길이 있다'고 말한 것은 바로 고(苦)에서 도(道)에 이르는 사성제를 전제로 하는 말이라고 생각한다. 미혹한 중생이 사는, 미혹한 중생이 자초한 미혹의 세계에서 괴로움으로 인해서 절망하는 인간에게 이 세계의 실상과 진리가 무엇인지 사성제에서 배우라고 한 것은 이 때문이다. 절망하는 사람, 길을 잃고 배회하는 사람을 향해 광덕스님은 말한다.

"고난이 우리를 절망에 빠뜨리지 못한다. 어떠한 고난도 우리의 삶을 압도하지 못한다. 고난은 우리에게 수학(修學)을 요구하는 과제다. 거기에서 나의 생각과 생활의 허점을 알게 하고 반성과 인내와 함께 지혜를 배운다. 그리고 고난은 우리에게 새로운 차원에 이르게 하고 고난은 마침내 사라진다. 고난 앞에 실의와 원망과 공포심을 버리고 자신과 희망을 안고 늠름히 대하자. 고난은 우리에게 새로운 길을 열어 주는 전주(前奏)인 것이다."(「고난 속에 길이 있다」, 호법월보 77호)

뜻을 잃지 않고 자신을 갖고 고난과 대결하면 새로운 길이 열린다. 그러므로 고난은 새로운 길을 열어주는 전주곡이다. '새로운 길'이란 미혹의 세계를 극복하고 미래로 나아가는 길이라고 말하는 광덕스님의 생각에 동조하는 철학자가 있다.

프랑스의 베르그송이다. 그는 광덕스님이 잃지 말라고 강조하는 '의식(意識) 속에 미래가 있다'고 말한다. 「의식과 생명」이라고 하는 강연(1911년)에서 '의식 속에 길이 있다'고 전제한 베르그송은 말하기를 "미래는 우리를 부른다. 우리를 미래로 이끈다. 이 부단한 견인에 의해서 우리는 시간이라고 하는 길을 가게 되며 이 견인은 우리가 끊임없이 행동하는 원인이다. 행동이란 미래로 나아가는 것이다"라고 하였다. 마치 광덕스님의 말을 부연하고 있는 것처럼 들린다. 사상의 뿌리가 전혀 다른 두 사람의 사유가 오버랩한다.

베르그송은 '인간의 활동에는 두 가지 커다란 원동력이 되는 두 가지 본능’이 있다고 한다. 그가 말하는 두 가지 본능이란 ‘사랑과 원(願)’이다. 비원(悲願)과 다름이 없다. 베르그송은 이 본능 때문에 “인간에게는 자기를 구속하고 있는 가쇄(枷鎖)로부터 벗어나고자 하며 동시에 자기 자신을 초월하여 자기가 가진 것 모두를 먼저 베풀고 그 다음에는 자기가 가진 것 이상의 것을 주고자 하는 힘이 어김없이 작용하고 있다”(「의식과 생명」)고 말한다.

그리고 이어서 “이 이외에 (인간의) 정신을 정의할 수 있는 것이 따로 있을 수 있겠는가”라고 말하고 있다.

마크 트웨인과는 정반대이다. 베르그송의 말은 그대로 보살행을 설명하고 있다. 광덕스님이 「보현행자의 서원」에서 ‘지은 바 모든 공덕을 널리 중생에게 회향하겠습니다’라고 말한 것은 베르그송이 말한 ‘가진 것 모두를 주는 것’이며, ‘모든 중생들이 무시겁래(無始劫來)로 짓고 쌓은 악업으로 인하여 한량없는 고초를 받게 된 것을 내가 대신 다 받겠습니다’라고 말하는 것은 베르그송이 말하는 ‘가진 것 이상의 것’을 주는 것이다. 광덕스님과 베르그송이 겹치는 것은 이 같은 공통점 때문이다.(미완)

광덕큰스님의 그늘에서 보냈던 시절을 그리며

연봉 곽만연(蓮峰 郭滿淵) | 동아대학교 인문학부 교수

광덕큰스님의 상좌이신 송암스님의 부탁을 받고 큰스님과의 인연을 되새기려고 하니까 실로 만감이 교차한다. 그것은 큰스님의 지극한 배려와 아낌을 받았던 지난 세월이 다시 생생히 떠오르면서 큰스님의 자애가 너무나 그리워서다. 그리고 그립다는 말은 내 나이쯤 되면 쉽게 잘 나오지 않는 말인데도 큰스님을 떠올리니 이렇게 간절하게 연용(蓮容)의 화안과 미소가 나타난다.

나는 1965년 경기고등학교에 입학하면서 교내 써클인 룸비니에서 활동하였다. 룸비니는 고등학생들의 불교모임으로써 매주 한 번씩 종로 봉익동에 있는 대각사에서 법회를 보았다. 그때 큰스님께서 우리 법회에 몇 번 오셔서 법문을 해주신 기억이 아직도 생생하다. 나는 큰스님께서 오셔서 설법을 하실 때마다 큰 감동을 느끼곤 했다. 말하자면 큰스님의 법문을 듣는 동안 어린 나이로서는 잘 알지 못할 기쁨이 솟아났다. 지금 생각해

보면 법열이나 환희심이라고 하면 어울릴 것은 기쁨이었다. 아무튼 마음 저 밑바닥에서부터 치솟아 오르는 특별한 감정임에는 틀림없다.

지금 그때를 다시 회상해 보아도 큰스님은 온갖 정성을 다하여 간절하게 법문을 해주시는 표정과 자세를 우리들에게 심어주셨다. 나뿐만 아니라 우리 룸비니 회원 모두가 다 같은 심정으로 큰스님의 법문을 경청했다. 나는 급기야 좀 더 깊은 불교 공부를 하고 싶어서 동국대학교 인도철학과로 갔고, 거기서 대학 2학년 때부터 '한국대학생불교연합회' 활동을 시작했다.

그 무렵 뚝섬 봉은사에서 대학생 수련 모임이 있었는데 그 모임의 정신적 지도자인 지도법사를 큰스님께서 맡고 계셨다. 여러 큰스님들께서 대학생 모임에 깊은 관심과 지도를 아끼지 않으셨는데 그 중의 한 분이 우리 큰스님이셨던 것이다. 특히 큰스님은 보현행원품을 무척 강조하셨는데 나도 큰스님으로부터 보현행원품에 대한 영향을 많이 받았다.

또한 큰스님께서는 그때 종단 살림을 맡아 하셨는데 놀라운 법력과 위법망구의 정진력, 사회법에 대한 탁월한 지식으로 종단의 어려운 일을 잘 해결하신 기억이 난다. 그런데 그 많은 일을 하시면서 하루에 포도 몇 알로 공양을 대신한다는 이야기를 전해듣고 큰스님의 건강을 걱정했던 기억도 새롭다. 물론 어린 나이에 걱정을 하면 얼마나 했겠는가마는 큰스님을 존경하고 따랐던 마음이 그랬다는 것이다.

1974년은 소위 유신시대로서 젊은 우리들이 암흑기라고 말하는 때였다. 이때 불교를 믿는 대학생들이 종로 봉익동에 있는

안성 도피안사 소장.

대각사에 모여서 유신 반대법회를 열고 절 밖으로 나가려고 스크럼을 짰다. 문 밖에는 미리 정보를 알고 있던 경찰이 대기하고 있었다. 절 문 밖을 한 발짝이라도 나가 연행되면 곧바로 감옥 가던 때였다.

큰스님은 절 문을 걸어 잠그고 스크럼을 한 학생들을 딱 막아서면서 비장한 표정으로 "너희들 비구 한 사람이 죽는 것을 보려고 하느냐?" 하고 외쳤다. 그 광경은 큰스님께서 결사적으로 몸을 던져 전 학생들을 보호하고 지키는 모습이었다.

나는 그 후로도 줄곧 큰스님을 찾아뵈면서 많은 가르침을 받았다. 그러나 이제 너무나도 오랜 세월이 지난 뒤라 세세한 대화는 기억에 남아있지 않고 멸실되어 버렸다. 상좌 송암스님처럼 기록해 두지도 못했으니 너무나 송구스럽고 안타까운 심정 금할 수 없다.

1980년대에 들어서 나는 큰스님과의 오랜 인연 때문에 불광법회 대학생 모임인 사리불법등의 지도교수를 맡게 되었다. 나는 큰스님의 은혜를 생각해서 대학생들과 열심히 법회도 하고 답사도 하고 젊은 그들과 허심탄회한 대화도 하면서 왕성하게 정진하였다. 나는 사리불법등의 지도교수를 하면서 참으로 많은 것을 가르쳤고 그보다 더 많은 것을 배워 얻었다.

그런데 1983년 2학기부터 부산에 있는 동아대학교 교수로 가게 되었다. 그 전까지 강사생활을 했던 나는 오랜 교수의 꿈이 이루어졌지만 사리불과의 인연은 그만 끊기게 되었다. 참으로 아쉬운 일이었다. 그렇지만 큰스님의 그늘에서 익혔던 불법에 대한 신심은 부산에도 줄곧 이어졌다. 특히 신심 깊은 부산은 여러 수행단체가 많았다. 자연스럽게 함께 공부하자고 청해 오는 곳도 있었다. 나는 사리불에서 쌓은 경험과 큰스님께 받은 가르침에 힘입어 부산의 여러 불법 인연에 늘 감사하며 불사를 받들었다. 지금도 한 달에 한 번씩 범어사청년회에서 불교강의를 하고 있다.

나는 범어사에 갈 때마다 절 입구에 있는 큰스님의 행장을 기록한 비 앞에 서서 경건하게 합장 배례를 올린다. 이곳 범어사에서 큰스님께서 출가하셨으며 도를 이루시고 불사를 받들었다는 생각을 하면 나에게는 범어사가 특별한 장소로, 아니 내가 받들어야 할 장소로 여겨진다. 비(碑)를 향해 서서 올리는 삼배이지만 속으로 '큰스님의 원력을 본 받아 더욱 열심히 일하겠습니다'라고 다짐한다.

한 달에 한 번씩 범어사에 갈 때마다 내 자신을 다시 가다듬게 하는 수행처, 선찰대본산 금정산 범어사다. 큰스님의 미소 어린 자안(慈顔)과 은혜를 떠올리는 스승의 도량에서 '큰스님께서 하루 속히 사바에 다시 오시어 중생을 제도해 주시옵소서' 하고 간절히 기도한다.

불기 2548(2004)년 여름에 부산에서
불초 연봉 삼가 분향삼배

영원한 찬불가

묘정 박근련(妙淨 朴根蓮) | 천마재활원 원장

1953년에서 1957년 사이에 만들어진 작지만 큰 추억 한 토막이다. 한국전쟁이 막 끝난 후이기 때문에 나라 사정이 어려웠고 교통사정은 말이 아니었다. 그래서 많은 사람들이 너나 할 것 없이 걸어서 직장으로 학교로 다녔다. 그 당시 나는 부산 범일동 자성대 근처에서 현재 일신종합병원이 있는 좌천동을 거쳐서 수정동 수정산 기슭에 위치한 여중과 여고를 한 시간쯤 걸어서 등하교를 했다. 그리고 좌천동에는 나의 길동무인 정연이 집이 있었다. 내 친구 정연이 집은 불교포교당이었다. 그 포교당은 인자하신 정연이 부모님께서 사랑채를 스님들께 내놓으셔서 이루어졌다.

처음부터 절이어서 포교당이 아니라 불심 깊은 그의 부모님들께서 스님들이 불자들을 모아놓고 설법하고 법회 하시라고 내놓은 임시공간이라는 뜻이다. 어느 때나 마찬가지의 학교 가는 길이었다. 나는 포교당의 나무대문을 살며시 열고 '정연아'

하고 큰소리로 친구 이름을 불렀다. 그런데 그 날은 정연이가 나를 기다리지 않고 먼저 가버린 날이었다. 나는 그것도 모른 채 세 번째 친구 이름을 부르려고 하는데 사랑채의 미닫이문이 조금 열리더니 웬 낯선 분께서 아무 말씀 없이 정연이가 이미 학교로 갔다는 표현을 손짓으로 해주었다.

바로 그 분이 그 당시의 고처사님(광덕큰스님)이셨다. 그 날 이후 고처사님께서는 내가 '정연아' 하고 친구 이름을 부르면 항상 미닫이문을 조금 열어서 갔으면 갔다, 있으면 있다, 또 학교로 갔으면 곧 바로 빨리 뒤따라가라거나 안채로 정연이를 데리러가라는 뜻을 무언으로 해주셨고, 나는 곧 알아차리고 말씀대로 따랐다. 돌아보면 그로부터 이 글을 쓰고 있는 지금까지도 나는 큰스님의 가르침대로 세상과 사람들을 대하고 있다는 생각이 든다. 그런데 그 당시 큰스님은 말이 고처사님이시지 승복을 모두 갖춰 입으시고 머리도 깎으신 분이셔서 나는 왜 스님을 보고 사람들이 고처사님이라고 부르는지 영문을 몰라 혼자 의아해하고 있었다.

그 후 너무나 자연스럽게 정연이와 나는 고처사님께서 꿈꾸시던 도심포교의 대상이 되었다. 포교당에는 매주 일요일이면 전국의 유명하신 큰스님들께서 『금강경』을 설하시기도 하고 선법문(禪法門)을 하시기도 했다. 그 가운데서도 지금까지 생생하게 기억되는 것은 경주 불국사에서 오신 월산큰스님이시다. 어찌나 쩌렁쩌렁하신 목소리이셨는지 가만히 소리도 없이 밀려오는 잠마구니를 사정없이 쫓아주셨다. 매주 법사님들의 법문이 끝나면 요즘 표현으로는 동아리가 되겠지만 열 명 남짓 남아서 고처사님의 기획과 진행하에 동아리 모임을 열었다. 물론 나는 동아리의 일원이었다. 우리 동아리들은 열심히 마하반야바라밀경을 쓰고 외우고 찬불가도 배웠다. 아마도 내가 알기로는 그 당시 절에서 찬불가를 듣는다는 것은 거의 불가능했으리라는 생각이 든다.

고처사님께서는 대중 포교를 위해 방송 등 언론 매체에 관심을 가지셨고 적극적으로 이용해야 한다는 신념을 가지셨다. 부처님오신날이 다가오면 여러 방면으로 활약하시면서 특히 방송국에 많은 노력을 기울이셨다. 그 결과 고처사님께서는 KBS 부산방송국으로부터 사월초파일 부처님오신날 봉축행사를 위한 출연 승인을 받아내시기도 했다. 내 기억으로는 불교역사상 어린 학생들이 찬불가를 부르면서 방송이 진행되었던 것은 그때가 처음이 아니었을까 하고 생각해 본다. 그 당시 우리 동아리는 약간 긴장되고 호기심에 가득한 눈초리로 고처사님을 따라 지금 우남공원 어딘가에 있었던 KBS 방송국에 갔었다. 고처사님과 음성이 고운 정연이는 룸비니동산에 대해서 대화로써 풀어나갔고 우리들은 틈틈이 찬불가를 합창하여 보조를 맞추는 식으로 방송이 되었다.

지금 생각해도 그때는 어린 나이였지만 찬불가를 부르는 우리 어린 가슴들은 환희에 차 있었다. 이 모든 진행의 순서와 대화의 내용들은 고처사님께서 직접 만들어 내셨다. 그 일이 범어사 불교교리 전용 선방으로 옮기기 전의 고처사님의 일이었다. 다음 해 그 다음 해에도 부처님오신날이 되면 우리들은 범어사에 갔다. 이미 스님이 되신 고처사님께서는 그때 KBS 방송국에서 녹화된 테이프를 금정산이 떠나가도록 높게 틀어 두시고 우리들을 맞이해 주셨다. 그러한 상황에서 정말로 부끄러운 일이 나에게 발생하였다. 그것은 합창단 모두가 똑같이 발성되어야 하는데 나의 부주의로 그만 한 옥타브 틀리게 소리가 나왔다. 당황하여 어쩔 줄 몰라하고 있는 나에게 저 소리가 근련이 목소리라고 하시면서 환하게 웃으셨던 기억이 난다.

시공을 초월한 50여 년 후, 광덕큰스님께서 범어사 염화실에 잠시 머무신 적이 있으셨다. 어린시절의 동아리는 아니지만 그때처럼 큰스님을 찾아뵈었다. 어느 하루, 절하고 앉은 나에게 큰스님께서는 정색을 하시고 이상하게 사라지는 찬불가도 있다고 말씀하셨다. 지금 사라져서 아무도 부르지 않는 찬불가가 바로 근련이가 한 옥타브 틀리게 부른 곡이라고 하셨다. 그때 큰스님께서는 법체 허약하셔서서 무척 힘들어 하셨다. 보기에도 너무나 쇠약하신 상태였지만 무려 50여 년 전 나의 실수를 환한 미소로 다독거려주신 그 모습 그대로 옛 일을 되새겨주셨다. 그리고 사라진 찬불가의 가사를 큰스님께서는 처음부터 끝까지 1절, 2절, 3절을 곡과 함께 외우시고 나의 중요한 노트에 기록하도록 일러주시기도 했다. 덧붙여 큰스님께서는 매우 좋아하신 '금정산 찬가'도 함께 기록하도록 불러주셨다.

이 원고를 쓰려고 그때의 사라진 찬불가 원고를 찾았으나 도저히 찾을 수가 없었다. '금정산 찬가'의 원고는 찾았는데 내가 틀리게 부른 찬불가는 찾을 수가 없었다. 그 중요한 기록을 부주의하게 간수한 죄책감에서 벗어나기가 어렵다. 큰스님께서 법체 불편하신데도 나를 보시자 옛 기억을 되살려 불러주신 내용을 그만 분실했는지, 어디 잘 두었는지 도무지 기억이 나질 않았다. 애석하고 안타깝기 그지없다. 큰스님 모시던 그때는 앳된 학생이었는데 어느덧 할머니가 되어서 기억력도 가물거리고 한 일도 잘 잊어먹고 늙음이 나를 이렇게 몰아가고 있다.

앞으로 그 가사를 어딘가에서 다시 찾는다면 한 옥타브 높게 부르지 않고 나 혼자서라도 1절에서부터 3절까지 불러서 큰스님 영전에 바치고 싶다. 열반하신 큰스님께서 언젠가 다시 이 땅에 오셔서 '보현행원송'과 '부모은중송'을 여실 때 나도 다시 태어나 그 합창단에 참여하여 큰스님의 원력에 동참할 것이다.

나무마하반야바라밀다

2005년 6월 14일
불초 묘정 합장

내가 모신 성자

반야심 권오영 | 자영업

내 나이 20대, 1970년대 후반 어느 해 가을. 경기도 의왕시 백운산 백운사에서 일생의 스승이 될 성자를 만났다네. 그 분은 황금빛 가사를 수하시고 빛나는 이마, 우물처럼 깊고 신비 가득한 눈에서는 천년의 샘물이 일렁거리듯 광명이 솟구쳐 올랐고, 붉은 입술을 가만히 열어 감로수(甘露水)를 토하셨네.

"그대는 반야심(般若心)이로다."

나는 그만 두려움 같은 감동으로 몸을 가누지 못하고 털썩 엎어져 절을 올려버렸네. 그로부터 성자를 가슴에 품고 또 다시 만날 날을 꿈꾸며 살았다네.

(당시 백운사의 주지이던 정화스님께서 큰스님을 모시어 수계법회를 열었다. 첫 번째 만남)

그로부터 3년 후, 어느 겨울 날. 북풍이 매섭게 몰아치던 서울 종로 묘동의 대각사 앞길에서 몇 명의 무리를 이끌고 가시는 은빛 털모자의 성자를 다시 보았네. 반가워 그만 온 몸으로 아우성치던 내게 그 분은 조용히 말씀하셨네.

"어디선지 장소는 기억나지 않는데 분명 만났던 인연이로고. 대각사 불광법회로 오너라."

(그때 나는 대각사 바로 앞 삼화페인트 회사에서 근무하고 있었다. 두 번째 만남)

어느 날 대각사 뜰. 성자를 시중들던 묘법성 이숙희 불자가 나에게 법명이 무엇이냐고 물었다. 그때까지 내 법명인 반야심 (般若心)을 제대로 읽을 줄 몰라 나는 "반약심이야!" 하고 큰소리로 대답했다. 배를 잡고 깔깔거리며 소리 높여 웃는 그녀의 웃음소리에 영문도 모른 채 얼굴 붉힌 나.

대각사 뒤꼍의 아주 자그마한 골방이 성자님의 거처였었네.

"큰스님, 애가 자기의 법명이 반약심이래요" 하고 또 웃음…. 합장한 채 말없이 절을 받으시며, "반갑구면."

자애로우신 눈빛으로 빙긋이 웃어주시던 모습. 그로부터 뭔가 모를 충만함과 환희심으로 넘치고 넘치던 나의 20대 청춘.

아, 이제는 그리움이어라. 나의 성자시여!

(세 번째 만났을 때의 광경이었다.)

대각사 시절의 불광법회는 씩씩한 활발발로 항상 원기 왕성했고 내 가슴에는 어느 때나 법희(法喜) 넘쳤다. 그때는 통행금지가 있었다. 매주 목요일 저녁법회 후, 다시 법등(法燈)모임 하며 2차 법회를 했는데, 일주일 만에 만난 법등가족들과 반가운 인사 몇 마디 나누다 보면 어느덧 돌아가야 할 시간이 되기도 했고.

젊은 남녀가 많은 탓도 있었지만 어떻게든지 한 사람에게라도 더 전법(傳法)하려고 뿜어대던 열기 속에 살던 때. 틈틈이 기도정진하고 법등일하고 살림하고 직장일하고 공부하는 등, 법우형제들은 모두가 25시간을 살았었다. 오직 크나큰 성자의 힘으로….

그런 중에서도 우리 법우들의 신심은 가을하늘처럼 푸르게 높아만 갔으니, 관광버스로 순례법회 갈 때면 차안이 온통 기도터였다. 차마다 목탁치는 거사가 기도를 인도했고 우리는 '마하반야바라밀'을 법열(法悅)로 염했다. 마치 마하반야바라밀다 염송 소리에 차가 밀려가는 듯 했으니.

어느 핸가, 나는 오대산 적멸보궁 철야기도를 잊지 못하네. 깜깜한 밤하늘 쏟아져 내리는 별, 별들. 그러나 너무나 거룩한 지상의 별, 우리 성자님. 아니 나의 성자님. 풀밭 가득 무릎 꿇은 법우들, 터져 나오는 함성, 나무마하반야바라밀다. 부처님, 하늘, 땅, 소리, 성자, 우리들, 그 모두가 오로지 하나였다. 태초의 모습이었을까.

이제 돌아보면 그때의 그 법열이, 오랜 세월 성자님과 법회를 멀리한 어리석은 나를 지켜주고 감싸주었다. 아, 그 밤의 모든 광경은 내 마음 속 평생의 밝은 등대이어라. 낙산사 홍련암. 홍련암의 그 바닷가 큰 바위 위에 앉아 광명행 최계순 보살과 목청껏 부르던 '관세음보살….' 하늘과 바다와 소리가 온통 한 몸이었네.

그 날의 잊지 못할 관세음보살님의 또 다른 모습, 그 푸르른

동해바다 한없이 우러렀어라. 우리 성자님 유난히 즐겨 비유하시던 그 푸른 바다. 거기 있었네. 넘실대는 파도, 용약하는 힘, 오 바다여! 성자이시여! 모두 함께 있었네.

바라밀다 합창단 시절. 재정이 풍족치 못해 나이 드신 불자님들이 늘 간식을 챙겨주었네. 작곡가임에도 무척 가난했던 서창업 선생은 그 흔한 피아노 한 대가 없었고. 아니, 있긴 있었는데 부인이 병고에 있을 때 치료비로 팔아 썼다고 했다지.

곡차를 무척 좋아하셨던 선생은 합창연습이 끝난 뒤 한 잔 자리를 마련하면 아이처럼 좋아했다. 어깨 축 쳐진 홀아비, 서선생이 가여웠네. 하도 가여워서 '반약심'이라고 나를 놀린 도반 묘법성과 모의하여 피아노 한 대를 권선했네. 성자님께서도 얼마를 보태주시며 "반야심이 큰 뜻을 내었구나"와, 흐뭇한 눈빛으로 바라보아 주셨네.

또 언젠가 성자님께서 회사에서 무슨 일 하느냐?고 내게 물으셨다. 나는 그 분 앞에서는 항상 부끄럽고 까닭 모를 죄스러움에 그만 주눅이 들어 더욱 쪼그라지고 작아졌는데, 그 날은 말까지 더듬어 가며 대답한 즉, "사람 다루는 일을 하고 있어요."

그 분께서 웃으시며 하신 말씀, "저 말하는 것 좀 보게나⋯. 모두가 귀한 사람들인데 '다룬다'는 표현을 쓰면 어쩌나" 하셨네. 아, 너무나 부끄러웠네.

평소에 매우 자애로우신 성자님, 한 번은 단호하고 차갑게 일성을 질렀다. 당시 젊은 작곡가인 환산거사가 합창단을 지휘할 때인데 법당 안이 대중들의 열기로 꽤나 더웠다. 지휘하던 환산이 마침내 한 곡 끝낸 뒤 윗옷을 벗었다. 그때 내쳐 "옷 입어!" 하는 매서운 소리가 법당을 쩌렁 울렸다. 부끄러움과 민망함으로 얼굴을 붉힌 환산은 다시 옷을 입었고, 우리 합창단원들은 등골이 오싹했네. 그러나 성자님의 연용(蓮蓉)의 존안(尊顔)은 여여하기만 했고. 미소 머금은 평소의 모습대로….

부처님 앞에서는 한없이 작아지시고, 법 앞에서는 더 없는 간절함으로, 계(戒) 앞에서는 너무나 치열하였고, 사람들 앞에서는 겸손하기만 하시던 우리 성자님, 나의 성자님 광덕큰스님!

일상생활에서는 신도들에게 자주 칭찬도 하셨고. 그러나 작은 잘못이라도 수행에 방해되는 일이라면 그 자리에서 바르게 이끌어 주신 참으로 능숙한 스승이셨던 성자님. 언제나 그러하셨네. 그렇게 여여하셨네.

또 어느 해, 초파일 봉축제등행렬의 집합장. 여의도에서 우리 성자님은 연단 아래 아스팔트 맨바닥에 앉아서 출발시간을 기다렸네. 처음부터 끝까지 우리와 함께, 조금도 예외의 특권을 갖지 않았던 분. 목적지 조계사까지 불광행진의 선봉에서 구세보살단을 이끌었네. 장삼자락 출렁이며 만리동 고개를 넘으시던 스승, 너무나 성스러우셨던 나의 성자님, 그 분은 그렇게 우리들의 성자이셨네. 그 모습 진지하고 바람결처럼 표표하셨네. 지상에서 신비와 황홀을 느끼게 했던 유일한 인간이셨네.

그 분의 뒤를 초록 저고리 받쳐 입고 하얀 치맛자락 휘날리며 가슴이 터질 듯한 환희심에 등불 밝혀들고 구름 위를 걸었네. 허공이 찢어지나 내 목청이 찢어지나, 오직 '마하반야바라

도우(道友)이셨던 일타큰스님께서 광덕큰스님께 보낸 연하장(편집자).

밀'만 가득했네. 우리는 울고 말았네. 나는 웃으면서 우는 비밀을 그때 알았지.

아, 이 글을 쓰고 있는 지금까지도 내 심장의 박동은 그때의 것이었고 내 거친 호흡은 성자님을 종로까지 밀었던 그 힘일세. 오, 그날이여, 학 같으신 모습이여, 우리들의 진정한 성자이시어. 내가 마지막 순간까지 부르다가 죽을 이름, 나의 성자 광덕큰스님이시여.

대각사 뒤꼍의 조그만 골방에서 초라한 소반에 밥과 국과 두어 가지 찬으로 조금씩 아주 조금씩 학처럼 공양하시던 그 모습. 난 그 모습을 몇 번이나 뵈었는데 그때마다 안타까워 내 가느다란 목젖이 따끔거렸네. 그리고 가끔 까닭 없이 눈물도 나왔네. 이런 기분을 김재영 님은 모체회귀의 떨림, 서로 부딪치며 한 덩어리가 되는 순수한 영혼들의 떨림이라 했겠다.

그때 20대인 내가, 50대인 성자님을 너무나 눈부심에 바로 쳐다보지도 못하고 우아한 성스러움에 범접 못할 신령함만 더해 갔네. 때로는 성자님 스스로 주체할 수 없이 솟아나는 법열의 환희심에 웃음과 말씀이 뒤섞여 이루어진 모습은 참으로 천진이었고 무구였었네. 다행인지 불행인지 성자님이 사바를 떠나시던 무렵, 또 그 이전으로 아주 오랫동안 나는 성자님을 뵙지 못했네. 하여 작아질 대로 작아지셨을 성자님은 나에게 아니 계시네. 이 좁고 어두운 나의 이기심이여.

나는 며칠 전, 회갑 때의 성자님 모습을 나의 작은 거실에 모셨네. 어느 때나 나의 생각과 언행을 감독 받기 위해서고 아침 저녁 출입 때마다 꼬박꼬박 문안드리기 위해서라네.

아침마다 나는 아주 작은 목소리로, 그러나 결의 찬 목소리로 이렇게 아뢰네.

"나의 스승이신 성자님, 다녀오겠습니다. 오늘 하루도 반야심으로 살겠습니다. 그리고 오늘은 더 잘 살아보겠습니다. 감사합니다. 나무 마하반야바라밀다."

불기 2549(2005)년 1월 23일
반야심 권오영 삼가 분향하고 무수 배 올림

자비의 화신, 금하당 광덕큰스님

보덕행(普德行) 이순이 | 주부, 수필가(이천 서창도예연구소)

어제 봄비가 내리더니 영산홍 꽃망울이 분홍색의 속옷을 숨기고 터질 듯 부풀어 올랐다. 머지않아 우리 집 곳곳에는 영산홍이 환하게 웃으며 사람들에게 자신의 아름다운 모습을 보여주고 싶어 안달이 날 것 같다.

'올해에는 또 어떤 분들이 오셔서 저 꽃들과 인연이 될까?' 하고 바라보다가, 문득 어느 해인가 영산홍이 붉게 타오르며 누군가를 기다리는 것 같은 심정이 된 날이 뇌리에 떠올랐다.

그 날 꽃들이 봄바람에 누군가를 기다리는 내 마음을 전했는지 불광의 광덕큰스님께서 아무런 예고도 없이 내가 사는 이곳 이천 상춘제(常春齊)에 오셨다. 큰스님께서는 시자스님 한 분과 조용하고 겸손하신 걸음으로 우리집에 그 모습을 나투셨다. 그 때의 자비심 가득한 미소로 꽃밭을 산책하시던 큰스님의 모습이 떠오르니 뵙고 싶은 마음 가슴 가득하다.

그때 나는 미처 철이 없어 큰스님 뵙는 일이 얼마나 복된 일인 줄 몰랐고, 또 친히 우리집에 오신다는 것은 마치 부처님이 오시는 것같이 희유한 일인 줄도 모르고 마냥 좋아하기만 했다. 그때 큰스님께서 오셨을 때 무척 좋아했던 기억이 떠오르자 나의 기억은 시간을 거슬러 큰스님과의 처음 인연을 떠올렸다.

1986년, 불광사는 불광포교원 건립을 위해 선서화도예전을 개최하게 되었는데 큰스님의 상좌이신 송암스님께서 석주노스님의 소개로 우리 집에 찾아오셨다. 그 일로 당대 제방의 여러 큰스님들께서 우리 집을 속속 다녀가셨고 불광의 큰스님께서도 부산의 석정큰스님과 함께 오시게 되었다. 정말 그때는 우리 집이 어느 절 못지않은 청정도량이었다. 석주큰스님, 화엄큰스님, 원담큰스님을 위시하여 수안스님, 일장스님을 비롯하여 여러 고승대덕들께서 연속부절 발걸음을 하셨던 것이다.

사람이 평생 살아도 여러 큰스님들을 절마다 찾아다니며 친견하기도 어려운 일인데 항차 자신의 집에 앉아서 뵙는다는 것은 여간 어려운 인연이 아닐 것이다. 그런데도 우리는 가만히 앉아서 짧은 시간에 많은 선지식들을 친견하였으니 참으로 희유한 일임에 틀림없다. 사실 그 당시 우리 집 가족은 불교에 대해서 잘 알지 못한 신출내기 때였다. 물론 지금도 그렇지만 그때는 더욱 큰스님을 뵙는 예의범절이라든가 간식이나 공양을 올리는 일 등에서 마음가짐까지, 어느 것 하나 제대로 갖춘 게 없었을 때였으니 말이다.

아무튼 그렇게 존귀하신 분들이 우리 도예공방에 오셔서 때로는 한나절, 아니면 하루나 이틀 동안 머무시면서 글씨나 그림을 그리셨고, 우리 내외와 삼촌들은 연신 가마에서 도자기를 구워내는 일을 몇 개월 간 줄곧 했다. 주로 나는 부엌에서 공양을 지어 올리는 소임을 했다. 큰스님들께서 맛있게 드시면 너무나 기뻐서 평생이라도 지치지 않고 공양주를 할 것 같았다.

그러한 일이 거의 끝나갈 무렵 불광의 큰스님께서 석정큰스님과 함께 오셨던 것이다. 친근한 송암스님이 모시고 오긴 했지만 처음으로 뵙는 불광의 큰스님께서 오신다고 하니 여간 긴장되는 것이 아니었다. 그러나 막상 큰스님을 뵙는 순간 마치 연꽃이나 학 같은 느낌이 들었다. 아마 큰스님의 맑고 밝으신 모습과 자비어린 눈빛과 겸손하신 말씀 때문이었던 것 같다. 그러한 큰스님을 뵙는 순간 나도 몰래 저절로 존경심이 솟구쳤고 불심이 계발되어 불교공부를 하고 싶어졌다.

그때까지 불교를 겨우 기복으로만 알던 우리 가족은 비로소 불교의 엄청난 진리에 조금씩 눈을 떠가기 시작했다. 자연 도자기 만드는 일도 신심(信心)으로 하게 되었다.

전시회를 기획하고 주관했던 송암스님이 그 후로도 우리들에게 큰스님께서 쓰신 책과 설법 테이프를 전해주시어 불교공부에 많은 도움이 되었다. 사실 오늘의 우리 가족이 있기까지는 그때가 시작이었다는 것을 고백하지 않을 수 없다. 이 글을 쓰며 새삼 그때의 일을 생각하며 오늘의 우리를 살펴보니 큰스님과의 인연, 그 소중함에 고개를 숙이지 않을 수 없게 된다.

그렇게 차츰 불교를 알기 시작하자 평소에도 탐구심과 모험심이 많은 나는 단번에 도를 이루려는 각오로 참선공부에 뛰어들었다.

1988년 그 당시 이천에는 도를 닦고 오신 분이 있다고 하여 그 분을 중심으로 하여 참선에 관심있는 여러 불자들이 모여서 지도를 받기로 했다. 우리는 우선 참선수행 모임을 만들어 저녁 6시부터 밤 12시까지 근기(根機)에 따라 여러 가지 방법으로 정진을 했다. 그때, 나는 염불선(念佛禪)을 했는데 지도 선생님 말씀에 의하면 3일, 아니면 7일, 49일, 100일이면 견성(見性)을 할 수 있다고 했다. 나는 그 말을 믿고 낮이나 밤이나 일념으로 관세음보살을 부르기 시작했다. 100일이 지나고 일 년이 가까워 올 무렵 나는 잠을 자면서도 관세음보살을 불렀고 급기야 너무 용을 써서 상기가 되었고 결국 잠을 자지 못하게 되었다. 망상 중에 일어나는 현상이 공부가 잘되는 것으로 잘못 집착을 하다가 야릇한 병에 걸려 더 이상 사람구실을 할 수 없을 만큼 변해가고 있었다.

지도하던 선생님은 나를 자신에게 맡기면 고쳐준다고 해서 남편은 그 길을 권유했지만 나는 내가 무언가 잘못되어가고 있다는 생각이 들어 새로운 결정에 앞서 불광의 큰스님께 여쭈어 보고 결정을 내리기로 하였다.

송암스님의 안내로 구리에 있는 보현사로 갔다. 마침 큰스님께서 외출하시어 계시지 않았지만 우리는 돌아오실 때까지 무작정 기다리기로 했다. 꽤 늦은 시간까지 기다려 결국은 뵈올 수 있었다.

피곤하신 느낌이 역력하였지만 나는 내 병의 심각성을 알고 있던 터라 밤늦게까지 그동안 공부했던 긴 이야기들을 다 쏟아내었다. 큰스님께서는 잔잔한 미소를 띠신 채 나의 이야기를 시

종 경청해 주셨다. 마치 관세음보살 같으신 자상한 모습이 지금
도 눈에 잡힐 듯 선하다.

지금 그때의 나를 생각해보면, 한편에서는 엉터리 같은 망상
을 큰 깨달음의 길로 접어든 사람처럼 인정받고 싶어서 고집을
부렸던 것과 또 하나는 상기로 인한 고통의 현실을 거부하고
싶어서 두 가지를 다 고집 부렸었다.

큰스님께서는 "마음은 마치 텔레비전의 채널을 맞추는 것과
같다"고 하시며 "행복과 성취에 채널을 맞추지 아니하고 과거
의 나쁜 기억이나 불평불만 등 어두운 생각들을 지으면 그것들
이 망상으로 나타나 자신을 파멸시키는 일이 된다"고 하셨다.
"그러니 마음과 생각을 바르게 써서 밝은 마음의 채널을 맞추
면 항상 기쁜 일만 있게 되는 것이다"라고 하시면서 우리가 본
래 갖고 있는 불성을 태양에 비유하여 말씀해 주셨다.

"태양은 항상 빛나고 있는데 구름에 가려 안 보일 뿐이다. 구
름에 가렸어도 태양이 없어진 것이 아니듯이, 우리의 괴로움으
로 인해 자신의 진실을 알지 못할 뿐이지 사실은 항상 광명 속
에 살고 있음을 잊어서는 안 된다"고 강조해 말씀하셨다.

큰스님의 그 말씀을 믿고 나는 중대한 결정을 내렸다. 큰스님
의 말씀처럼 모든 것을 다 놓아버리고 예전의 밝고 신심 나게
살던 모습으로 돌아가기로 하였다. 그렇지만 그것은 결코 쉬운
일이 아니었다. 오랜 시간 줄기차게 노력해야 했고 나의 인내를
요구했다.

불광의 도자기 일이 끝난 후에도 계속 우리 가족을 불법으로

인도해주시던 송암스님의 주선으로 불광사의 신심 돈독한 보살님들 집에 묵으면서 현실적응을 하려고 노력하고 있을 때, 나는 큰스님을 불광의 법등가족 특별모임에서 뵙게 되었다. 큰스님께서는 나를 보시더니 그런 어려운 상황에서 부처님의 무한한 광명을 향해 빠져나올 수 있는 장한 보살이라며 칭찬을 해주시면서 도자기를 굽는 일도 일심으로 최선을 다하면 그것이 수행이라고 말씀하셨다. 또 허상에 집착하지 말고 현실에 최선을 다하면 그것이 바로 '마하반야바라밀다 수행'이라고 다짐두시며 나에게 힘이 되는 좋은 말씀을 들려주셨다.

나는 그렇게 불광에 의지하며 유치원 학생처럼 바라밀다 교육을 받으러 이천에서 버스를 타고 서울 불광사로 다녔다. 3개월 과정을 부지런히 공부하러 다니면서 그동안 배운 모든 것을 다 놓고 다시 태어나기 위해 몸부림을 쳤다. 불광사 보광당 법당에서 큰스님이 법문하실 때면 모든 말씀이 다 나한테 적용되는 귀한 말씀으로 들리기 시작할 무렵, 비로소 우리 가족은 모두 불자 5계를 불광사에서 받고 불명을 받은 불자로 태어났다.

그런데 일에는 세월이 약이라지만 나에게는 집착이 커서인지 그 놓는다는 것이 어찌나 힘이 들고 잘 안 되는지 너무나 힘들었다. 그 이후에 가끔 안성으로 큰스님을 찾아뵈면 병환이 깊어진 모습이 역력하심에도 불구하고 불편한 몸으로 우리들을 반갑게 맞아 주시어, 그때마다 송구스러워 몸 둘 바를 몰랐다. 큰스님은 자신의 몸이 아파서 미안하다고 하시며 그런 고통 중에서도 여러 가지 법을 자상하게 설해주셨다. 참으로 큰스님은 자비로운 분이셨다. 그런 모습을 뵙고 돌아올 때면 이 세상에 저렇게 자비로우신 분이 또 있을까 하고 생각한 적이 한두 번이 아니었다.

열반에 드시기 얼마 전의 어느 날이었다. 또 뵙고 싶어 찾아 갔었는데 막상 절 마당에 들어서면서 아무것도 아닌 우리들을 만나주시려면 큰스님께서 또 얼마나 힘이 드실까 하고 생각하게 되었다. 도저히 뵈올 엄두가 나지 않아 큰스님 계신 곳을 향해 합장을 하며 서성거리다가 돌아온 적도 있다.

생각해보면 큰스님의 은혜를 수도 없이 많이 받기만 했던 내가 이런 글을 쓴다는 것이 오히려 누가 되지 않을까 싶어 송구스럽다.

그러나 벌써 20여 년 넘게 우리들과 변함없이 오고 가며 지내는 송암스님이 스승이신 불광의 큰스님을 기리는 효심에 찬탄을 올리며 누구나 이 책을 읽어 스승을 공경함에 귀감이 되었으면 좋겠다는 생각을 가져본다.

송암스님께서는 스승에 대한 끝없는 존경심으로 '광덕스님시봉일기'를 엮어나가고 있다. 나 같은 사람에게도 이런 원고를 쓰라고 하신 것은 스승의 자상하신 미소가 하염없이 그리워서일 것이라고 짐작해 본다.

이 책을 읽으시는 모든 분들이 하루빨리 성정각(成正覺) 하시기를 기도드린다. 어느덧 세월이 흘러 나도 병원을 이웃집 드나들듯 살다보니 그때 철없는 우리들 때문에 큰스님께서 얼마나 힘이 드셨을까를 다시금 생각하게 된다. 참으로 송구스런 마음 주체할 수가 없고 금할 수가 없다.

며칠 전에 인도 여행 중에 만나 지금껏 알고 지내는 보살님을 그 댁에서 만나 여러 가지 이야기를 나누었다. 그는 먼 나라 인도에서 만난 사이지만 그곳에서 불광 가족이었다는 그 한 가지 이유로 벌써 5년도 넘게 한 가족처럼 지내는 불자다. 이야기를 나누던 중 큰스님의 자비로움에 대한 에피소드 하나를 들려주었다.

큰스님 열반하시기 얼마 전, 몇몇 불자들과 화두를 받으려는 마음으로 찾아뵈었다고 한다. "큰스님, 저희들에게 화두를 하나 주십시오"라고 말씀드리니, 큰스님께서는 예의 그 자비로운 미소를 띠신 채 "마하반야바라밀"이라고 하셨다고 한다. 매일 입버릇처럼 하던 '마하반야바라밀'이 무엇이기에 그렇게 말씀하셨을까? 하고 그들은 너나없이 생각했다고 한다.

그 불자는 여러 곳을 다니면서 참선공부도 하고 여러 수행을 하며 살다보니 요즈음에 와서야 그 말이 무슨 뜻인지 알게 되었다며, 작은 일에도 큰일에도 오직 '마하반야바라밀'이 화두이며 수행이라 하신 큰스님의 자비로운 모습과 미소가 다시 그립다며 눈물을 지어 나도 함께 눈시울을 적셨다.

그 순간 방안 가득 큰스님의 온화한 미소가 빛이 되어 훈훈하게 퍼지는 것을 느끼고 우리는 마음이 숙연해져 '마하반야바라밀' 하고 합장을 했다.

집에 돌아와 그 이야기를 가족에게 들려주며 다시 한 번 큰스님의 자비로운 미소를 그리워하며 큰스님께서 쓰신 『행복의 법칙』이라는 책을 들고 큰소리로 가족들에게 읽어주었다.

"불심(佛心)인 진리가 행복의 근원이다.

행복을 구하는 자는 무엇보다 먼저 이 불심을 잡아서 제 것으로 만들어야 한다. 이 불심이 만능자(萬能者)다. 무엇이든 거기서 나온다.

불심은 무량한 지혜이고 끝없는 사랑이고 생명이고 보장(寶藏)이고 평화이고 조화(調和)이고 힘이고 광명이다.”

“어둠은 없는 것, 밝음만이 있다.

부처님의 광명이 나의 생명이다.

우리는 이 생각을 잊지 말고 우리 마음에서 일체 어둠을 소탕하자.

그리고 건강, 행복, 지혜, 자비, 용기와 성취를 마음속에 가득 채우자.

이것이 불광(佛光)이다. 이것이 대성취의 길인 것이다.”

우리 가족은 매일 아침인사로 하던 ‘마하반야바라밀’과 함께 큰스님의 책을 읽으며 보현행원을 실천하자고 다짐한다.

우리들을 행복하게 살 수 있도록 이끌어주신 큰스님과 모든 스님들, 불심으로 살게 인도해주시고 가호해주신 부처님 은혜에 감사드리며 가족 모두 함께 두 손을 모으고 ‘마하반야바라밀’을 외치면서 웃는다.

2006년 4월 15일
보덕행 이순이 합장 배례

우리 임 청산에 아련하고 두 눈에 역력해라

劫火洞燃大千俱壞　　겁의 불길이 모두 태워 대천세계가 무너져도
寥寥長在白雲間　　　요요한 흰 구름 그 속에 홀로 노니네.

나의 일기 속에서 만난 스님

송암지원

내가 살아온 삶, 그 삶의 메모에서 스님과 관련된 몇 가지를
추려 여기에 싣는다. 묵은 기록 [日記] 들을 모두 꺼내놓고 한 장 한 장
넘기다 보니 스님에 대한 나의 진솔한 느낌이 더러 묻어나는 곳이 있었다.
스님의 모습을 다시 그려보고 싶어서, 또 스님은 내게 어떤 분이었던가를
되짚어보기 위해, 다소 허물이 될 일도 앞뒤 돌아보지 않고 내보인다.
내가 1971년 출가했지만 바랑지고 이곳저곳 옮겨 다니는 중에 분실된 것이
많다. 그러나 어차피 나의 일기를 다 실을 수는 없는 일이고, 또 이미
부분적으로 발췌하여 실었던 내용도 있기에 겹치지 않는 것으로만 가려
뽑았다. 연도별로 실으면서 주로 스님과 관련된 내 심정을 위주로 한
내용을 찾았는데 간혹 겹치는 곳도 몇 편 있다.
다만 지난 시절 이런 일이 있을지 모른 채, 아무 생각 없이 무턱대고 썼던
난삽한 글이어서 문맥만 조금 가다듬어 뜻이 통하게 했다.
그러나 이 글은 나의 부족한 눈과 귀를 통해 씌어졌기에 스님의 본
모습과는 거리가 있을 것은 당연지사다. 감안하여 읽어주시기를….
간곡히 바란다. —필자

1

지난달 11월 30일부터 시작된 전통 깊은 이곳 부산 동래포교당[法輪寺] 화엄산림은 꼬박 한 달간 계속된다. 올해로 마흔일곱 번째인 화엄산림은 일제강점기부터 시작된 부산 유일의 연중 큰 포교행사다. 화엄산림대법회는 화엄경에 밝은 여러 큰스님들을 초청하여 경의 주요한 내용을 간추려 설법하는 형식인데 전반기 법문을 이틀간 담당하신 스님께서 어제 저녁 무렵 서울에서 내려오셨다.

오늘은 스님 법문의 첫날로 성황리에 낮 법문이 이루어졌다. 신도들 사이에서는 벌써 며칠 전부터 서울서 광덕스님이 오신다는 말이 쫙 퍼지면서 기대에 차 있었던 터라 법당 밖에서도 깨금발로 법문을 들었다. 그런데 오늘 설법장에 모인 신도들 대부분은 내가 모르던 분들이다. 그렇지만 그들의 얼굴은 모두 싱글벙글하였고 그 사이를 별 할 일 없이 왔다갔다 한 나도 덩달아 어깨가 으쓱해졌다.

스님의 설법은 내가 잘 이해할 수 없는 어려운 내용이었지만 신도들은 너무나 좋아하였다. 속으로 내가 신도들보다 한참 못하구나 하는 부끄러운 생각이 들었다. 그러나 설법하는 스님의 마음은 느껴졌다. 법상에 앉아 설법하시는 스님의 열렬함과 간절함이 이심전심으로 다가왔고 대웅전이 좁아 봉당이나 마당까지 가득 찬 신도들을 한 사람도 빠뜨리지 않고 마치 법상에서 출석을 부르듯 자안(慈眼)으로 일일이 살피셨다.

꽤 긴 설법이 끝나고 시식까지 올린 뒤 점심공양을 했다. 무척 시장할 시간이었는데도 분위기는 잔칫집을 방불했다. 신도들의 표정에는 광덕스님을 뵈었다는 기쁨과 설법에서 얻은 감동으로 모두가 들떠 있었다. 거기다 부산 사람들 특유의 사투리와 억센 억양으로 둥그렇게 솟아오른 이곳 학소대(鶴巢臺)가 공중에 붕 뜰 것 같은 느낌마저 들었다.

부산 사람들의 신심은 억척스럽다고 해야 할 정도로 적극적이다. 그들의 평소 사는 모습만이 아니라 절에 와서 기도하고 절하며, 설법 듣는 것도 매우 적극적이어서 대개의 신도들은 좁지만 따뜻한 방에 끼리끼리 모여 앉아서 낮에 했던 똑같은 법문인데도 기다렸다가 저녁법문까지 다 듣고서야 집으로 갔다. 심지어는 집이 지척인데도 아예 가지 않고 절에서 한 달 동안 살아버리는 열성파도 많다.

화엄산림은 하루에 두 번씩, 때로는 세 번씩 법문할 때도 있다. 사시에 한 번 설법하고, 오후 두 시 무렵에 또 한 번 하고, 저녁공양 후에 또 한 번 하면 세 번이 된다. 사시와 오후 설법에는 거의 여성인 보살들인데 저녁 설법시간에는 남성인 거사들이 많다. 이곳 동래포교당은 일제강점기 때 범어사에서 지은 부산지역 포교 일번지였기에 일찍이 학생회가 생겼다. 이곳 법륜사[동래포교당의 본 이름] 학생회는 부산에서는 가장 오래되었기 때문에 자부심도 컸고 선배들의 후배사랑도 보통이 아니다. 후배들 또한 깍듯이 선배들을 예우한다. 심지어 스님인 나의 말은 안 들어도 졸업한 지 1년 된 선배 말에는 설설 길 정도여서 못마땅한 생각이 들 때도 많다. 그런 그들이었기에 사회에 나가서도 끈끈한 선후배간의 정리는 끊이지 않아 후배들을 잘 챙긴다고 한다.

이미 부산지역의 어엿한 중견이 된 많은 학생회 선배들이 저녁 법문시간이 가까워오자 꾸역꾸역 모여들었다. 특히 서울에서 스님이 내려오신다는 말을 듣고 평소보다 훨씬 더 많이 온 것 같았다. 양복을 차려입은 굵직굵직한 남자들이 법당을 가득 메웠다.

스님께서도 낮에 법문하실 때보다 더 열성적으로 하시는 것 같았다. 아마도 젊은 청중들의 진지함 때문인 것 같았다. 대개 저녁법회가 시작되면 거의 두어 시간 가량 걸린다. 하루 종일 직장에서 일하다가 저녁에 모이면 졸릴 법도 한데 조는 사람 한 사람 찾아볼 수 없을 정도로 다들 꼿꼿이 앉아 스님의 설법을 경청했다. 그들은 저녁밥도 거른 채 거의 밤 10시 정도 되어서 법회가 끝났어도 쉬이 집으로 돌아가지 않고 절 마당에 선후배들이 둘러서서 이런저런 이야기가 끝이 없었다. 참 신기할 정도다. 두런거리는 그들의 이야기 소리가 학소대의 솔바람 소리와 함께 계속 들리지만 나는 이제 자야 한다. 스님이 이곳에서 주무시기 때문에 내일 새벽에는 평소보다 훨씬 일찍 일어나야 하기 때문이다.

2

2523(1979)년 3월 30일

오늘은 음력 삼월 삼짇날(3월 3일), 스님의 쉰세 번째 맞이하는 생신(生辰) 날이다. 나를 포함해 상좌들이 여럿 있지만 공부하느라 여기저기 흩어져 있다. 그래서 누구 하나 모양새 좋게 나서서 스님 생신을 준비할 사람이 없다. 그런 상좌들을 대신하기라도 하듯 해마다 대각사 주지이신 효경 사숙님께서 정성껏 아침공양을 준비했다. 물론 낮에 신도들이 다녀가기도 하지만 절에서는 역시 출가자가 있어야 한다는 생각이 들었다.

아침에는 대각사 모든 대중들이 스님 생신 덕에, 아니 주지스님의 배려 덕에 정성껏 차려진 상 앞에 둘러앉아서 흐뭇한 표정을 지었다. 그 자리에 참석한 상좌라고는 아직 철부지인 나와 지홍, 단 둘이었다. 우리 둘은 남을 대접하는 일이나 스님을 모시는 일은 감감한 채 기껏 오늘 새벽예불 끝난 뒤, 스님 방에 함께 들어가서 큰절 올린 것이 고작이었다.

아침공양 시간에 대중들이 모두 모여 흥겨운 이야기를 나누면서 즐겁게 공양을 들었어도 나와 지홍은 염치가 없어서 상 끄트머리 구석에 죄지은 사람처럼 앉아 말 한 마디 없이 애꿎은 잡채만 실컷 먹었다.

상좌인 우리 둘은 먹으면서도 서로 힐끔 얼굴을 바라보았다. 똑같은 심정임을 말하지 않아도 알아차릴 수 있었다. 우선 스님 뵙기에 면목이 없었고 또 주지스님께나 대중 스님들께 도통 얼굴이 서지 않았다. 나는 속으로 '오직 변변치 못한 상좌이기에 스님 생신 날 대중에게 공양상 한번 제대로 올리지 못할까' 하고 자책했다. 아침공양이 끝난 뒤 큰방 정리와 설거지를 부랴부랴 하고 바로 입시학원으로 내달렸다. 종로2가 뒷골목을 빠르게 걸어가면서, '내가 열심히 공부해서 스님께 생신상 올리는 것보

스님의 미국인 상좌 케리(광래)를 보내면서. 갈매리 보현사에서(왼쪽부터 지홍, 케리, 스님, 지견, 필자. 1973년10월 9일).

다 더 큰 기쁨을 드려야지' 하는 결심으로 주먹을 꼭 쥐고 학원 길을 재촉했다.

3

2523(1979)년 4월 6일(금)

가난한 서민들의 푼돈을 온갖 방법으로 긁어모아 은행저축으로 끌어들여서는 어느 기업이든 수출만 한다면 앞뒤 재볼 겨를도 없이 저리융자를 해준다고 한다.

기업이 거액을 저리융자 받으면 돌려빼기식으로 여기저기 땅투기하고 그것도 모자라 자기들의 배 채우고, 희희낙락 이틀 출장비로 거금 120만 원씩이나 낭비한다는 뉴스에 어안이 벙벙해졌다.

흙 파서 돈 찍는 것도 아닌데 수출업체라는 미명아래 낮은 이자와 온갖 금융 특혜가 기업과 기업주들에게 무한정 주어지고 있다. 불과 3년 전에 자본금 100만 원으로 시작했다는 기업이 어느 사이 대그룹으로 성장했다는 것에 생각할수록 아연실색이다. 과연 이것이 무슨 현상인가. 정책을 만드는 사람들도 감독관청인 해당 부처도 기업가도 은행원들도 모두 제정신을 잃고 있는 것은 아닌가.

그 사이에 끼어서 고생 고생하는 것은 결국 서민들뿐이다. 과연 그들에게 무슨 잘못이 있는가를 묻지 않을 수 없는 기막힌 심정이다. 그저 착하게 살려고 노력하고 애쓴 것이 잘못일까. 그들이야말로 저축하라면 허리띠를 졸라가며 저축했고, 국산품 쓰지 않으면 나라가 금방이라도 결단날 것처럼 두려움을 가지고 국산품을 애용했다.

관리들이 수출목표 달성을 위해서 하도 채근하여 먹을 고추까지 다 수출하여 국내에 고추 품귀현상이 벌어지자 다시 외국 고추를 부랴부랴 수입하여 턱도 없이 비싼 값에 도로 사야 하는 웃지 못할 촌극마저 벌어졌다. 채근한 관리들은 나 몰라라 하면서 오히려 서민들의 발목을 잡는 온갖 추태를 다 부린다.

아, 언제부터 내 나라 내 조국이 이 지경이 되었단 말인가. 서민 따로 관리 따로 기업가 따로 은행원 따로…. 왜 이렇게 사분오열이 되어야 하는가. 아니, 언제부터 이 강산에 악취가 풍기고 곳곳이 오물 투성이로 변했단 말인가.

순결하다 못해 흰옷까지 입고 살아온 백성들이 흰옷은커녕 속까지 시커멓게 멍들어버렸으니 슬프고 애통하다.

덧붙임 : 참으로 인생무상(人生無常)인가!

나 개인과는 아무런 관계가 없지만 전 파키스탄 수상 부토 씨가 교수형에 처해졌다는 방송을 보고 한참이나 망연한 심정이 되었다. 두 손을 뒤로 묶인 채 형장으로 끌려 걸어가는 한 인간이 불쌍해서 견딜 수가 없다.

"주여, 저는 아무런 죄도 없습니다"라고 울부짖으며 사라져간 파키스탄 수상이었던 부토 씨의 명복을 빈다.

4

2523(1979)년 4월 22일(일)

스님께서는 속가 집안의 독자이시다. 스님 출가 전에 부모님들은 모두 별세하셨고 위의 형이 있었지만 오히려 부모님보다 먼저 세상을 하직했다고 들었다. 스님의 남은 혈족은 누님과 여동생이다. 누님과는 원체 나이 차이가 많아서 스님이 어렸을 때 혼인하였고 여동생과 둘이서 무척 외롭게 자랐다고 들었다.

스님은 그런 가련한 여동생을 홀로 남겨두고 홀연히 세속을 떠나 출가의 길로 들어섰다. 그것으로 여동생과는 결별이 된 것이다. 실로 인간적인 측면에서는 피도 눈물도 없는 가혹한 일이지만 진리를 찾아 나서는 구도자의 자세는 의당 그러해야 하리라.

오늘은 그런 스님이 고향에 있는 속가 부모님의 묘를 파서 남은 뼈나마 화장으로 모신 날이다. 스님이 출가했기에 세속 집 안의 대를 이을 수 없을 뿐만 아니라 묘를 돌볼 사람마저도 없 게 되었으니 스님 입장으로서야 당연히 그런 조처가 있어야 할 일이다.

아침 일찍 주변 몇몇을 데리고 떠나셨던 스님이 오후 늦게 조금은 허탈한 모습으로 귀사하셨다. 나는 미리 준비해 놓은 진 수를 영단에 올려서 정성껏 천도시식을 올렸다.

5

2523(1979)년 4월 27일(금)

속가의 아버지는 나의 출가에 대해서 겉으로는 반대하지 않 았다. 그런데 내가 보현사에서 스님을 모신 후부터는 무시로 참 배하러 먼 길을 오셨다. 나는 그런 아버지에 대해서 불심을 심 어드리려고 스님 친견을 주선하였고 신도로서 오계도 받게 하 고 싶어 기회를 기다리고 있었다.

그러던 차 바로 산 너머에 있는 육군사관학교 법당에서 수계 식이 있다는 사실을 알게 되었고 바로 오늘이 그 날이었다. 나 는 며칠 전 스님께 자초지종을 말씀드리자 스님은 웃으며 그렇 게 하라고 허락하셨다. 부랴부랴 시골로 연락하여 아버지를 올 라오시도록 청했다. 무엇보다 스님께 계를 받는 것이 좋았고, 또 앞으로 나라를 지킬 육군의 젊은 동량들과 함께 계를 받는 것이 분위기가 좋을 것 같아서 아버지에게 강요하다시피 하였

다. 거기에는 나의 조그만 계산도 깔려 있었다. 틀림없이 아버
지는 계를 받고 시골에 가면 동네 사람들에게 자랑을 할 것 같
았기 때문이다.

오늘 아침 일찍 사관학교에서 군법사님이 보낸 차를 타고 가
시는 스님 곁에 아버지가 동승했다. 나는 절에서 사시기도를 올
려야 했기 때문에 스님을 모시지 못했지만 나의 아버지는 스님
을 모시고 가서 오늘 수계불자인 우바새가 되었다.

가출한 아들을 찾아갔다가 부처님의 최초 우바새가 된 야사
의 아버지처럼 나의 아버지도 아들을 인연하여 불자가 되셨으
니 마치 짐을 지고 있다가 내려놓은 것처럼 홀가분한 느낌마저
들었다.

사관학교로 떠나시는 스님과 아버지를 배견하고 돌아서는 발
걸음이 사뭇 떨렸다. 나도 몰래 저절로 가슴이 쫙 펴지고 심호
흡이 일었다. 스님께서 지어주신 아버지의 법명(法名)은 '벽암
(碧巖)거사'이다.

6

2523(1979)년 6월 1일(음 5. 7)

오늘은 나의 스물일곱 번째의 생일날이다. 엄숙한 마음으로
내 자신을 돌아본다. 요즈음 나는 목표가 자꾸만 흐려지는 것을
느낀다. 목표가 흐려진다는 것은 우선 그 목표가 명확하지 못하
던가, 아니면 참다운 목표가 아니기 때문일 것이다.

기분에 따른 일시적인 충동으로 정한 목표라면 진정한 뜻일

수 없음은 너무나 당연하다. 한때의 충동으로 마음 어느 한 부분을 들추어내서 그것이 스스로 내 인생의 목표인 양 했다면 내가 나를 속이고 있는 것이리라.

인생의 진정한 목표라면 희비애락의 인생파고(人生波高)에 흔들려도 안 되고 세월 속에 흐트러지거나 변해서도 안 될 것이다. 어느 시인은, '꽃 한 송이가 피기까지에도 수많은 고통과 난관을 견뎌야 한다'고 노래했다. 그런데 하물며 뜻을 가진 인간이 세운 생의 진정한 목표라면 하찮은 난관이나 조그만 고통에 목표가 흔들려서야 되겠는가 하는 반성이 일었다.

지난 일요일 스님을 뵈었을 때 나에게 하신 말씀이 떠올랐다.

"지원아, 공부는 꾹 참고 꾸준히 노력해야 한다. 몹시 하고 싶을 때도 꾹 참아 너무 서둘러서는 안 되고, 또 하기 싫을 때도 꾹 참아 게으르지 말고 묵묵히 노력해 나가야 한다. 그러니 부디 꾸준한 노력 가운데서 뜻을 세우고 일을 도모해라. 마치 코끼리가 한 발자국씩 자기 몸을 앞으로 움직여 가듯이, 그렇게 하루하루 노력해 가야 한다."

사실 요즈음 나는 내심으로 심한 갈등을 겪고 있다. 물질문명의 고도한 발전으로 인간은 무척 편해졌고 그 안락의 강물은 인간의 정신세계를 적신 지 오래되었다. 인간이 자신의 처지를 알아차렸을 때는 거의 안락과 쾌락의 바다에 빠져서 익사 직전의 위기에 처해 있는 순간이었다. 나는 이런 절체절명에 빠져버린 인간을 구하고 싶다.

그러기 위해서는 어떤 점에서 종교인보다 교육자가 더 낳지 않을까 싶을 때도 있다. 오늘은 문득, '훌륭한 교육자가 되어야

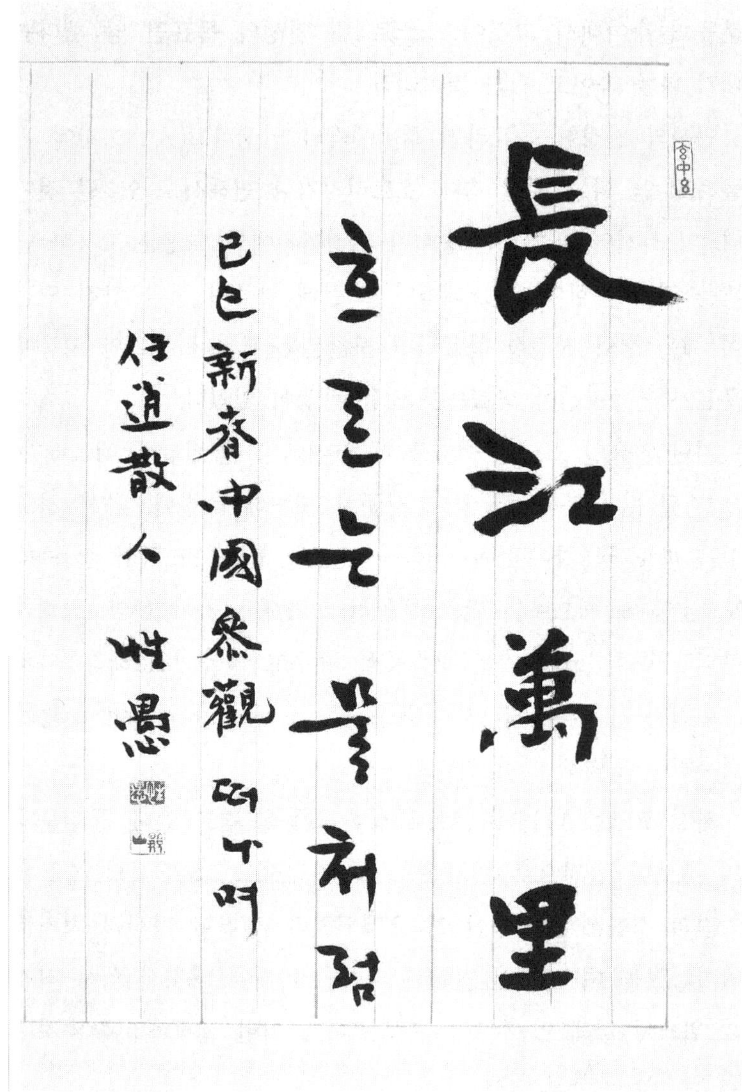

붓글씨를 잘 썼던 성우스님이 한국을 떠나기 전 필자에게 써준 글씨.

지'라는 다짐을 하고 싶어졌다. 왜냐고? 내가 교육자가 된다면 종교가 다른 사람들 앞에서도 내 주장을 거리낌없이 펼칠 수 있을 터이니까.

내가 바라는 나 자신의 교육자 상은 항상 지행(知行)이 가지런한 학생들의 인간 선배다. 털끝만큼이라도 성인의 그늘에서 위선적인 가면을 덮어쓰고 앵무새 노릇을 하고 싶지 않고, 하늘이나 사람이나 동물들에게마저도 스승이 되어 일체중생을 가르친다는 섣부른 교만심을 갖지 않고 오직 내 자신의 행을 통해 모든 것을 보여주고 싶어서다.

학생들은 내 입이 열리기 전, 나의 몸짓이나 표정에서 교육이라는 것과 인생이라는 것이 그대로 느껴져서 '바로 저것이구나' 하고 깨달을 수 있도록 나는 나를 다듬고 싶다. 만약 누군가 나에게 묻기를,

"당신은 이 세상에 온 목적이 무엇이냐?"

"나는 교육 [깨달음] 을 위해 왔다."

"누가 누구를 교육하는가?"

"모든 인간들이 각자의 성품을 깨닫는 것이 교육의 궁극적 뜻이다."

"어떤 방법으로 깨닫는가?"

"삶을 통해서다."

'아아, 나는 인간을 배신하는 일체의 행위는 결단코 하지 않을 것이다.'

7

인간에게 고독이란 뭘까, 어떤 정신 상태일까, 절에서 도를 닦는 수행자에게도 고독이 있을까? 나는 오늘 아주 오랜만에 스님 계시는 보현사엘 갔다. 물론 스님을 뵙기 위해서다. 말하자면 상좌의 도리로 스승이신 스님께 인사를 간 것이다.

내가 절에 들어서니까 스님은 혼자서 마당을 왔다갔다하면서 포행을 하고 있었다. 스님은 적삼을 벗은 채 휴지도 줍고 돌도 치우고 풀도 뽑는지 실장갑을 끼고 있었다. 나는 스님의 약간 기울어진 어깨와 유달리 긴 목에서 문득 슬픔을 느꼈다. 출가자에게만 느낄 수 있는 고독, 거기서 나는 알 수 없는 슬픔이 내 가슴에 전해져 왔다.

어쩌면 고독이 수행자에게 체질화되지 않으면 최고의 수행자는 되지 못할지도 모른다. 수행자는 어느 때나 고독을 먹으면서 고독과 함께 잠자고 고독과 함께 길을 가고 고독과 함께 일하는, 고독이 일상(日常)이다. 출가사문의 가장 정겨운 동반자가 바로 고독이 아닐까 다시금 생각해 본다.

그렇지만 스님의 가녀린 허리춤에 바지가 걸려 있는데 금방이라도 스르르 흘러내릴 것만 같았다. 스님은 몹시 허약하신 편이다. 그러한 사실은 이미 내가 다 알고 있는데도 오늘 스님의 모습은 나에게 알 수 없는 새로운 느낌을 전해주었다. 왠지 모르게 가슴이 떨림을 느꼈다.

웃으며 의자에 앉으신 스님께 인사를 드리자, 뜻과 용기를 가지고 공부하라는 간곡한 말씀과 용돈까지 손에 쥐어주셨다. 스님 혼자 계시는 절을 뒤로 하고 늦은 나이에 세간의 공부를 하기 위해 다시 서울 시내로 돌아오는 나의 발걸음은 무거웠고 가슴은 뭔가로 꽉 미어지는 것 같았다.

나는 17번 버스 안에서도 줄곧 스님을 생각했고 죄스런 마음을 가졌다. '죄송합니다. 스님 홀로 절에 계시게 해서요. 조금만 더 기다려 주십시오.'

8

2524(1980)년 9월 30일(화)

계획을 세워놓고 빠짐없이 실천하기란 참으로 어려운 일이고 무척 힘든 일임에는 틀림없다. 사람의 마음이란 제멋대로이기에 툭하면 풀어지고 걸핏하면 감기고 살짝 건드리기만 해도 토라지고 또 괜히 저절로 삐뚤어지기도 하는 마치 천변만화의 괴물이나 요물 같다는 생각이 새삼 일었다.

이런 것이 바로 내 마음이다. 이런 마음의 주인공이니 처음 세운 계획을 변하지 않고 꾸준히 실천하기 위해서는 남모르게 어금니를 꽉 물어야 하고 독한 결심을 자주자주 해야 한다.

지난번 스님을 뵈었을 때 스님은 이런 나의 마음을 다 알고 계시는 것처럼 이런 당부의 말씀을 주셨다.

"지원아, 공부가 재미있느냐. 네가 나이 들어 늦게 하는 공부이니 때로는 힘들 때도 많겠지. 나도 소년시절 한창 공부할 때 힘들거나 게으름이 생기면 내가 나를 타이르고 달래기를 수십 번도 더 했다.

'보라! 호숫가를 떠나는 차라투스트라처럼 초인의 기상을 안고, 미지의 성(城)을 향해 떠나는 기사 돈키호테의 가슴 부푼 용기를 안고, 게으름과 힘든 현실을 벗어나자. 모질고 질긴 잡초처럼 강한 생명력을 갖자.'

아마 우리 지원이도 때늦은 나이에 대학 예비고사 준비하느라 몹시 힘들 거야. 그러나 벌써 9월이 되었으니 흔들리지 말고 계속하여 꾸준히 노력해봐!"

나는 그때 스님 방 한쪽에 조용히 앉아 월간 「불광」에 쓰시던 스님의 원고를 넘보게 되었다. 그 구절이 하도 좋아서 노트에 적어 왔다. 출전이 어딘지도 모른 채.

雲走天無動	구름이 달려도 하늘은 움직이지 않고
舟行崖不移	배는 흘러가도 언덕은 옮기지 않네
本是無一物	본시 한 물건도 없는데
何處起歡悲	어디에 기쁨과 슬픔이 일어날까.

9

2525(1981)년 4월 7일

오늘은 스님의 생신날이다.

사실 나는 신앙적으로 스님께 가르침을 철저하게 받아가면서 절에서 엄격한 수도생활을 해야 할 사람이다. 내 마음속에 들어 있는 내 감정을 잘 삭이지 않으면 안 되기 때문이다. 나는 내 격한 감정을 어쩌지 못할 때가 많아서다.

그래서 나는 스님 곁에서 엄한 지도를 받아야 한다. 또 가능한 말을 적게 하고 늘 자신을 돌아보아 참회하며 감사한 생각을 줄곧 키워가야 한다. 어느 때나 나를 돌아보아 반성하고 참회하고 다짐하여 원력을 크게 키워야 한다. 그런데도 시중에서 사회공부 한답시고 세월을 보내고 있으니….

대각사에 간 걸음에 오랜만에 종로에 나가서 빅터 프랑클이 쓴 『죽음의 수용소』와 『러시아 사상사』를 쓴 베르자예프의 『노예냐 자유냐』를 샀다. 언제 읽게 될지도 모르면서 책 욕심은 많다. 마치 참새가 방앗간 못 지나듯이 나도 서점을 그냥 스치지 못한다.

10

2525(1981)년 5월 7일(목)

지난 3월 2일(月), 동국대학교 대운동장에서 81학번 신입생들의 입학식이 있었고, 그 날로 우리는 수유리 화계사 입구에 있는 백상원(白象院, 동국대학교 비구기숙사)에서 입방식을 가졌다. 선학과(禪學科, 이전에는 僧伽學科)에 들어온 학생은 무조건 기숙사에서 살아야 하기 때문이다.

올해 입학한 신입생 가운데 내가 제일 나이가 많았다. 그렇지만 기숙사에서는 오직 학년만이 존중되었고 그것이 모든 일의 기준이었다. 출가한 연도나 나이는 아무런 의미가 없었다.

신입생인 우리 1년생들은 위 학년들의 시중을 들어야 하고 기숙사의 허드렛일을 다 해야 한다. 꽉 짜진 일과 속에서 주말이 되어도 외출 한 번 제대로 못한 채, 어느 새 한 달이 되었다. 나는 그동안 계속 미루기만 하던 일 중의 하나를 오늘 결행했다. 언제까지나 마냥 미룰 수 있는 일이 아니었기 때문이다. 그것은 바로 스님을 뵙는 일이었다. 스님께서 그동안 나의 생활을 무척 궁금해 하실 것 같아서였고, 또 스님을 뵙고 싶기도 했지만 용돈도 없어서였다.

사실 오늘의 외출 허락이 있기까지는 모종의 작전이 있었다. 기숙사의 규칙으로 보면 가장 무서운 사람이 사감이나 고학년들이 아니라 바로 위 학년인 2학년의 학년장(대표) 스님이다. 그는 구례 화엄사 출신으로 명관(明觀)스님이다. 그는 좀 무섭게 생겼고 평소 잘 웃지도 않으며 과묵한 편이었다. 나는 우선 그에게 어떻게 잘 보이나, 어떻게 처신해야 밉게 보이지 않나 하는 염려 때문에 행동을 무척 조심했다. 그래도 안심이 되지 않아 늘 그의 눈치를 살펴가며 조심하며 호시탐탐 말할 기회를 노리고 있었다.

조마조마한 심정으로 간신히 말을 꺼냈는데 그는 비교적 수월하게 허락을 했다. 그러나 허락을 받기까지는 범어사 행자 도반인 종훈스님(2학년)의 측면 지원이 있었다. 행자 도반이라고 해도 그것은 개인적인 사정이고 기숙사 안에서는 하늘같은 2학년 선배여서 그를 함부로 쳐다볼 수도 없고 만나기도 여간 어려운 일이 아니다. 뜻이 있는 곳에 길이 있다고나 할까, 마침내 기다리던 기회가 찾아와 주었다. 종훈스님은 석림회 일을 보고 있어서 독방을 쓰고 있었다. 살며시 그의 방에 들어가 간단하게 내용만 얼른 말한 뒤, 잘 부탁한다는 뜻으로 허리를 굽신하고는 고양이처럼 살짝 방을 빠져 나왔다. 무척 천천히 말하고 천천히 웃는 그가 얼굴에 미소를 짓는 것을 곁눈으로 보고는 안심이 되었다.

초파일을 불과 4일 앞둔 바쁜 오늘, 나는 지난 생신 때 뵙고 한 달만에 대각사로 갔어도 저녁공양(오후 5시) 후 잠깐 스님 얼굴만 바라보고 물러날 수밖에 없었다. 벌써부터 신도들이 삼삼오오 다가와서 초파일 제등행렬 준비 상황을 스님께 여쭙고 가르침을 받고 있었기에 더 앉아서 뭉그적거릴 엄두가 나지 않았다.

사실 스님이 한가하시면 용돈도 좀 얻어서 사고 싶은 책도 샀으면 해서 그 어려운 외출을 결행했는데 그만 내 옹골찬 계획은 보기 좋게 어긋나고 말았다. 날을 잘못 잡은 것이다. 그러나 나는 바로 대각사를 나서기가 왠지 싫어서 큰방에서 기다렸다가 오랜만에 법회에 참석했다. 매주 목요일 오후 7시, 스님이 만든 불광법회가 열리는 날이기 때문이다.

법상에 앉아 계신 스님의 모습은 언제나처럼 단엄하셨고, 설법은 힘이 넘쳤다. 내가 흉내내지 못할 정열이 스님의 밝은 이마에서 넘쳐났다. 나는 내 깜냥으로 법문을 음미하고 생각하며 볼펜과 수첩을 꺼내 들었다.

'아버지(스님)의 저 높은 광명사상을 내가 계승해야지. 일찍이 단군이 가졌던 홍익인간(弘益人間)과 신라 조상님들이 가졌던 광명이세(光明理世)의 사상에 뿌리를 두고, 또 창조의 터전이 되

며, 세계평화의 동력이 될 인간 자성의 밝음은 인간사 모든 일
에 근본이니, 이제부터 내가 열심히 공부해서 아버지의 광명사
상의 계승자가 되어야겠다. 아버지이신 스님께 귀의합니다.

나무마하반야바라밀.'

법회가 끝나니 늦은 밤이었다. 나는 스님께 들었던 법문을 되
뇌이며 돈화문 앞 84번 버스정류장을 향해 걸었다. 비록 늦은
밤 피곤한 몸이었지만 마음은 알지 못할 그 어떤 사명감으로
가득했다.

나는 발걸음도 장중하게 한 걸음 한 걸음 내디뎠다. 기숙사
큰방의 동료들이 곤히 자고 있어서 고요한 정적의 마당 외등
아래서 이 일기를 쓰고 있다. 자, 이제 소리 없이 들어가 동료
들 곁에 내 몸을 눕히자. 어서 행복의 나라로 달려가자.

11

2525(1981)년 6월 18일(목)

나는 오늘 고익진 교수님의 '비교종교학'에 대한 강의를 듣고
학문에 대한 참 맛을 느꼈다. 그 정치(精致)한 논리 전개에 벌린
입을 다물 수가 없었다. 늦은 나이이긴 해도 학문의 전당인 대
학에서 생활하는 낭만과 학문에 대한 맛은 무엇으로도 대신할
수 없는 나만이 갖는 특별하고 행복한 느낌이었다.

아마도 나는 전생에 결사에 대한 원을 세우고 다시 이 땅에
온 사람 같다. 왜냐하면 차츰차츰 결사에 빠져들어 가고 있는
내 자신을 발견하기 때문이다. 오늘도 수업 끝난 뒤 도서관에서

결사에 대한 자료를 복사하느라 오후 시간을 다 보냈다. 수업 시간 노트에 메모했던 것을 다시 일기장에 옮겨 적어 본다.

■ 결사운동

우리는 현실에만 사로잡힐 수도 없고 자신을 위하는 일에만 얽매여서 인생을 소모할 수도 없다. 예를 든다면 어떤 비구가 다른 사람들의 괴로운 심정을 위안하고 벗해주는 것도 좋겠지만, 그것보다 출가수행자인 우리들은 무엇보다 먼저 위대한 부처님의 말씀을 읽고 증득해야 한다.

그러기에 출가자들은 의당 개인에 대한 자그마한 인정을 거두고 냉정하도록 초연해야 한다. 인정머리없는 냉물처럼 살아야 한다. 그래서 한 절에 같이 대중으로 살아도 마치 싸운 사람처럼 지내야 한다고 옛 어른들이 늘 말씀하셨다.

자칫 함께 살다보면 조금 친하게 되면 만나서 이야기하거나 차 마시는 일로 정작 해야 할 일은 미룬 채 시간만 허송하기 때문이다. 그러기에 오로지 출가자들은 세상을 구할 일에 온 정신을 집중하여 자신의 생애를 바쳐야 하리라. 오직 일체중생을 위해서만 살아야 한다는 말이다.

이렇게 볼 때 '우리 비구들은 불법을 위해서 마땅히 자신의 목숨마저 버릴 수 있는가?' 되묻지 않을 수 없는 일이다.

또, 부처님 가르침을 널리 펴기 위해 우리 비구들은 무엇을 해야 할 것인가?

'자, 비구들이여! 밝고 맑은 눈으로 세상을 바라보자. 그리고 지금이 어느 시대인가를 살펴보자. 그리고 눈을 들어 타종교를 바라보자. 그들은 지금 무슨 일을 하고 있는지 자세히 살펴보자. 수행자인 비구들이여, 거기서 다시 눈을 안으로 돌이켜 우리 불교의 현실을 살펴보자. 출가 수행자들이 지금 무슨 생각으로 어떻게 살아가고 있는지를…. 또한 절이나, 신도들의 행태(行態)도 보자. 그들은 지금 도대체 어디를 향하고 있는가?

화급한 일은 너무나 많고 서둘러야 될 일들도 구석구석 산더미처럼 쌓여 있는데도 어찌 수수방관으로 초연한 척 하거나 외면할 수 있단 말인가?

우리 불교가 정녕 사는 길은 오직 한 길, 자각(自覺)뿐이다. 수행(自利利他)을 통한 대비자각(大悲自覺)을 바탕으로 결사를 해서 사회를 구제해야 하고 불교의 이상을 실현해야 한다. 그러므로 우리는 이 기회에 자각결사(自覺結社)를 해야 하리라.'

저, 나의 스님이 홀로 외로이 펼치고 있는 새로운 자각운동, 즉 불광 반야바라밀다결사를 위해 나는 과연 무엇을 할 수 있을까. 내가 지금 먼저 해야 할 일은, 할 수 있는 일은 뭘까?

그렇다. 열심히 공부하는 것과 동지를 찾는 일이다. 내 조그만 앉은뱅이 책상 앞에 붙어 있는 글귀가 나를 바라보고 있다.

'경험은 바보의 교사다.'

경험은 가장 좋은 교사지만 월사금이 너무 비싸다. 경험으로 얻은 것은 좋으나 다시 쓸 수 있는 시간은 없다. 그러므로 현명한 사람은 남의 과오에서 배우고 바보는 자신의 과오에서 배운다.

12

오늘 오후에 스님께서 대중 모두를 부르셨다. 법주실에 대중들이 다 모이자,

"우리 불광법회에서는 정기법회로 매주 토요법회와 일요법회가 개설되어 있는데 기존에 있던 관음재일이나 지장재일 때도 법회를 또 해야 할까. 한 번 의견들을 말해봐"라고 말씀하셨다.

신도들에게 부담이 된다고 관음재일이나 지장재일은 아예 없는 것으로 하자고 하는 의견도 있었다.

그러나 나는 "스님께서나 우리 불광이 제도해야 할 대상이 불교를 처음 대하는 사람들도 있겠지만 기존의 신도들도 많을 것입니다. 기존의 신도들 마음속에 갖춰진 관음재일이나 지장재일에 대한 신앙을 무시하지 말고 순리대로 인도하는 것이 어떻겠습니까" 하고 조심스럽게 의견을 냈다. 한참 지난 뒤 스님께서 지장재일과 관음재일을 두기로 결정하셨다.

법회에 대한 일이 거론된 차에 나는 그동안 궁금했던 점을 스님께 여쭈어 보기로 했다.

"스님, 우리 불광법회에서는 그동안 일주일에 한 번씩 법회를 열었는데 일주일 단위에 대해서 무슨 특별한 뜻이 있습니까? 대각사에서 법회를 할 때는 매주 목요일 저녁시간에 열었고, 이곳 잠실에서는 매주 토요일 저녁과 일요일 오전에 법회를 하는데 거기에 대해서 말씀해 주셨으면 합니다."

"대각사에서는 법회를 할 수 있는 곳이 대웅전뿐이어서 사중

의 행사가 없는 날과 또 신도들이 모이기 편리한 날로 정하다 보니 목요일 저녁이 되었다. 그리고 일주일에 한 번씩 법회를 연 뜻은 불자들의 신앙생활[修行]은 우선 발심이 되어야 한다. 발심이 되는 것은 가장 먼저 설법을 듣는 것이지, 그러니 자연 포교나 전법에 있어서 법회를 우선 할 수밖에 없고, 또 최소한 일주일에 한 번씩은 열어야 신심이 지속적으로 증장하고 보리심이 커갈 것 같아서야. 그래서 일주일에 한 번이라는 규칙이 자연스레 된 거지."

"그렇다면 왜 굳이 일요일이어야 합니까?"

"그렇지, 오늘날은 거의가 엿새 일하고 하루 쉬니까 그 쉬는 날이 일요일이잖아. 그러니까 자연 우리는 대중들이 쉬는 일요일을 택할 수밖에 없지. 천주교나 개신교는 특별한 의미가 있어서 일요일이지만 우리는 단지 대중들이 쉬는 날이 일요일이기 때문이야. 그리고 불교계의 절에서 일요일에 법회를 연 것은 아마 우리 불광법회가 처음일 거야. 군부대에서 하는 법회를 빼고는 말이야. 이것이야말로 우리 불광이 내세우는 한국불교 새물줄기의 가장 대표적인 일이야. 왜냐하면 그동안 우리 불교는 개개인의 복을 빌어주는 역할만 주로 해왔는데, 대중이 다 같이 모여서 설법을 듣고 발심을 하고 서원을 세우며 안목을 키워가는 정기적인 법회야말로 얼마나 대단한 수행이야. 또 일요일 법회를 하면 자연스레 가족이 모두 절에 오기가 쉽지. 어린이들, 청년들, 남자들 등등. 앞으로도 평소 절에 잘 오지 않던 사람들이 속속 절에 오게 될 거야. 만약 우리 종단(조계종)에서 일요일마다 법회 하는 것에 대해서 새로운 인식을 갖고 종단 차원에서 전국적으로 시작하면 얼마 지나지 않아 불교가 비약적으로 발전할 거야. 그런 면에서 우리 불광의 일요법회는 분명 새 물줄기를 형성하고 있는 거야. 절은 법회를 여는 곳이어야 해"

13

2527(1983)년 10월 19일

불광사가 잠실에 건립된 지 만 1년의 세월이 지났다. 동시에 내가 백상원(수유리, 동국대 비구기숙사)에서 불광사로 온 지도 꽤 세월이 흘렀다. 나의 공부가 비록 만학이기는 해도 어느덧 대학 3년 차가 되었다. 나는 스님 곁에 사는 것이 좋아서 기숙사 생활을 접고 불광사로 옮겼고, 불광사에 와서는 자주 스님 방을 두드렸다. 아침저녁으로 문안을 올렸고, 등하교 때도 어김없이 인사를 올렸다.

그런 나에게 스님은 헛걸음하는 일이 없게 매번 선물을 주셨다. 그때그때 받은 선물을 수첩에 죽 메모했는데 오늘은 그동안 받은 선물을 정리도 하고 다시 복습도 되도록 일기장에 옮겨 적어야겠다는 생각을 했다.

"지원아, 사람의 인품은 원래 그가 가지고 있는 무한덕성을 드러내는 것이고 쓰는 것이다. 세상의 다른 가르침에서는 인격의 형성은 배우고 익혀서 만드는 것이라고 말하지만 우리 불교에서는 이미 있는 것을 본래대로 쓰고 표현하는 것이라고 말하고 있다. 다만 그것을 깨닫기만 하면 되고, 또 경의 말씀을 믿기만 하면 다 자기 것이 된다.

이 일이야말로 자연스럽고 본래적인 것이기에 아무런 불편도 없고 너무나 쉽다. 그러나 이 사실을 전하는 말에는 한계가 있어서 차이가 생기기도 하지만 그 말의 입각처(立脚處)는 한계도 없고 차별도 없다. 그러니 말을 따르지 말고 오직 뜻을 얻어야 함이 마치 달을 가리키는 손가락처럼 여겨야 한다."

"지원이는 항상 진리로워라. 진리를 사랑하고, 진리에 충성하고 헌신하되 결코 편견을 가져서는 안 된다. 우리의 진리는 부처님이 몸소 깨달아 내 보이신 각(覺)이시다."

"지원이는 항상 자비로워라. 사람을 아끼고 보살펴라. 어느 때나 그의 편이 되어주고 아픔을 어루만지며 어려움을 힘껏 도와라. 설령 눈치를 살핀다는 평판을 들어도 좋으니 우선 남의 마음을 살펴서 그 마음을 다치지 않게 하여라. 내 주장이나 기분보다 남을 먼저 배려하고 생각하는 것이야말로 고귀한 자비의 출발이다."

"지원이는 항상 베풀어라. 베풀면 크게 얻는다. 가진 것을 다 베풀어서 무소유의 경지에 도달하면 그는 지구를 얻고 우주를 얻어, 비로소 진리의 참된 주인공이 되는 것이다. 원래부터 가지지 않으려고 애쓰는 것이 아니라, 이미 가진 것(정신, 물질)을 베풀어서 무소유의 경지를 성취하는 것이야말로 출가자인 우리의 본분이다."

"지원이는 항상 동사섭(同事攝)하라. 동일생명(同一生命)은 진리의 본 모습이다. 우리의 일상적인 삶 가운데서 항상 이웃과 고락을 함께 하는 보살도는 수행의 절정이 아니겠느냐?"

"지원이는 항상 겸손하라. 사람을 보되 불성을 보아서 결코 이익이나 계산, 수단으로 대하지 말고 항상 근원불성으로만 대하라. 그러기 위해서는 하심(下心)을 닦고 겸손공부를 부지런히 해야 할 것이다. 하심이야말로 만덕의 근원이며, 만덕을 기르고 키우며 쌓아 가는 토대라는 것을 명심하기 바란다."

"지원이는 항상 정의로워라. 전통적인 도덕과 윤리를 숭상하고 대의(大義, 公益)를 우선하여 이익중생의 뜻을 잠시도 저버리지 않아야 출가자의 면모가 선다. 출가자는 본인의 의사에 관계없이 이 사회의 지도자가 되는 것이기에 정의는 지도자의 기본 요건임을 잊어버리거나 외면해서는 결코 안 된다. 부처님 법은 본래 멀고 가까움이 없지만 출가자의 일상(日常 : 三千威儀, 八萬細行)에 따라 법이 멀어지기도 하고 가까워지기도 한다는 것을 생각하여 정의(正義, 부처님의 핵심)를 비켜가지 말아야 한다."

"지원이는 모든 일에 대범하라. 무슨 일이든지 요령이나 작은 꾀를 앞세우지 말고 큰마음으로 목전의 일에 적극 나서라. 두려움을 버리고 냉철히 사물이나 사태를 관찰하게 되면 지혜가 드러나고 용기가 솟아난다."

"지원이는 의연하고 초연하라. 일에 있어서 서두르지도 않으며 머뭇거리지도 않고 오직 때마다 최선의 노력을 다하라. 그렇더라도 앞질러가려 하거나 사행심을 갖지 말라. 항상 적절한 순서에 호응하고 자연의 이법에 순응해야 한다. 이런 안정된 마음으로 주변을 우선 살리고 자신을 관조하면서 앞으로 나아가는 힘은 초연함에서 오는 행동거지다."

또 어느 때 학교에 다녀와서 인사를 올리니 미소 머금은 밝은 모습으로 내 얼굴을 가만히 바라보셨다. 그리고 짧은 메시지를 주었다.

"옛말에 나아가서는 충성을 다하고, 물러서는 자신의 허물을 고치고 부족을 보충한다는 말이 있지. 지원이는 지금 공부하는 학생이니 책 속에 길이 있고 진리가 있음을 생각하여 부디 게으르지 말고 발분정진(發奮精進) 해라."

14

2528(1984)년 4월 10일(일)

벌써 내가 4학년이 되었다. 오늘도 학교 다녀와서 스님께 절하고 자리에 앉으니 미소 띤 모습으로 나를 바라보시며, "별일 없었어?"라고 물으셨다.

나는 스님께서 어떤 말씀을 하시려나 하는 궁금증으로 웃으며 스님의 입모습을 바라보았다.

"어학공부는 학문하는 사람에게 기본이야. 놀지 말고 어학에

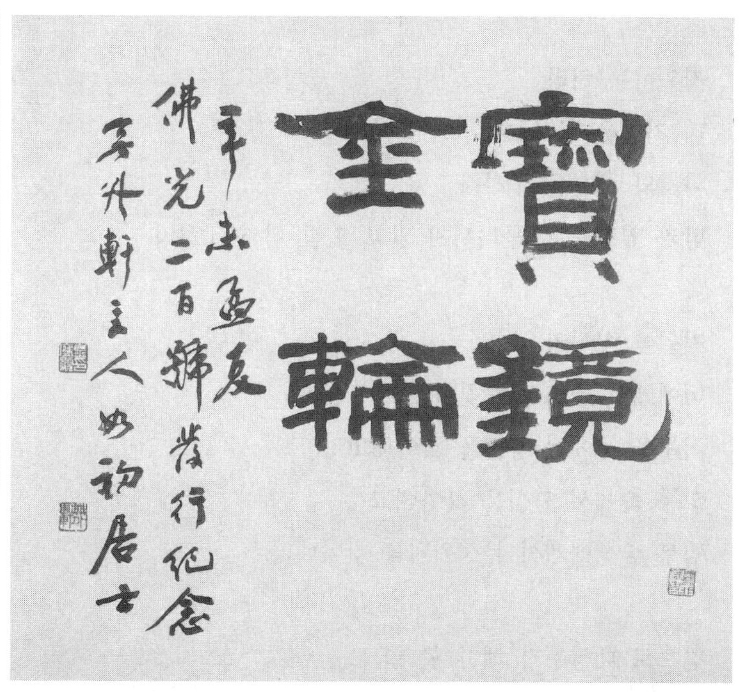

불광지 제호(題號)를 썼던 김응현 선생이 불광 200호 발행 기념으로 쓴
보경금륜(寶鏡金輪).

힘써. 특히 영어, 일어는 혼자서 책을 읽을 수 있어야 해. 그리
고 출가자이니까 범어(梵語)도 해야겠지. 아무튼 인생은 뜻을 가
진 사람에게는 너무나 짧은 기간이야."

스님의 말씀을 시처럼 간추려 적어본다.

지원아 노력하라.

너 자신을 위하여

세상을 구하기 위하여

노력하고 또 노력하라.

지원아 구하라.
너 자신을 구하고
나라와 세상을 구하라.
땀과 열정으로, 물러서지 말고 오직 힘써 구하라.

지원아 찾아라.
너에게서 스스로를 찾아내고
어두운 곳에서 광명을 찾아내고
고통 속에서 안심을 찾아내고
범부 중생에게서 불성위덕을 찾아내라.

참으로 대장부가 해야 할 일,
'귀한 보물은 밖에서 오지 않기에
오직 자기 안에서 그 물건을 찾아야 하리라.'

스님은 나에게 엄격한 아버지다. 내가 놀거나 한눈 팔까 싶어
서 볼 때마다 마주칠 때마다 금구(金口)를 열어 용기를 주고, 경
계(警戒)를 주고, 근면을 주며, 새로움을 주신다. 또 미처 말할
사이 없을 때는 번갯불 같은 눈빛을 통해 순식간에 많은 훈도
를 한꺼번에 주시기도 한다.

15

2528(1984)년 4월 23일

오늘은 나에게 옹사(翁師)가 되시는 동산대종사(東山大宗師)의 기일(忌日)이시다. 오전에 스님 모시고 대웅전에서 평소 옹사께서 무척 좋아하셨다는 상추를 수북하게 차려 올리고 제를 드렸다.

어찌나 스님의 태도가 경건하고 엄숙하신지 나와 참석대중들도 저절로 숙연해지지 않을 수 없었다.

제(祭)가 끝난 뒤, 스님 방에 갔더니 옹사의 훌륭하신 점을 말씀하셨다. 무릎꿇고 앉아서 경청하면서 속으로 '나의 법통이 뛰어나다'고 느꼈고, 내가 '무슨 일을 해야 할 것인가'에 대해서도 생각하였다. 스님의 말씀 속에서 가장 먼저 떠오른 생각은 불광결사(佛光結社)였다.

그것은 내가 유능하고 특별해서가 아니라 뜻[願]을 가진 자의 책임이라는 단순한 생각 때문에 엄청난 일을 겁도 없이 생각하는 것이다. 자질이나 자격 같은 중요한 조건을 돌아보지도 않은 채…. 도저히 생각을 거둘 수가 없기에 앞으로 내가 준비해야 할 일을 적어 본다.

첫째, 결사에 대한 연구 : 역사적인 몇몇 결사의 전개방법을 논구(論究)해 봄.(여기에 신학문과 현대인의 심성, 사회구조를 세밀히 연구하여 새로운 방법을 찾음)

둘째, 반야바라밀다결사 '불광' 성립 : 한국불교와 세계불교의 나갈 길 제시.(아함에서부터 반야, 법화, 화엄, 선, 등등의 부처님

가르침의 根本妙理를 현대사회에 맞게 구성하여 불교신앙운동화
함)

셋째, 반야바라밀다결사 수행법인 '바라밀다 관법' 확립 : 결사
운동의 수행법을 제시해야 함.(특히 중국 천태관법에 대한 깊은
고찰)

16

2528(1984)년 11월 27일

학교를 다니며 학생법회 법사 소임을 본 지도 어느덧 몇 년
의 세월이 흘렀다. 내가 벌써 4학년이 되었다는 사실이 그것을
말해주고 있다. 나는 그동안 운전의 필요성을 느껴서 면허증을
취득했으면 하는 생각을 줄곧 해왔다.

내가 운전면허를 취득하려고 했던 가장 큰 이유는 지홍스님
에게 있다. 그는 이미 면허를 취득하여 차를 잘도 몰고 다녔다.
처음에는 느끼지 못했지만 나도 면허가 있으면 매우 편리할 것
같다는 생각을 하게 되었다. 드디어 오늘 마음을 다잡아 스님께
운전교습소 다닐 허락을 받기로 했다. 내 말을 다 들으신 스님
은 별 말씀 없이 바라보고 웃어주셨다. 매사를 내 좋을 대로 생
각하는 버릇 그대로, 웃어주신 것을 허락으로 단정하여 바로 가
까운 운전교습소에 등록했다.

동국대학교 선학과 1기생들이 해인사 백련암으로 종정이신 성철대종사를 친견했을 때(1983년 봄). 종정예하께서 몸소 비디오를 촬영하여 화면을 함께 보고 있는 광경(가운데 종정예하와 그 오른쪽에 손을 입에 대고 있는 사람이 필자).

17

2528(1984)년 12월 26일

운전교습소에 다니기 시작한 지 한 달 만인 오늘, 면허증을 받았다. 한 달 전에 스님께 허락을 구했을 때, 스님이 웃어주신 것을 허락으로 알고 학원을 다닌 지 꼭 한 달 만에 면허를 취득했다.

나는 매사를 내 좋을 대로 생각하고 행동하는 못된 버릇이 있다. 아무튼 오늘 스님께 절하고 면허증을 내 놓자 역시 그때처럼 웃으면서 면허증을 손에 들고 신기한 듯 자세히 살펴보시고는 나에게 다시 건네주었다.

그러나 돌려받은 것은 면허증뿐이 아니었다. 운전에 대한 스님의 당부가 함께 있었다. 낮에 있었던 스님의 훈도를 곰곰이 생각해 보니 다시금 감사한 마음이 일었다. 스님 말씀을 절대 잊지 않으리라는 각오를 다지기 위해 기록해 둔다.

- ■ 앞으로 차를 몰면서 지원이가 지켜야 할 사항
- · 항상 안정된 마음으로 침착하게 운전할 것
- · 양보하고 인내하며 운전할 것
- · 교통법규를 철저하게 지키며 운전할 것
- · 운전 기술을 과신하지 말고 항상 처음 마음으로 운전할 것

또 이런 말씀도 하셨다.

"일심을 닦아 가는 수행자에게는 일상(日常)의 모든 것이 그대로 수행이야. 그런 까닭에 운전을 하면서도 자기가 수행자라는 본심을 잃지 않으면 따로 운전수칙을 일러주지 않아도 저절로 모범 운전이 될 것이고, 동시에 수행도 점점 깊어갈 거야.

젊은 혈기나 들뜬 기분에 사로 잡혀 바람 앞에 일렁이는 촛불처럼 마음이 흔들리면 자동차가 아니라 언제 꺼질지 모르는 촛불 같거나 물결에 요동치는 조각배가 되겠지. 부디 자신을 살펴서 빨리 가고 싶은 조바심이 들면 얼른 마음을 다잡고, 앞차를 추월하고 싶은 우쭐한 생각이 들면 내가 '출가자로구나' 하는 출가의 존엄을 상기하여 체통을 차리고, 만약 남이 보지 않는 곳에서라도 교통법규 위반을 하면 사회지도자[스님]로서 위신과 의무를 저버리는 것으로 생각하여 부끄럽다는 생각을 해

야 해. 아무튼 얻기 힘든 면허증을 얻었으니 전법포교활동에 잘
활용하기 바란다.”

18

한 달 전, 지난 2월 25일에 학부 졸업을 하고 바로 3월 5일에
교육대학원으로 진학했다. 스님의 배려로 등록을 마치고 3월 초
새 학기를 시작하려는 때, 스님께서는 나에게 이런 훈도를 하셨
다. 그때의 말씀을 잊어버리기 전에 옮겨 적는다.

“지원, 너는 지금 무엇을 하고 있지, 지금 무슨 생각을 줄곧
하고 있나? 무슨 생각, 무슨 행동, 무슨 말을 하면서 하루하루를
사는지 점검해보기나 하나.

우리 수행자들은 항상 고통과 두려움에 신음하고 있는 이웃
[사람]들을 잊으면 안 돼. 이웃에 대한 생각에서 정진력도 내
고 서원도 일으켜야 하고 자비도 솟아 나와야 해.

혹시 자기도 모르는 사이 게으름이 들거든, 저 시장에 나가
봐. 거기서 사람들이 살아가는 모습을 찬찬히 살펴봐. 그런 치
열한 삶의 광경을 바라보고도 참다운 발심이 되지 않으면 지식
공부는 늘어도 불법공부는 진척이 없게 돼. 아무리 책상에 오래
앉아 있어도 말이야.

우리 수행자들은 사람을 통해 분발심을 내야 하고, 자비심을 일
으켜야 하고, 용맹심을 다잡아 공부에 나서야 해. 그래야 큰 공부
를 이룰 수 있고 중생을 성숙시키고 세간을 성취할 수 있어.

수행자들도 사람이기에 때로는 진리의 길, 부처의 길이 힘들고 고달프다는 생각을 내어 자신도 모르는 사이 한숨을 쉬거나 안일과 나태에 젖어들 수도 있어. 그렇기 때문에 수행자는 철저하게 자기 점검을 해야 해. 스스로 사람이라는 생각을 가지면 안 돼. 모질고 독하게 사람이 아니라고 생각해야 해.

그래야 어려운 관문을 뚫어내는 돌파력이 생겨서 작은 자기를 극복하여 중생경계를 벗어나게 되는 거야. 그러나 마치 인정을 자비심인 양 착각하여 거기에 매어 사람이라는 평범한 생각을 자주하면 안이하고 편리한 생각에 빠져 그만 자기합리화가 시작되고 그러면 원칙에서 벗어나게 되는 것, 꼭 명심해.

무슨 일이든 용기 있게 정도를 걸어가야 비로소 큰 세상[眼目]을 만나게 된다는 것을 굳게 믿고 공부를 충실하게 해가길 바래. 모름지기 사람의 성장에는 순경(順境)과 역경(逆境)이 동시에 필요해. 지내고 보면 물결의 천파만파(千波萬波)도 다 같은 물일 뿐이야.”

19

2529(1985)년 8월 3일

오전, 스님 방에 들어가 절하고 꿇어앉았다. 가만히 나의 절하는 동작을 바라보시던 스님께서 말씀하셨다.

“지원, ‘부처님 세계로 간다’와 ‘여기가 부처님 세계다’라고 말하는 차이가 무엇일까?… 한 번 생각해본 적이 있나? 그것은 말이야, 자각(自覺)의 문제야. 곧바로 바르게 깨닫는 사람은 여

동국대학교 선학과 1기생들이 해인사 백련암을 참배한 뒤 종정 성철대종사와 기념촬영.(1983년 봄, 왼쪽에 선학과 교수였던 철인스님과 가운데 앉으신 분이 종정예하, 두 번째 줄 맨 오른쪽이 필자)

기가 불국토이고, 바르게 깨닫지 못한 사람은 부처님 나라로 가는 거야.

그러나 우리는 못 깨달았다고 해도 부처님께서 성취하신 깨달음에 대한 믿음을 갖고 깨달음을 바로 대한다면 여기가 부처님 세계지. 사실 말이야, 내가 한 말은 각자의 근기에 따라서 해석하면 되는 거야. 그러니까 '가는 것도 맞고', '여기도 맞는 것이지'. 아무튼 공부 열심히 해봐."

나는 스님의 말씀을 귀 기울여 들으면서 더욱 열심히 공부할 것을 속으로 다짐했다. 그동안 학교에서 배웠던 것이 스님의 가르침의 택미(擇米) 속에서 더욱 분명해져 비로소 나의 피가 되고 살이 되며 뼈가 되는 것을 느꼈기 때문이다.

불교의 교학체계를 내 자신에게 잘 확립하고, 그 위에 반야바라밀다의 믿음을 굳게 가지면 많은 사람들을 기쁘게 할 수 있을 것이라는 생각이 들었다. 고달픈 삶에 시달려 생의 의욕과 기운을 잃어버린 사람에게 새로운 희망과 용기를 주고, 웃음을 잃은 사람에게는 참 기쁨을 주리라.

'사람들에게 절에 가면 기쁘다. 절에 가면 모든 근심 걱정이 저절로 녹아 없어진다'는 신념을 주고 힘을 줄 것이다.

아, 얼마나 삶의 힘이 강해질 것인가. 이 얼마나 놀라운 생명력인가. 좋다, 나는 힘껏 남을 기쁘게 하고 생명을 옹호하고 육성하는 수행자가 되자.'

20

2529(1985)년 8월 18일

며칠 동안 지방을 다니면서 대정신수대장경(大正新修大藏經) 영인불사(影印佛事)에 대한 정리를 하고 오늘에야 절로 돌아왔다. 그야말로 동분서주였다. 그런데 막상 돌아오니 나에게는 아주 큰일이 기다리고 있었다.

그동안 지상스님이 일본으로 유학가려고 하는 것을 스님이 최종 결정을 미루고 있었다. 왜냐하면 스님 자신은 병고 때문에 불광의 여러 일을 친히 다 할 수가 없고, 그렇다고 마땅한 후임자도 없었기 때문이었다.

또 그렇다고 언제까지나 공부할 계획을 세워놓은 사람을 붙들고 차일피일 미룰 수도 없는 일이어서 드디어 스님이 최종 결심을 내린 것 같았다. 스님은 지상스님의 일본행을 허락하고, 그 자리(불광의 사무담당 지도위원)에 나를 앉히기로 했다고 지홍스님이 미리 귀띔해 주었다.

스님 방에 들어가서 다녀왔다는 인사를 올리자 절이 끝날 때까지 잠잠히 계시더니만 눈빛으로 건너편 의자에 앉으라고 하셨다. 다시 한동안 아무런 말씀 없이 침묵하시다가 스님 자신의 결심을 조심조심 꺼내셨다.

워낙 분위기가 진지하여 나는 그 어떤 말도 꺼낼 처지가 아니었다. 오히려 두려운 마음이 앞섰다. 그러나 한편으로는 내가 평소 느끼지 못했던 야릇한 흥분과 의욕이 꿈틀거리기도 했다.

그러나 내가 과연 스님의 뜻을 잘 받들 수 있을까. 우리 불광법회는 한국불교가 갈 길을 제시해 주어야 하는데, 그 역사적인 소임을 다할 수 있을지…. 모든 것이 그저 벅차기만 했고, 이 글을 쓰고 있는 지금 이 순간에도 온 몸을 휘감아 도는 야릇한 흥분을 진정시키지 못하고 있다.

그러나 어쩌랴. 이미 내린 스님의 결정이고, 명(命)이신데…. 만약 내 능력으로 안 되면 스님 시키는 심부름이라도 충실하게 최선을 다하리라는 각오와 결심을 했다.

나는 한꺼번에 이것저것 여러 가지 일을 못하는 단점이 있다. 그런데 불광에는 여러 가지 일이 많다. 과연 어떻게 해야 할까. 그럴 때는 순서껏 한 가지 일이 끝나면 또 한 가지를 하면 되지 않겠는가?

그리고 평소에 내가 아쉽게 느끼던 일들을 곰곰 적어 놓았으니 오히려 새로운 내 이상[불광결사]을 실현할 수 있는 절호의 기회이기도 할 것 같다. 그동안 결사에 대한 열정으로 내 몸을 불태우고 있었던 것이 사실이었으니 오히려 바라던 일이 아닌가 싶다.

그렇다면 이 기회를 마음껏 살려, 그동안 약간의 정체된 불광에서 약동하는 불광, 전진하는 불광을 다시 만들어 보자. 이 사회에 팔팔 살아 움직이는 불광이 되어 이웃과 조국에 기여하자.

21

오후, 나는 그동안 미뤄왔던 보현사로 스님께 문안인사를 올리러 갔다. 언제나 밝은 표정으로 나를 반겨주셨는데, 오늘은 그 반기는 표정이 다른 때의 반도 안 되는 것 같았다. 심상치 않은 분위기를 감지하고 얼른 엎드려 절을 하면서도 조마조마 걱정이 앞섰고 두려웠다.

아니나 다를까, 절을 올리고 자리에 앉자 스님은 뜻밖의 말씀을 했다. 즉 평소 내 행동에 대한 여러 가지 잘못을 지적하면서 수행자로서 지켜야 할 위의와 품위에 대해 몇 번이나 되풀이 강조하셨다. 신도들 중에 누군가가 호방하고 거침없는 나의 언행이 염려스러워 일을 시작하기 전에 미리 스님께 걱정을 했던 것 같았다.

나는 고개를 떨군 채 두 손으로 방바닥을 짚고 부복해 있었다. 공부를 게을리 한다거나 수행에 철저하지 못하다는 지적이 아니라 품행이 단정치 못함에 대한 말씀에는 참으로 변명할 여

지도 없고 몹시 부끄러웠다. 그것이 사실이든 아니든 그러한 이야기가 스님 말씀으로 거론된 이상, 그 어떤 변명도 해서는 안된다. 오직 반성과 참회만 해야 한다는 것을 알고 더욱 방바닥에 납작 몸을 엎드렸다.

스님 말씀을 들으면서 내심 더욱 조심하고 주의하면서 살아야겠다는 각오를 거듭했다. 솔직히 내 자신을 돌아보면 한 줄기 풍류의 끼가 내 핏줄을 따라 흐르는 것을 느낀다.

여느 때 같았으면 보현사에서 저녁을 먹고 왔을 테지만 스님 앞에 있기가 부끄러워 바로 잠실로 돌아오고 말았다. 나는 부족 덩어리다.

22

2529(1985)년 9월 1일

나는 그동안 중학생법회[목련법등]를 성장시킴에 최선을 다했는가? 먼저 이렇게 내 자신에게 물어볼 수밖에 없다. 왜냐하면 내가 고등학생법회[신달법등]에 포함되어 있던 중학생들을 따로 떼 내어 법회를 창립한 지 4년째로 접어들면서 이제 담임법사직을 그만두어야 할 때가 되었기 때문이다.

그동안 목련법등을 위해 내가 좀 더 열심히 노력했더라면 하는 자책의 아쉬운 심정을 안고 일반법회를 담당하는 '사무담당 지도위원'의 소임을 스님으로부터 오늘 부촉받았다.

지상스님이 스님의 병고와 무관하게 일본 유학길에 오르므로 부족한 내가 일반법회를 맡게 되었다. 부촉장을 손에 들면서 나

스님으로부터 불광유치원 건립 유공자로 공로패를 받고 있는 필자.

는, '내가 부촉 받는 이 순간부터 끊임없이 노력하고 정진하리라'고 속다짐을 했다. 어깨가 무겁다는 것을 새삼 실감했다.

스님의 뜻을 받들어서 불광운동을 앞장서서 해나간다고 하는 것은 역사적으로나 현실적으로나 중차대한 일임에 틀림없다는 생각에서다.

또 한편으로는 보광명당 천여 명의 불광 대중들 앞에서 스님으로부터 부촉을 받는 것이 자랑스럽기도 했고, 대중들의 힘찬 박수소리에 어깨가 쫙 펴지기도 했지만 그보다는 불광 발전에 내가 어떤 역할을 해야 하나에 더 마음이 쓰였다.

나는 부촉장을 건네받는 순간 단상의 스님 모습을 바라보았다. 스님도 동시에 나를 내려다보시다가 서로 눈빛이 마주쳤다. 나는 얼른 고개를 숙이고 말았다. 매우 짧은 순간이었지만 스님의 기대 어린 마음이 뜨겁게 전해져 옴을 느꼈다. 낮에 받은 부촉장을 꺼내 다시 읽어보면서 써 본다. 다짐하는 뜻으로―.

부 촉

불 광 법 회

법명 조元스님 성명 김인현

귀하에게 불광법회 사무담당지도위원의 보살 임무를 부촉합니다.

불기 2529년 9월 1일

불 광 법 회   법주 광 덕

23

2529(1985)년 9월 2일

오늘 스님께 특별한 말씀을 들었다. 아마 어제 부촉을 받아서 스님께서 나에게 일부러 강조하신 것 같다. 내용을 간추려 옮겨 본다.

법등(法燈)은 믿음으로 시작해야 하며 믿음으로 키워야 한다. 믿음이 불법의 기본이고 불광의 핵심이다. 믿음은 이해의 기준을 지나는 월등하고 초월한 힘이 있다.

여기서 우리가 믿어야 할 내용은 바로 부처님의 깨달음인 각(覺)이다. 그러므로 불자의 믿음은 부처님의 말씀이 담긴 경을 믿는다는 말이고 불법진리를 폭넓게 이해하고 깊이 받아들인다는 말이다.

믿음을 통해 부처님과 나와의 관계가 성립된다. 또 믿음은 다함
없는 진리를 무한대로 받아들일 수 있다. 즉 마음에 한계가 없다
는 말이다.

불자의 수행은 믿음을 받아들여 자기화(自證)하는 것이고 그것
을 현실에서 쓰는 것(行證)을 말한다. 거기서 솟아나는 기쁨을 법
열(法悅)이라고 말한다. 믿음은 기쁨의 토대이고 원천이다.

우리 불광의 법등활동은 모든 사람들과 이러한 믿음을 함께
하는 불자의 수행이다. 수행에는 개인적인 수행도 있고 사회적
인 수행도 있다. 이 두 수행[上求菩提 下化衆生]은 반드시 일치
해야 하는데, 바로 불광의 법등활동이 그것이다. 개(個)와 전(全)
이 온전한 수행만이 참다운 불법의 이치를 드러내는 진정한 수
행으로 간주한다.

그러므로 우리 불광의 법등은 세간에서 흔히 말하는 조직이
아니다. 굳이 설명한다면 믿음이기 때문이다. 즉 법등은 신앙이
라는 말이다. 법등은 부처님을 맞이하는 일을 이웃과 함께 하여
밝은 믿음을 끝없이 키워가는 것, 바로 자각생명(自覺生命)의 전
개이다.

24

2529(1985)년 9월 3일

1. 인생 자체는 문제의 연속이다. 아니, 어쩌면 생명이 활동하
는 데 필연적으로 따르는 것이 문제일 것이다. 다만 이러한 문
제를 어떻게 극복하고 해결하느냐가 개인이 갖고 있는 능력이

며, 또 풀어내는 방식과 모양에 따라 개성의 차이가 나타나는 것이 아닐까.

능력과 개성의 표현과정에서 우리는 그 개인이 소유하고 있는 교양을 바라보게 된다. 집단에 있어서도 집단의 능력과 집단의 개성이 있고 집단의 교양이 있다. 그렇다면 우리 불광법회의 능력과 개성과 교양은 어떠한가? 곰곰 생각해볼 문제다. 최일선에서 일하고 있는 내가 반드시 점검해봐야 할 나의 과제이기도 하리라.

2. 은혜를 모르는 것, 우리가 삶 속에서 가장 경계할 일이 바로 이점일 것이다. 그러므로 사람들이 저지르는 일 중에서 싫어하고 경원시하는 것도 은혜를 모르거나 저버리는 배신행위다.

은혜를 저버리는 사람들, 은혜를 깨닫지 못하는 사람들을 우리는 곧잘 금수(禽獸)에 비교해서 인간이 아니라고 말한다. 즉 인간의 동등한 대열에 끼워주지 않을 뿐만 아니라 그 대열에서 밀어내 버린다. 은혜를 모르는 사람에게 인간사회에서 살 수 있는 자격을 박탈시켜 버린다.

3. 나는 사실상 많은 분들의 은혜를 입기도 하고 그분들의 은혜 속에서 살고 있지만 그 고마운 은혜를 깨닫지 못하거나 저버리는 행위가 종종 있다. 내 자신이 느껴도 이것은 분명 배은(背恩)이라고 말할 소행은 하나 둘이 아니다. 어쩌면 많다 못해 부지기수라고 해야 맞을지도 모르겠다.

이러한 금수같은 행위를 하지 않기 위해서라도 나는 사람들과의 관계에서 겸허해지려는 노력을 게을리해서는 안 된다. 겸허와 정직 속에서만이 은혜를 제대로 볼 수 있고 느낄 수가 있을 것이다.

아! 겸허한 인간, 정직한 인간. 그 사람은 반드시 진불자(眞佛子)임에 어김없으리라. 그는 분명 불은(佛恩)을 아는 뛰어난 사람일 것이다. 나는 오늘 하루, 거의 이런 생각 속에서 보냈다.

25

2529(1985)년 9월 8일

1. 미래의 백년대계를 세워서 부처님의 일을 하나하나 도모한다면 이 또한 인생의 보람 중에서 가장 큰 보람이 아니겠는가. 세속 사람들처럼 장가가고 시집가는 일이 재미있고 즐겁다 해도 그것들은 잠깐이기에 아침이슬 같으리라. 아니 어쩜 재미나 즐거움보다 고통이 더 오랠지도 모른다.

세상의 온갖 부귀와 권세를 누린다 해도 그 또한 뜬구름처럼 잠깐이 아닐까. 내 인생 이미 불문(佛門)에 몸담았으니 불사(佛事)에 주저하지 않고 앞으로 내어 닫아야 하리라. 오직 부처님의 일로 내 평생을 장엄하여 내 인생을 아름답게 가꿔 후세의 사람들에게 모범되는 삶이 된다면 다른 어떤 삶보다 더 뛰어난 삶이 되지 않을까.

2. 자, 이제 불광의 뜻 있는 젊은이들을 모아서 새로운 정신운동을 시작하자. 반야바라밀다결사를 조직하자. 사부대중이 함

154

께 모여 이 시대의 사람들에 의해 행해지는 이 시대의 불교를 새롭게 만들자.

이런 서원(誓願)을 가슴에 안고 힘차고 빛나게 살자. 결코 잡다한 것에 얽매여 살지 말고 오직 부처님 진리에 몸 바쳐 살자.

나무마하반야바라밀다.

26

2529(1985)년 9월 14일

회칙을 만들면 회칙에 걸려 시비가 생기고 회장을 뽑으면 회장이 중심이 되어 분란이 일어나니 아예 말썽의 소지를 지워버리는 것이 슬기로운 일이 될 것이다.

지혜로운 사람은 문제를 잘 해결하기보다는 아예 문제의 씨앗을 만들지 않는다고 하지 않았던가.

현재 불광법회의 회장은 공석이다. 삼보에 귀의한 신도들이 삼보를 등지고 신앙활동을 하겠다는 것은 어불성설(語不成說)이다. 말도 안 되는 문제의 근원을 끊어버리는 것이 스님의 말없는 주장이시다. 스님의 속뜻을 감지한 나는 흔쾌하고 경애롭게 스님의 뜻을 받든다. 차라리 스님이 회장이 되고 스님이 법주가 되시면 모든 것이 더욱 순조롭지 않을까.

언젠가 '하늘 꽃이 시들어도 지상의 꽃보다는 월등 낫다'고 하시지 않았던가. 참으로 오래 기억에 남을 명언절구이다.

'아, 나야말로 스님 말씀처럼 시들지 않는 꽃이 되자.'

27

많은 사람들에게 어떻게 하면 참 기쁨을 줄 수 있을까?

그들이 기쁨을 가슴에 담고 하루하루를 힘차게 전진하고 순간순간 인생을 찬미하고 내일을 향해 오늘 부지런히 준비하게 할 수 있을까?

저 착하고 고마운 사람들에게 나는 과연 무엇으로 기쁨을 주어야 하는가. 내 몸 바쳐 저들에게 즐거움이 될 수 있고 기쁨이 될 수 있다면 망설이지 않으리라.

그런데 저들에게 기쁨을 주되 일시적 기쁨, 잠깐의 쾌락이 아닌 영원한 기쁨인 적멸락(寂滅樂)을 주어야 한다. 과연 그것이 무얼까? 그럼, 그렇지. 부처님 가르침이겠지. 오직 무상법(無上法)을 전해서 그들에게 참 기쁨을 누리도록 하자. 그래서 이렇게 기도하고 싶다.

'부처님, 당신의 법으로 저들을 기쁘게 하겠나이다. 대자대비 거룩하신 부처님이시여, 중생들은 오직 진리에 의해서만 영원한 기쁨에 안주(安住)할 수 있게 됨을 믿습니다. 법만이 일체 중생들에게 기쁨을 줄 수 있는 유일한 방법임을 저는 굳게 믿고 있습니다.

부처님, 정녕 해탈은 큰 기쁨입니다. 자신의 가슴속에서 기쁨이 흘러 넘쳐야만 남을 기쁘게 하는 행동이 나오고, 그 행동에는 지혜와 자비가 가득하여 세상을 바꿀 힘이 있습니다.

기쁨이 솟아나지 않는 인간의 삶이나 불자의 수행은 거짓입
니다. 기쁨을 느끼지 못하는 믿음은 잘못된 믿음입니다. 그러므
로 인간의 가슴에는 어느 때나 기쁨이 가득 넘쳐야 합니다. 만
약 해탈학(解脫學)을 배우는 사람들에게 기쁨이 없다면 정법(正
法)이 아닌 삿된 법을 닦는 것이겠지요.

거룩하신 부처님, 저의 가슴에 기쁨이 흘러넘치도록 인도하시
고 가호하소서. 저로 하여금 일체 중생의 기쁨을 위해 살도록
법의 도구로 삼아주소서. 부처님, 감사합니다.

나무마하반야바라밀다.'

28

2529(1985)년 10월 20일

중국의 불교, 문화혁명 때에 홍위병들이 불교를 탄압하자 많
은 스님들이 양자강에 몸을 던져 위법망구(爲法忘軀) 했다고 한
다. 불법을 위해서 자신의 몸을 돌보지 않는 위법망구의 거룩한
열반에 고개를 숙인다.

오늘 불광회 창립 11주년 기념법회를 순조롭게 마쳤다. 제2부
순서로 캐나다 불광사 주지인 광옥스님이 <내가 본 중공불교>
라는 제목으로 강연을 했다. 준비할 때는 신도들이 얼마나 호응
할까 우려했으나 결과는 매우 성황리에 끝났다. 나의 고집으로
이루어진 일이어서 내심 많은 염려를 가졌었다.

점심공양을 끝낸 대중들이 거의 집으로 가지 않고 보광명당
가득 모여 시종 경청했다. 비구니 광옥스님은 말을 차근차근,

유치원 어린이들의 솜씨자랑을 둘러보시는 스님(오른쪽이 필자).

재미있게 이야기를 이끌어갔다. 무려 90분을 했어도 지루한 줄 몰랐다. 고맙고 감사했다.

1986년, 즉 내년에는 내가 불광을 위해서 크게 할 일 두 가지가 있다. 첫째가 유치원 건립을 위한 전시회 개최, 둘째가 불광의 전 신도가 움직이는 버스 100대 가량의 대대적인 국내 성지순례법회의 시작이다. 계획은 이미 세워졌다.

29

2529(1985)년 11월 14일

오늘 스님께서 나에게 『불광법회요전』을 만든 이유에 대해서 두 가지로 말씀하셨다.

“첫째, 불광 불자라면 누구나 임원이 되어야 한다.

둘째, 불광 불자라면 누구나 목탁을 치며 의식을 집전할 수 있어야 한다.”

불광운동의 첫 번째는 전법인데 모든 불광 불자가 전법을 본격적으로 해나가기 위해서는 무엇보다 임원이 뜨거운 사명감을 가져야 하고 불광 불자 스스로가 불교적인 의식을 잘 이해하고 집전할 수 있어야 한다는 것이었다.

그리고 사회과학의 근본원리는 연기라고 말씀하면서, 아울러 소천 노화상의 활공사상의 중요성에 대해서 말씀이 계셨다. 개인적, 사회적인 정화의 기능과 제도는 반드시 법(法, 진리)에 근거해야 하고, 법의 근본은 생명이라고 말씀하셨다.

아아, 언제나 그 분은 나를 감격에 떨게 하시는구나.

30

2530(1986)년 1월 6일

나는 나를 불러 간곡하게 타일렀다.

'지원아, 너는 지금 어디를 향해 가고 있느냐?

갈팡질팡 여기저기 헤매고 있지 않느냐?

눈을 뜨고 똑바로 정면을 응시하지 않기 때문에 목표는 구불구불 가려 있고 삶의 자세는 흐트러져 그만 몸의 균형을 잃게 되는 것이다.

지원아, 네가 오직 가야 할 길이 있다면 부처님께서 일러주신 길뿐이다. 그 길은 모든 여래가 가신 길이요, 수많은 보살마하살과 선지식이 곧게 이르신 길이다.

너는 인생의 그 많은 길 중에서 스스로 부처님의 길을 선택했다. 그러니 부디 곧게 가라. 제불보살이 너를 두호하신다. 네가 오직 반야바라밀다결사의 길을 가기를 모든 조사가 바라신다.

지원아, 부디 눈을 똑바로 떠라. 정면을 응시하여라. 절대 한눈 팔지 말라. 그리고 힘차게 앞으로 내딛어라. 계획을 가지고 거대한 파도처럼 끝없이 밀어붙여라.'

나의 계획표를 짰다.

연도	나이	인생계획
1986	34	불광 근무
1987	35	불광 근무
1988	36	불광사를 떠남(1990년까지 박사과정을 마치기 위해 공부 시작함)
1990	38	불교학 화엄전공 박사과정 마침
1991	39	일본으로 가서 불교 유식학을 공부함(3년 동안)
1994	42	미국으로 가서 교육학을 공부함(4년 동안)
1998	46	약 2년 동안 세계일주로 견문을 넓힘.
2000	48	지원, 드디어 세상에 출현.

31

2530(1986)년 4월 5일

내가 삼매에 들어서 가만히 살펴보니 불광의 대중은 천상(도솔천)에서 하생한 대중이다. 왜냐하면 천상의 대중이 인도(人道)에 태어나면 그 용모가 단아하고 인품은 바르고 외양은 훤칠하다는 경전의 말씀을 믿기 때문이다. 그리고 이 말씀은 내가 본 세계와 일치하는 것이다.

저 용화세계(龍華世界)의 미래불(未來佛)이 그 소임을 위해 도솔천으로부터 하생하시었다. 이 땅에 불교를 크게 떨치기 위해, 아니 재건키 위해 광덕사(光德師)로 하생하시었고 용화가 아닌 불광으로 이름된 것이다. 그래서 우리는 알아야 한다.

첫째, 우리가 도솔천 대중임을.

둘째, 오직 사바불토를 장엄하기 위해 하생했다는 것을.

셋째, 특별히 한국을 인연의 땅으로 선택했다는 것도.

모든 불광형제들이 이러한 사실을 믿어 의심치 않으면 곧 바로 여래부촉의 사명을 완수하는 일이 될 것이다.

나무석가모니불.

32

2530(1986)년 4월 23일

인간 생명이 가지고 있는 근원적이며 전성적인 모습을 현실에서 보려면 그의 언행을 비롯한 모든 활동을 지켜보면 된다. 왜냐하면 인간이 할 수 있는 모든 활동은 잠시도 정지할 수 없는 것을 원칙으로 하고 있기 때문이다. 심지어 잠자고 있는 사이에도 사람의 심장은 뛰고 있으니 말이다. 이것은 신체적인 구조가 가진 불수의(不隨意)의 생래적인 활동이고, 또 의지가 가진 활동도 그와 마찬가지로 연속적이다.

그래서 사람에게 일(활동)이 없으면 거의 죽음과 같은 상태가 된다. 만약 생산적인 일을 하지 않고 비생산적인 놀이에만 빠져 있다 해도 그것 역시 그 자신에게는 중요한 활동이고 선악 이전의 자신의 한 표현이다. 이점은 모든 사람이 다 같다.

스님들을 출가 수행자, 즉 비구나 비구니라고 하는데, 이 말은 끝없이 길을 간다는 뜻을 내포하고 있다. 멈추지 않고 쉬지 않고 길을 가는 것은 바로 근원생명의 자기 표현인 활동임에 틀림없다. 여기서 수행자가 길을 간다고 하는 것은 활동이 있기에 가능한 말이고 또 길이 있기에 가능한 일이다.

그 길은 열려진 길, 끝없는 길이며, 그리고 그 길은 지극한 인간의 길이다. 그래서 의당 우리들 수행자의 길이고 성현들의 길이며 불보살의 길이리라. 우리들 수행인 각자는 언제 어디에서나 멈추지 않고 자기 한계를 내세우지 않고, 자기 인생을 미리 그림 그려 이기적인 도구로 삼지 않기에 그 어떤 집착도 하지 않는다. 다만 길을 간다. 오늘도 가고 내일도 간다.

그러므로 그 길은 무한한 가능성만 있는 향상일로(向上一路)이다. 이 길을 가는 데 있어서 나는 평소 스님께 받았던 훈도를 토대로 좌표를 정했다. 말하자면 길을 가야 하는 내가 지켜야 할 자계(自戒)에 해당된다. 그러나 이 좌표는 앞으로 바뀔지도 모른다. 아니 분명 바뀔 것이다. 나의 성숙도에 따라서….

수행자 수칙(修行者 守則)

一. 매사를 먼저 부처님께 물어서 행동해라.

이제부터는 어떻게 살 것인가에 대해서 고뇌하지 말고 먼저 부처님께 배우고 묻길 잠시도 멈추지 말라.(그것은 경을 통해서 스

승과 선지식을 통해서)

一. 항상 부처님께 감사하라.

부처님께 먼저 감사하라. 그런 다음에 내가 어떻게 이 세상의 은혜를 깨닫고 갚을 것인가 하는 것에 대해 물음을 가져라. 헌신(보살행)의 뭇 방법이 거기에 있다.

一. 항상 일심을 닦아라.

일심을 닦는 사람의 겉모양은 산같이 우둔하고 뜻을 담은 눈빛은 맑은 호수와 같고 자비를 간직한 안정된 마음은 누구에게나 평화를 준다. 침착하고 사려 깊은 언행은 또 다른 자비심이고 함께 사는 것만으로도 기쁜 것은 일심의 법열을 나누는 것이다.

一. 항상 진실해라.

안과 밖이 가지런하여 동요가 없고 감추고 드러냄이 따로 없으니 매사에 이기적인 분별이 없고 좋고 싫음을 따로 두지 않으니 번뇌가 없다. 이 모두는 진실의 힘이다.

一. 항상 듣기를 좋아하고 말하기에는 인색하라.

잘 듣는 것은 지혜를 얻음이요, 수다스러운 말들은 어리석음에서 비롯된 것임을 스스로 살펴서 안다면 수행자는 마땅히 어찌해야 할까.

一. 설법에 나설 때는 먼저 부처님께 기도하라.

먼저 부처님께 가르침을 구하고 응답을 얻고 가슴에 기쁨이 가득 고였을 때, 설법대(臺)에 서라. 먼저 눈으로 설법하고 표정과 태도로 설법하고 마지막으로 소리를 사용하라.

자계(自戒)

첫째, 수행자는 어느 때라도 자신의 주장을 먼저 말하지 말고 다른 사람의 뜻이나 의견을 고려하고 수용하여 신중하게 판단하여 결정한다.(사람들의 의견을 경청하고 존중하기 위해서)

둘째, 대화나 토론 때는 듣는 것을 우선하여 여러 사람의 다양

한 생각을 경청하여 종합한다.(자신이 말해야 할 때는 원칙과 요점만 간략하게 말함)

셋째, 수행자는 어떤 경우에라도 법답지 못하면 그 일은 성사되지 않는다.(일의 완성을 위해 신중하고 인내함)

넷째, 수행자는 설령 다른 사람과 뜻이 다르고 의견이 달라도 그들의 마음을 저버려서는 안 된다.(물건을 잃으면 반을 잃는 것이고 사람을 잃으면 다 잃는 것)

33

2530(1986)년 7월 7일

스님의 회갑이 불과 10개월도 남지 않았다. 스님은 해마다 당신 생신 날 가까운 사람들이 공양상 차리는 일에도 무척 부담스러워 하셨는데 회갑준비를 한다고 하면 분명 꾸지람을 크게 내릴 것 같다.

차라리 내가 스님 곁을 떠나 멀리서 공부만 하고 지내는 입장이라면 훨씬 마음이 편할 것 같은데, 스님과 무슨 특별한 인연 때문인지 하필 회갑을 즈음해서 스님 회하(會下)에서 심부름을 하고 있는 처지가 되었으니 실로 난감하기 그지없다.

그렇지만 회갑에 대해 무심한 것은 당신뿐이고 권속들이나 신도들은 한결같이 뭔가를 해야 한다는 마음으로 은근히 회갑을 기다리고 있다.

이점에 대해 그동안 여러 가지 경우를 심사숙고해봤지만 어쩔 수 없이 이 일만은 내가 스님의 뜻을 저버리고 대중의 희망사항에 영합해야 할 것 같다.

　그래서 오늘 비밀리에(스님에게만) 회갑준비 모임을 가졌다. 몇몇 임원들과 점심 공양 후 2층 대원당에 모여서 대강의 윤곽을 잡았다. 이제 남은 것은 구체화하여 하나하나 이루어 가면 된다. 오늘 임원들과 모여 준비하기로 한 행사 내용이다.

1. 스님의 인도 부처님성지 순례 모심
① 홍교 법사님과 협의하고 도움 받는다.
② 상좌들의 뜻을 모으기 위해 문도회의를 한다.
③ 상좌들과 신도들로 구성된 순례단을 짠다.

2. 회갑기념으로 불교를 소재로 한 작품

① 석정스님	⑨ 목우스님
② 일장스님	⑩ 봉래스님
③ 중광스님	⑪ 기타 스님들
④ 수안스님	⑫ 소공거사
⑤ 성우스님	⑬ 죽림거사
⑥ 죽림선자	⑭ 민용석 거사
⑦ 송월스님	⑮ 다정거사
⑧ 원학스님	※ 기타 일반 인사 등

3. 스님의 생애 : 비디오 제작
4. 월간 「불광」에 실었던 권두언을 단행본으로 발간
5. 기타(당일 기념법회 준비 등)

34

내가 스님께 감사하는 이유

나에게 항상 바른 길을 일러주시고

나에게 바른 판단을 일깨워주시고

나의 부족과 잘못을 수용하여 감싸주시고

나의 외로움을 덜어주시고

나의 진정한 의지처가 되어주시고

나의 조악하고 협소하며 서두름의 조급한 마음을 없애주시며

수행자로서 삶을 따라 배울 수 있게 하시고

우러러 바라보기만 하여도 모든 고뇌가 해결되고

허무맹랑한 생각이나 방탕한 생각이 들 때도

스님을 생각하면 어느덧 나 스스로를 다잡아 청정해지고

조석으로 문안드려 뵙는 것에 내 마음에 공경심이 생긴다.

그러기에 스님 슬하에서 사는 것이 수행이며 학습이다. 또한
이것은 기쁨이고 행복이다.

35

오늘은 부처님 출가절이다. 자연스레 나의 출가를 생각해 보게 된다. 나에게 가장 밀접한 출가의 선지식은 스님이시다.

사실 나는 불광법회에서 일을 거들거나 돕는 것이 아니다. 법회 일을 한다고 하면 어불성설(語不成說)이다. 왜냐하면 오히려 내가 불광법회의 일을 통해 무한정 배우고 있기 때문이다.

나는 법주이신 스님의 심부름을 하거나 절을 지키거나 법회를 성장시키는 것이 아니라 스님으로부터 크나큰 가르침을 받고 있고 무궁한 은혜를 입고 있는 것이다.

지금 나는 스님의 지근(至近)에서 하나하나 보거나 말씀 들어서 알뜰하게 배우고 있다. 스님은 무척이나 어리석은 나에게 하나하나 손으로 짚어가며 일러주고 일깨워주신다. 그래도 모르면 예를 들어가며 알 때까지 설명해주신다.

그러기에 나는 상황에 맞닿는 장면에서 피부로 숨결로 감각으로 스님의 모습을 전방위로 닮아가며 배워간다.

평소의 제반업무와 날마다 새롭게 일어나는 일들을 통해 내 삶의 바탕을 형성하고, 사물과 인생을 바라보는 안목을 향상시켜가고 있다. 말하자면 스님은 친히 나의 손을 붙잡고 이것저것 가르쳐주며 물건 보는 감상법과 일의 핵심을 깨닫게 해주신다.

이러하니 어찌 내가 법회에 일을 하고 있는 사람이며, 또 어찌 내가 스님을 돕는다고 감히 말할 수 있겠는가. 망발이다.

스님의 회하에 있는 날이 많아질수록 나의 덕성은 계발되고 불성은 현전될 것이다. 일상생활이 참 진실에 눈 떠가는 일련의 수행과정이다. 그러므로 나는 수행할 뿐이다. 바른 견해와 높은 식견, 탁월한 안목을 가진 분으로부터 직접 세밀한 지도를 받으면서 말이다.

36

2532(1988)년 2월 3일(수)

오늘 날씨는 맑았으나 무척 쌀쌀했다. 영하 13도나 내려갔다고 방송에서 야단이다. 물론 아직도 겨울이니까….

몹시 추운 날씨 속에서도 불광 제1기 바라밀다교육을 무사히 마쳤다. 내가 불광법회의 초대 교육담당 지도위원으로서 첫 성과를 냈으니 남보다 다른 감회가 일었다.

오늘 바라밀다교육을 성공리에 마치고 보니 평소에 늘 생각해 왔던 결사의 가능성이 눈앞에 전개되는 것 같아 살큼 흥분이 되었다. 처음으로 시도된 노력이 성공적인 결실을 맺자 나도 모르는 사이 자신감이 가득 차올랐다.

아무튼 신도교육의 첫 단추를 잘 끼웠다는 생각은 든다. 무슨 일이든지 출발이 순조로우면 과정이나 결과도 좋듯이 내가 진행해 가는 바라밀다교육도 앞으로 내달릴수록 점점 탄력을 받을 것 같다. 지홍은 그 특유의 빙긋 웃음을 지어 보이며 나에게 "점수 땄어!"라고 말했다.

불광의 바라밀다교육은 사실 반야바라밀다결사의 인재양성이니까, 말하자면 본격적인 불광운동의 출발인 셈이다. 한국불교

불광사에서 스님을 모시고 살 때의 필자.

에서 이 새로운 운동은 신도들로 하여금 깊은 신심과 높은 서원 그리고 탁월한 능력을 지니게 할 것이다. 여기서 탁월한 능력이란 마치 부처님의 위신력같이 신심과 서원이 일치하여 나타나는 진리의 힘[道力]을 말한다.

내가 앞으로 '교육담당지도위원'의 소임을 잘 수행하여 불광의 모든 교육이 성공적으로 잘 이루어지면 반야바라밀다결사가 한층 굳건하게 되리라 생각해본다. 이 일은 생각할수록 보람된 일이다. 사람이 태어나 그 모든 것을 다 바쳐 이룰 일이 있다면 바로 이런 사상운동이 아닐까.

오늘 나는 내 가슴속에서 앞날의 가능성에 대한 희망과 도전 의지가 꿈틀거림을 느꼈다. 이점에서 나는 수행자로서 내 삶에 감사한다.

'아, 인간으로 태어났고 지금 건강하고 또 불법(佛法) 만났으며 스님 회하에서 내 젊은 청춘의 이상을 펼칠 수 있게 되다니…'

이 모든 것을 생각해보면, 아니 생각할수록 감사하고 고마울 뿐이다. 내 인생 최고의 가치를 실현하는 기회라는 생각이 부쩍 든다.

돌연, 나의 입술 사이로 외마디가 튀어나왔다.

"부처님, 감사합니다. 스님 감사합니다."

이제 자자. 행복한 채로.

37

오늘만 느낀 것은 아니지만 보현사의 스님 방은 언제나 어둑했다. 북향집이 갖고 있는 일조량의 한계 때문이다. 그런데다 낡고 오랜 건물이어서 곰팡이 상하는 냄새가 야릇하게 풍겼다. 특히 비가 오면 그 냄새가 더 심했다.

내가 들어서자 스님은 하시던 일을 멈추고 나와 마주 앉아 내 생각에 진지하게 답을 주셨다.

얼마 전, 나는 미국의 서부도시 로스엔젤레스에 관음사를 열어 포교에 열중하고 있는 도안스님을 청진동에서 만났다. 아마 한두 달 전쯤이었으니 그러니까 지난 2월이었을 것이다. 나는 도안스님과 한 번도 인사한 적이 없는 생면부지의 관계였는데, 그 분은 누군가로부터 나의 이야기를 듣고 직접 불광사로 전화를 걸어왔다. 혹시 미국에 유학 갈 생각이 없느냐고 조심스레 물으면서 만나서 공양이라도 같이 하자고 했다.

점심공양을 함께 하면서 도안스님이 제안하길 미국 관음사에서 약간의 일을 거들어주면(불광식 포교방법을 원했던 듯), 그 지역에 있는 UCLA 대학의 대학원에 들어가 공부할 수 있도록 모든 편의를 봐주겠다고 했다.

나는 평소 공부를 해야겠다는 생각을 하고 있었기에 도안스님의 말씀을 아주 진지하게 들으면서 솔깃해졌다. 두어 해 전, 중앙승가대학에 계시는 호진스님이 나에게 중앙승가대학 도서

관장 직(職)을 맡으면서 불교사(佛敎史) 강의를 하면 어떻겠느냐고 제안한 적이 있었다. 선배에 대한 고마운 생각과 평소 학자가 되고 싶은 희망 때문에 그렇게 하고 싶었지만 불광 일로 여념이 없던 때라 결국 내 스스로가 단념하고 말았던 적이 있다.

그 후 줄곧 중앙승가대학에 대한 아쉬움을 놓지 못했었다. 그런 경험이 있었던 터였기에 도안스님의 제안은 더욱 나를 심각하게 만들었다.

나는 그동안 혼자 끙끙거리며 궁리하다가 더 이상 미룰 수가 없어서 오늘 시간을 잡아 보현사로 달려갔다. 도안스님께서 미국으로 가실 때 답을 주기로 했는데 가실 때가 거의 다가왔기 때문이기도 했다.

스님께 그동안의 경과에 대한 자초지종을 말씀드리고 덧붙여 내 생각을 내비쳤다. 그러나 나는 최종 결정은 스님께서 하시라고 말씀드렸다. 스님은 한동안 생각을 하시더니 무척 무겁게 입을 떼셨다.

"지원, 돌아보면 나는 내가 하고 싶은 일을 하면서 살아온 것이 아니라 주변의 여건 속에 내 몸을 던져서 살아왔다. 아무런 계획이나 장래에 대한 뜻을 갖지 못하고 그때그때 필요에 따라 소모품처럼 살았다는 말이야. 그래서 나는 내 권속의 공부에 장애가 되거나 부담을 주지 않겠다는 결심을 다지며 살아온 것도 사실이다.

이제 지원의 속생각을 들어보니 공부를 하고 싶은 모양인데 공부하는 일에는 나도 찬성이야. 그러나 무슨 공부를 할 것인지를 먼저 깊이 생각하는 것이 좋겠어. 지원, 본인의 앞길에 대해 내게 순직하게 물어오니 그럼 내 생각을 말하도록 하지.

지원은 기신론과 화엄을 공부했으면 해. 즉 기신론과 화엄을 하나로 꿰어야 한다는 말이지. 그러기 위해서는 공부의 행선지를 어디로 잡을 것인가 먼저 생각해야 하겠지. 학문을 위해서 갈 곳을 찾아 결정하라는 말이야. 유럽이나 미국 쪽의 공부와 일본 쪽의 공부, 그 다음 남방 여러 나라 등을 잘 고려해 봐. 외국으로 가려면….

그러나 무엇보다 중요한 것은 염불이나 참선하지 않은 불교학자는 반쪽이야. 또한 팔리어나 산스크리트어, 한문을 익히지 않고는 불교학자로 명함도 내밀 수 없겠지. 학자에게 부여된 1차적인 능력은 자료의 해독일 텐데 말이야.

아무튼 능숙한 한문 이해는 기본이고 일본 불교학의 성과를 이용하기 위해서는 일본어, 세계 공통어인 영어는 막히지 않아야 할 것이고….”

나는 오늘 마치 스님을 취재하러 간 기자처럼 서로 열심히 질문과 답을 주고받았다. 스님은 이런 말씀도 하셨다.

“불교학에 뜻을 세우면 제일 중요한 학자의 자질은 뭐니 뭐니 해도 끈기야. 그러니까 모든 환경을 잘 극복하면서 꾸준하게 열심이어야 해. 지금 지원수좌가 일하는 것처럼 말이야. 잘 알다시피 학문은 금방 이루어지는 것이 아니므로 호흡도 길어야 하고 건강도 좋아야 하지. 학문을 하기 위한 준비도 착실해야 해. 특히 언어는 하루에 한 시간씩이라도 꾸준히 노력하지 않으면 안 돼.

공부계획을 주도면밀하게 세운 뒤, 한 발 한 발 앞으로 나아가면 돼. 그래서 최소한 10년은 죽은 것처럼 지내야 뭔가 조금 앞이 보일 거야. 아무튼 각오와 결심을 단단히 하고 또 동국대학교 선생님들께도 조언을 받아보고 말이야.”

스님은 또 잠시 뜸을 들였다. 그리고 나를 한동안 바라보셨다. 밝은 얼굴, 빛나는 눈, 자애어린 미소가 한데 어우러진 신비한 표정으로 사뭇 나를 바라보셨다. 나는 마치 발가벗고 스님 앞에 선 사람처럼 아무것도 감추거나 망설일 필요가 없었다. 나도 고개를 들고 스님을 마주 바라보았다. 대등하게 앉아서 스님을 기쁜 마음으로 마음껏 바라보았다.

나는 마치 스님에게 감전이나 된 것처럼, 그 순간 내 몸 속 어디선지 모를 웃음이 솟아올랐다. 마음놓고 웃어버렸다. 웃는 줄도 모르는 사이 피어 오른 호쾌한 웃음이었다. 스님은 감정이 고조된 나를 한층 꼭대기로 밀어올렸다.

“지원은 심지가 깊고 뜻이 큰 사람이야. 그래서 언제나 나에게 바라밀다결사 운동을 말해왔지. 지원이 주창하는 바라밀다결사는 분명 의미가 있어. 아마 부처님께서 가호하시는 일일 거야. 그 운동은 인간 구제의 길이지. 또 그것은 바라밀다의 자각으로부터지.

개인적·사회적·국제적 차원에서 벌여가야 하는 역사 구제, 인류 구제야. 바라밀다신앙(바라밀다 자각)을 통해 모든 분야의 구제행을 완수해야 하거든. 구제가 없는 신앙은 학설이고 철학이야. 우리 불교가 학설이 되어서는 안 되잖아. 그러기 위해서는 염불삼매를 닦아야 하고 생명의 무한성을 봐야 하며 여래의 대자대비의 맥박을 자기 가슴에서 깨달아야 해. 부처님을 믿고 염불하는 것이 자기 마음 가운데서 일상적으로 일어나는 삼매를 성취해야 해. 아, 그것이 보살동지가 되는 기본조건이라고나 할까."

어느덧 스님의 말씀은 수행자 본분의 일로 향하고 있었다. 나는 또 그 말씀에 넋 놓고 있었다.

'아니, 이런 선지식을 두고 어느 곳에 가서 무슨 공부를 하랴. 등하불명(燈下不明)도 유분수지. 등하불명은 꼭 지금의 나를 두고 만들어진 말이 아닌가.'

내 마음속에서는 어느 사이 유학 갈 생각은 꼬리를 감추고 있었다.

스님의 훈도

1. 주어진 환경에서 현재처럼 열심히 하라. 무엇보다 건강을 기하라.

2. 하루에 한 시간씩이라도 빠짐없이 목표하는 방향으로 공부하라.

3. 계획을 철저하게 세워 놓고 한 발 한 발 앞으로 나아가며 실천하라.

4. 팔리어나 산스크리트어를 익히지 않고는 불교학자가 될 수 없다.

5. 전통 자료를 활용하기 위해서는 한문과 일본어를 반드시 해야 한다.

6. 한국불교의 나갈 바를 개척해야 한다.

38

2532(1988)년 5월 2일

오늘 스님이 서울대 부속병원에 다녀오셨다. 스님은 진찰실에서 특진 의사선생님께 당신의 증세를 말씀하셨다.

1. 골(머리)이 심히 무겁고 저린 것 같은 느낌이다.(頭重 증세는 지난 1985년 초부터 시작이다)
2. 수족이 오그라드는 느낌이다.(약 2개월 전부터)
3. 목, 고개, 수족의 움직임이 약간 둔해지고 움직임이 힘들다.(약 10일 전부터)
4. 기력이 심히 감소(떨어짐) 되었다.
5. 변비, 설사가 같이 온다.

39

2532(1988)년 5월 5일

오늘 스님은 당신의 심정을 나에게 이렇게 고백하셨다.

"나는 종단(조계종)을 영예롭게 하기 위해서 밤낮없이 노력했던 때가 있었다. 종단을 발전시키는 것은 종단이 이 시대에 짊어진 사명(개인과 사회와 세계를 구제)을 추구하는 것이고 완수하기 위한 종도들의 일치된 노력을 말하는 것이다."

스님의 고백이나 그 당시 지인들이 곁에서 보고 느낀 점들을 종합해 보면 스님은 인생을 무척 성실하게 살았다는 것과 시간과 물자를 아껴가면서 살았다는 것을 깨닫게 된다. 스님은 불교에 대한 높은 뜻을 가지셨기에 좋은 종단을 만들기 위해 고심했으며 자신을 거기에 몽땅 바쳤던 이유라고 본다.

불광을 만들고는 입으로 말하는 불광이 아니라 행동으로 말하는 불광을 만들고 싶었다고 나에게 속내를 털어놓으셨다. '종단이나 불광', 그것은 스님에게 이상이었으며 스님 당신의 인생이고 삶의 전부였다고 말해도 될 것이다. 영예로운 종단을 만드는 것에 대한 스님의 방법(불교중흥)을 두 가지로 나에게 설명했다.

"첫째는 자비의 실천이다. 그것이 불교다. 지적(知的)인 자비는 불교의 본래 자비가 아니고 행동하는 자비만이 불교의 온전한 자비라는 사실을 우리는 잘 알아야 한다.

둘째는 거사불교(在家佛敎)를 일으켜야 한다. 일상의 삶 속에서 수행하고 전법하는 재가의 불교를 공식으로 열어야 한다. 출가 전문인들의 불교만으로서는 분명 여러 한계가 있다. 그 한계를 극복하기 위한 방법이 재가불교의 융성에 있고 부처님의 이상이 구현될 터전이 바로 재가에 있다."

스님은 불교중흥의 중심사상(신앙)을 반야로 삼았다. 그러기에 쉽게 자비가 등장했으며 자연스레 재가의 신앙이 확립되었던 것이다. 반야가 부처님 진리의 원형을 개현(開顯, 열어젖힘)하기에 개아(個我)와 집단(集團)의 개성을 전부 살려주면서도 모순 없는 관계를 성립시켜 준다고 본 것이다.

그러므로 반야를 통해 모든 차별이 일시에 극복되고 초월하여 개인의 완성과 민족과 세계가 모두 완성된다고 본 것이다. 이런 관점에서 스님은 남북 분단의 종식(통일)을 바라보았고 분단에 대한 연구가 여기에서 시작되어야 함을 거론했다.

스님은 국토의 분단뿐 아니라, 문화·생활·경제·언어의 분단 등을 잘 연구해야 하며— 그 밑바닥에 형성된 대립, 투쟁, 질시 등을 제거해야 한다고 보았다. 즉 통일을 아무리 외쳐보아도 불신을 극복하지 못하면 실상 허울좋은 말에 지나지 않음을 간파하고 그 처방전이 바로 스님이 주안점을 두었던 반야였다. 반야를 통해 대립관계가 해소되어야 통일이 등장한다는 사뭇 현실적이면서도 동시에 근원적인 입장을 취하고 있다.

40

2532(1988)년 6월 17일

새벽예불을 마치고 스님을 뵈었다. 왠지 스님 곁에 가고 싶은 생각이 자꾸 일었기 때문이었다. 노크를 하니까 스님이 문을 열어주시면서 들어오라고 했다. 조그만 램프를 켜놓고 앉아 좌선하시던 자세로 다시 앉으셨다. 그런 장면을 보니 내가 좌선하다가 너의 방해를 받았다고 말씀하시는 것 같은 느낌이 들었다.

그러나 내가 절하고 자리에 앉자 조금도 귀찮은 표정 없이 나를 건너다보면서 무슨 일이냐고 눈빛으로 넌지시 물었다. 딱히 이유가 있을 리 없다. 웃으며 더듬거리자 스님은 더욱 자비롭게 미소를 띠고 입을 떼셨다.

"요즘 공부 열심히 하나? 특히 경을 많이 읽어야 해. 출가자는 모름지기 경에 의지하고 부처님 말씀에서 길을 찾아야 해. 경을 읽으면 신심이 우러나고 용맹심이 생겨서 큰 공부를 할 수 있게 되는 거야. 지원에게 꼭 부탁하고픈 것은 먼저 반야부 계통의 경을 읽어야 해. 외국에 가서 공부하는 것도 좋고 박사가 되는 것도 좋지만 출가자는 무엇보다 경안(經眼)이 있어야 하고 신심과 원력이 크고 깊어야 해.

반야부 경전에서 부처님 가르침의 핵심을 파악할 수 있게 되고 거기서 지혜의 눈을 얻게 되는 거야. 생각해 봐. 출가 수행자가 지혜·자비를 갖추지 못하면 도대체 무슨 의미가 있겠나? 부모 모시고 사는 사람들은 세간의 도리라도 충실하지만 우리들은 온갖 것의 은혜를 입으면서도 핵심(생명)을 거양치 못한다면 말도 안 되는 소리일 뿐만 아니라 너무나 안타까운 일 아닌가. 그러니 꼭 경을 자세히 읽기를 바래. 거기서 핵심을 파악하여 바로 얻어내야 해."

아침공양 때까지 스님 말씀을 듣다가 함께 향적당으로 향했다. 아마도 불현듯이 내가 스님께 가고 싶었던 까닭은 이렇게 귀한 법문을 듣기 위해서였나 하는 생각이 문득 들었다.

41

2532(1988)년 7월 2일

스님께서 나에게 간곡하게 말씀하셨다.

"불자는 신심이 있으면 모든 일이 잘 된다. 법상(法床)에서 하

한양대 국문학과 정민 교수님이 시봉일기를 읽은 뒤 써
보낸 글씨.

는 법사의 설법도 신심이 있어야 청중이 감동하고 진정으로 발
보리심이 된다. 범어사 노장님(東山老師)께서 설법을 빼어나게
잘 하셨는데, 그 이유는 단연 신심이 뛰어나셨기 때문이다."
　이어서 여러 말씀을 하셨는데 그 요점만 적어본다.

　1. 수행에 대한 말씀 : 믿음(확신)·방법(올바름)·용맹정진(추진
력)
　2. 참선(公案)에 대한 말씀 : 사구(死句) ─의지함·활구(活句) ─의
지함이 없는 의정이 독로함
　3. 서원(순수해야 함)에 대한 말씀 : 광발보리심(廣發菩提心)·서
구일체중생(誓救一切衆生)

42

점심공양 시간, 스님께서 당신의 생애를 독백처럼 밝히셨다.

"내가 스물넷에 출가하여 선방에서 12년을 보냈고, 총무원에서 10년을 보냈다. 또 병으로 2, 3년 보냈고, 나머지는 이렇게 불광으로 보내고 있다."

올해로 스님 세수(歲壽), 예순둘이시다.

43

2532(1988)년 12월 15일(목) 맑음

내가 이곳 극락사(경기도 광주군 오포면 양벌리)에 바랑을 푼 지도 벌써 몇 달이 훌쩍 지나갔다. 칠월 칠석을 불광사에서 지내고 그 이튿날 왔으니, 가히 흐르는 시간을 날아가는 화살에 비교할 만하다고 하겠다.

포교하기에는 짧은 기간이었지만 정기법회를 늘리는 일로 광주읍(경안)의 간부 신도들과 몇 번 의논을 한 뒤 구체적인 계획을 짜놓았다. 또한 오며가며 눈독만 들이던 절 아래 국민학교의 어린이 포교에 대해서는 미처 기회가 없었는데 오늘 자연스럽게 선생님들이 절에 참배하러 올라왔다. 평소 생각하고 있던 일이어서인지 마치 부처님이 보낸 듯 했다.

어린이 법회에 대해 여러 가지 고무적인 이야기를 주고받았다. 진즉에 이분들을 만났으면 벌써 법회가 시작되었을 텐데 하는 생각마저 들었다.

우리 사회가 정말로 좋아지려면 풍요한 물질에 앞서서 사람들 서로간에 존경과 사랑을 주고받아야 하고 그런 관계가 많아야 한다. 특히 선생님들이 존경받아야만 사회가 뿌리부터 튼튼해질 것이다.

이 사회를 나무에 비유하면 사람들의 정신은 나무뿌리와 같고 잎과 줄기는 물질과 같을 것이다. 오늘 오신 선생님들은 어린이의 교육을 맡고 있기에 나무뿌리를 튼튼히 하는 일을 맡고 있는 셈이다. 뿌리에 물을 주어 잘 가꾸면 나무가 튼튼하여 잎과 줄기는 저절로 무성해진다.

아무튼 나는 스님과 떨어져 이곳 백마산 자락 극락사에서 살고 있어도 스님의 법문을 더욱 공부하여 바라밀다 사상에 투철하도록 정진해야 하리라. 나 역시 이 사회에서 선생님과 같은 역할을 자담한 몸이기에 게으르지 말고 정진함에 있어서는 저 선생님들보다 더하면 더 했지 결코 못하거나 게을러서는 안 될 것이다.

내가 불은(佛恩)에 보답하는 일은 스님께 대한 충성이고 스님에 대한 충성은 스님의 사상을 잇는 일이 될 것이라는 생각을 해본다.

44

2533(1989)년 2월 2일(목) 맑음

새벽예불을 마치고 법당을 나서면 아직도 백마산은 형체가 어둠 속에 들어 있고 저 아래 양벌리 텅 빈 벌판도 모습을 감추고 있다. 그러나 눈을 들어 하늘을 바라보노라면 그믐달이 대추나무에 헝겊조각 걸리듯 떠 있다. 새파랗게 추운 겨울 새벽, 저절로 몸이 움츠려든다.

얼음같이 맑고 냉랭한 하늘호수, 거기에 떠 있는 조각배같이 외로운 그믐달. 마당에 한동안 우두커니 서 있노라면 그 모든 것이 한데 어우러져 나를 매섭게 일깨우고 있으며 내 정신을 날카롭게 흔들어댄다. 거기에는 신비함과 청랭함, 그리고 환희로움도 있다. 나는 그러한 것들이 무척 좋다.

천삼라지만상(天森羅地萬象)의 우주만유 중에 어느 것 하나 필요하지 않는 것이 있을까만 그 순간의 모든 것들은 꼭 나만을 위해서 꼭 필요한 것들로만 꽉 채워진 것 같아서 오랫동안 마당에 서 있어도 추운 줄도 모르고 오히려 신비한 분위기에 행복하기만 하다.

돌아보면 나는 이웃이나 친구나 주변에 같이 사는 사람들이 나를 위해 정성을 기울인다는 생각을 하거나 그런 광경을 보았을 때 감동한다. 비단 그것은 사람만이 아니다. 사물도 나와 관계가 있음을 느낄 때 더 소중함을 느끼고 마치 고마운 사람을 대하듯이 감사한 생각을 한다. 그래서일까, 고개를 들어 하늘을 쳐다보고 별을 바라보고 또는 달을 향해 합장하고 절을 한다.

도대체 내 마음속에서 솟아나는 이러한 상념들은 뭘까? 감사함일까. 아무튼 내 느낌의 대상에 감사하고 한 걸음 더 나아가서 그 근원에 감사한다. 그리고 모든 것에 대해 은혜롭게 생각하는 것이 보은행의 첫걸음이 되지 않을까 생각해 보기도 한다. 이러한 것이 어쩌면 수행자의 평상심이고 일상이어야 한다면 나는 나도 모르는 사이 엉겁결에 잘 가고 있는 것 같다. 나그네가 자신이 원하는 방향으로 가고 있는 것만큼 다행이 또 있을까.

45

2533(1989)년 2월 14일(화) 맑음

내가 불광사를 떠나서 이곳 백마산에 와서 지낸다고 그동안 많은 불광형제들이 다녀갔다. 법등 단위의 버스 대절 참배가 있었는가 하면 수시로 승용차 편을 이용해 가족끼리, 법우들끼리 오포 백마산을 올라와서 그 유명한 대웅전 지장보살을 친견했다.

겨우내 움츠려 있다가 오늘 뜻밖에 날씨가 많이 풀렸기에 그동안 나를 돕느라고 노고가 많고 정진이 컸던 주변 사람들과 함께 백마산 정상까지 등산을 했다. 봉우리가 높지 않아 등산하기 힘든 험산은 아니었어도 낙엽이 켜켜이 쌓이고 큰나무 아래 작은 나무가 빼곡히 우거져서 발 들여놓을 곳이 없었다. 비록 오래 되었지만 나무꾼들이 다닌 흔적이 아니었더라면 가장 높은 봉우리는커녕 대웅전 뒤 조그만 언덕에도 못 올라갔을 것이다.

오래된 길[古路]도 역시 길은 길이었다. 그 옛길을 따라 우거진 나무를 비켜가며 오르다 보니 제법 등산의 흥취가 일었고 멀리 고개를 들어 서울 쪽을 바라보니 호연지기(浩然之氣)도 솟았다. 겨우내 움츠려 지내다가 땀을 흘려가며 정상에 오르니 말끔하고 호쾌한 기분을 가슴 가득 느낄 수 있었다. 급기야 나는 어린아이처럼 손나팔을 하여 '야호'를 외치기도 했다.

방에 우두커니 혼자 앉아 있을 때나 사람들이 모여 앉아 차를 마실 때나 내 자신도 모르게 어떤 생각에 골몰하는 습관이 생겼다. 혼자 있을 때야 아무런 문제가 없지만 여럿이 있을 때 아무 말도 하지 않고 가만히 있으면 주지가 손님을 홀대하는 것으로 여겨 더러는 섭섭해 하기도 한다.

그렇지만 나의 사유를 의도적으로 중단시키거나 정지시킬 일만은 아닌 것 같다. 모든 것을 깊이 관찰하고 사유하노라면 마침내 내 의식 밑바닥까지 도달할 것이다. 거기는 모두에게 감사해야 하는 감사의 층일 것이다.

그래서 두두물물 개개인인에 대해 감사하지 않을 수가 없다. 거기서 감사로 충만한 새로운 나를 본다. 극락사에 와서 체험한 삶의 일상이고 변화된 나의 모습이기도 하다.

이제 꼭 일주일만 있으면 다시 불광사(佛光寺)로 돌아간다. 얼마 전에 제주도에 계시는 일장스님이 여기까지 왔다가 내 사는 모습을 보고 불광에 살아야 될 사람이 한가하게 지낸다고 호통 아닌 호통이 있었다.

반드시 그것 때문만은 아닌, 스님께서 돌아오라고 명하셨기에 돌아가는 것이다. 이제 돌아가면 여기서 얻은 감사의 힘으로 더욱 더 잘 살아야겠다는 다짐을 한다.

46

2533(1989)년 3월 12일(일)

오늘은 부처님 출가절 법회와 '스님의 날' 기념법회를 함께 치렀다. 내가 극락사에 살다가 다시 불광사로 돌아온 지 보름이 지났다. 새로운 각오를 다지던 차에 다시 출가절을 맞게 되었으니 나에게는 한층 의미 깊은 날이었고 특히 스님의 설법은 나의 심금을 울리고도 남았다.

"우리 출가자들은 자칫 세월을 허송하여 불은(佛恩)을 갚지 못하면 양가(兩家, 부모님과 부처님)에 득죄(得罪)한다. 나는 절에 들어와서 아무것도 제대로 하지 못한 채 어느덧 나이만 들었으니 실로 그 허물이 크다."

스님 같은 분도 스스로 부족하다고 대중 앞에서 고백하는데 나야말로 엉터리 중에 엉터리라는 생각이 목젖을 타고 올라옴을 느꼈다.

아무튼 스님의 진솔한 말씀과 겸허한 고백에 새삼 옷깃을 여미며 감읍했다. 그리고 수행자는 무엇이든지 마음속에 감추고 있는 일이 있어서는 안 된다고 생각했다. 그것은 어떤 사람에게 개인적인 기대를 한다거나, 개인적으로 무엇을 구하는 일이다. 수행자로서 결코 바른 자세가 아니라는 생각이다. 수행자는 늘 빈 마음으로(가난한 마음) 살아야 기쁨을 누릴 수 있고 환한 표정을 간직할 수 있으며 누구에게나 베풀 수 있는 자비가 넘쳐

불광사 시절 행사장에 들어서고 있는 필자.

날 수 있기에다.

만약 특정한 사람에게 무엇을 의지하고자 하면 의지는커녕 곧 괴로움이 닥친다. 수행자는 오직 부처님 가르침과 자기 자신만을 의지해야 하리라.

47

2533(1989)년 5월 14일(일) 가끔 비

부처님오신날 봉축법요식이 그저께 금요일이었던 관계로 토요일과 오늘 일요일 정기법회를 모두 쉬게 되었다. 아마 불광법회가 시작된 이래로 처음 있는 일인지도 모르겠다. 막상 일요일인데도 법회가 없으니까 뭔가 허전하여 이상한 느낌마저 들었다.

모처럼의 특혜를 받는 것 같아서 오전에는 두루마기를 챙겨 입고 목아 박찬수 불자의 목조각 전시회가 열리고 있는 경복궁엘 다녀왔다. 점심공양 뒤에는 차 한 잔 마신 뒤 스님께서 나에게 보관시킨 글을 읽어보았다.

그러니까 1979년 말, 대각사에서 쓴 문장인데 매우 힘 있고 무척 희망적인 내용이었다. 스님 특유의 언어와 탁월한 조어(造語) 능력, 격류 같은 진리에 대한 열정, 역시 스님만이 쓸 수 있는 글이라는 생각이 들었다.

오후 내내 몇 번이나 되풀이해 읽었는데도 읽을 때마다 맛이 달랐다. 스님의 글은 재미로 읽는 글이 아니라 어떤 괴력 같은 힘이 읽는 사람의 마음을 압도하는 장쾌미 때문에 읽는다. 다시 그 전문을 또박또박 옮겨본다.

照顧脚下할지어라.

그대, 八十年代의 平原을 달리는 이들이여, 照顧脚下를 잊지 말지어다. 그대 앞에 널린 成長, 豊饒, 安定, 官能, 野心的 充足, 그 밑을 흐르는 험한 입김에 눈감지 말지어라. 物量的 組織의 密林에서 成長이란 무엇인가를 똑똑히 볼지어라. 빽빽한 폐허의 성곽에서 그대의 收穫이란 무엇인가 물어볼지어라. 穫得을 向하여 그다지도 달려서 그래서 그다지도 많은 것을 얻었건만, 이 空虛 깔린 풍요여, 달리고 얻을수록 텅 빈 요술이여, 이 體溫을 잃은 群像의 整然한 行列이여, 얻는 것이 아니었어라. 밖으로 구할수록 그대는 잃고 가슴에는 荒凉한 바람이 설레었어라.

서로가 설 땅을 잃었노라. 對立과 非情과 갈등을 收入하였어라. 太陽을 녹이는 그대 가슴 용광로가 北氷洋 깊이깊이 빠져드는 것이었어라. 人間이 失脚한 成長의 歸結이 이런 것이었어라.

형제여 눈을 안으로 돌릴지어다. 그대가 劫前劫後의 決定者임에 눈 뜰지어라. 일찍이 有無以前의 自存者임에 눈 뜰지어라. 天地未分 前에 이미 登極하였고 永劫으로 絶對神聖이 確定되었으며 지금껏 그대 王權은 微動조차 하지 않았음을 알지어라.

이 땅의 榮光은 그대에 根源하고 그대 外出한 文明星座는 호흡도 찬란도 잃는 것이어라. 뭇 權威가 그대에 淵由한 까닭이어라. 그대는 智慧며 威德이며 萬有의 體溫이며 染淨以前의 本淸淨이니 그대 王國의 絶對神聖을 지킬지어라.

그대는 오직 分別, 對立, 否定, 憂愁, 自瀆의 逆賊들의 蠢動을 嚴重 警戒할지어라. 그대의 사랑이 티 없이 밝고 다정하고 서로가 나눌 수 없는 하나이듯이 형제, 이웃, 온 중생 내지 山河大地가 그대 사랑의 얼굴임을 잊지 말지어라. 슬기와 사랑은 그대 가슴의 한 핏줄이니 그대는 사랑과 슬기로서 온 天地를 치장하는 것이 造物主의 生理이며 誠命임을 명심할지어라.

그대는 다시 그대의 뜨락의 構造를 알지어라. 그대 속에 宇宙와 世界와 國家와 家族도 個我도 있으니 그대를 떠나 개아도 국가도 우주도 없는 것이며 世界를 떠나 국가도 개아도 없는 것이어라. 그러니 하물며 어찌 祖國亡을 두고 個我의 榮譽나 世界의 안녕이 있을 수 있으랴.

그릇된 利己主義가 個我도 國家도 함께 傷하고 그릇된 愛國이 世界의 不安도 自國의 敗亡도 함께 가져옴을 알지어라. 그대는 국가와 세계와 진리와 한 몸으로 顯身하는 것임을 알지어라. 이 道理의 乖離에서 뭇 幸福의 盜賊들이 競起하여라. 형제여, 말을 줄이노니 세계는 한 꽃, 人類는 한 몸, 국가는 개아와 세계를 가꾸는 中樞임을 알지어라.

형제여, 자원과 인구와 공해가 몰고 오는 恐龍에 떨지 말지어라. 公害恐龍은 無知, 野欲의 追放에서 潛跡하고 人口恐龍은 淸淨自覺에서 잠들 것이니 결코 안일과 富의 현상 연장을 위하여 저항도 변명도 회피도 못하는 꽃다운 자식들을 죽이지 말지어라.

자원은 생명과 함께 공급될 것이니 공룡은 우리의 지혜와 덕성의 도야를 기다려서 스스로 물러가는 것이어라. 자원과 자연이 설사 유한이라 하더라도 그대 천부의 權能이 능히 무한의 창조와 조화를 출산할 것인즉 그대 얼굴 그래서 영원한 태양이어라. 그대의 뜨락 영원히 싱싱 넘칠지어라.

이르노니 형제여, 照顧脚下 할지어라.

48

2534(1990)년 1월 12일

어제 저녁 룸비니에서 돌아와 저녁공양을 늦게 먹고 불과 두 시간 정도 취침한 뒤, 곧 바로 쿠시나가라, 열반의 땅을 참배하기 위해서 길을 서둘렀다. 내 가슴속 잔잔하게 밀려오는 감동 때문인지 연일 강행군을 하며 거의 잠을 못 잤는데도 도무지 피곤함을 느낄 수 없었다.

이번 순례 중에 나를 감동시킨 것들이 많지만 그 중에 하나가 북인도 평원에 펼쳐진 노란 유채꽃밭이었다. 드넓은 평원에 초록과 노랑으로 끝없이 펼쳐진 꽃밭, 우리나라에서는 볼 수 없는 진기한 풍경이었다. 마치 해운대 백사장에 서서 멀리 일망무제의 수평선을 바라보았을 때 느낀 탁 트임 같은 시원함이 온몸을 휘감았다.

그리고 가까이 가서 자세히 그 꽃송이들을 들여다보면 무척 깨끗하고 산뜻했다. 꽃의 수수한 모습에서 느껴지는 아늑한 평화는 인도 사람들의 순박한 성정과도 잘 어울렸다. 하늘하늘 가녀린 꽃들이 평원에 비단을 깐 듯 펼쳐진 장관은 가히 일품이었고, 문득 서울 불광사에 계실 스님이 떠올랐다.

만약 스님께서 이곳 인도에 오셔서 장관으로 펼쳐진 이 유채꽃밭을 바라보신다면 어떤 표정을 지으며, 어떤 첫 마디가 터져나왔을까? 그러나 안타깝게도 스님은 금생에는 여기에 못 오실 것 같다. 생각이 여기에 미치자 이 풍광을 고스란히 스님께 옮겨다 전해드렸으면 하는 마음이 일었다. 뭐 묘안이 없을까? 그렇다. 스님께 글을 써서 보여드리면 되겠구나. 글도 긴 글보다 짧은 글을 써서 보여드리면 바쁘신 스님께서 부담 없이 읽으실 터이니 좋겠다 싶은 생각이 들었다. 짧은 글, 시를 써서 가져다 드리면 되겠다는 생각으로 나는 내 주제도 모르고 볼펜과 메모지를 꺼내 들었다.

그런데 내가 시인도 아닌데 이 대단한 장면을 어떻게 시로 쓰나 하는 생각이 들자 그만 망설여졌다. 그러나 다시 마음을 고쳐먹고 드리든 못 드리든 생각을 낸 일이니 한번 써보기나 하자는 심정으로 유채꽃밭에 주저앉아 아무에게도 추천 받지 못한 즉석 시인이 되어 시상을 가다듬었다. 북인도의 풍광에 대한 나의 감흥을 노트에 적어나가기 시작했다. 사실 이 글을 쓰는 것은 스님께 드리기 위해서라기보다는 내 스스로가 흠뻑 취해서 도저히 그냥 지나칠 수가 없어서 쓰는 일이기도 하다.

유채꽃 찬미

천축은 하늘로부터 땅에 이르렀고
땅에서부터 다시 하늘에 이르렀다.
그 한 덩어리 하늘땅에는 노란 꽃사슴들이 어우러져
바람 장단에 맞춰 물결로 춤추고 있다.

초록은 처녀의 긴 머리에서 이는 바람과 살고
노랑은 사슴 눈 그 맑은 물과 어울렸네.
처녀는 초록 땅의 입김으로 깨어났고
사슴은 노란 땅의 파도로 깨어났네.

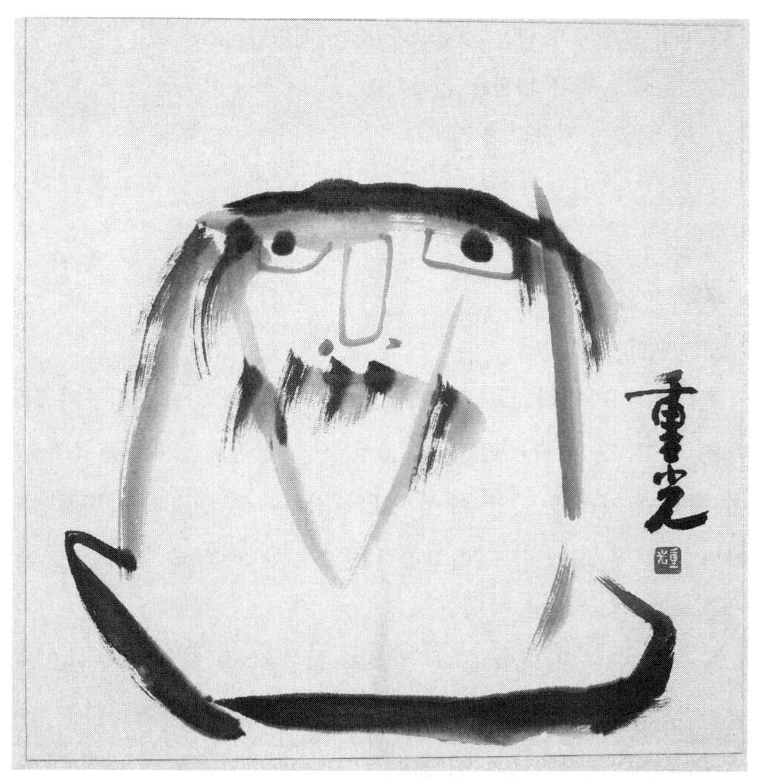

불광의 일이라면 앞장서서 성원했던 중광스님의 달마도.

초록 위 노랑은 하늘이고
노랑 아래 초록은 땅이어라.
하늘과 땅, 꽃 한 송이의 비밀인데
이제 숨겨서 무엇하리
다만 말로 전하지 못할 뿐.

내 조상님들 그리워한 곳 천축 — 하늘나라
그때의 성자는 어디로 갔고 노랑물결만 끝이 없네.

땅의 숨결에 노랑은 얄랑얄랑 강가[갠지스]로 흐르고
초록과 노랑은 평화로 흘러
오, 끝없는 자유의 천지여.

49

2534(1990)년 2월 5일

오늘은 바라밀다교육 입재 날이다. 미리 짜놓은 시간표와 교재를 들고 교육시간 30분 전 10시 정각에 법주실에 들러 스님께 절하고 자리에 앉았다. 시간표와 강사들의 연락처를 따로 적어서 스님께 드렸다. 그리고는 나중에 생각해봐도 무척 당돌한 말을 나는 서슴없이 꺼냈다.

"스님, 오늘 교육 입재 때 치하의 말씀을 좀 짧게 해주셨으면 합니다. 입재식이 끝나면 바로 2교시의 교육시간이 됩니다."

내가 소임담당자로서 어쩔 수 없이 이런 말씀을 드리기는 했어도 하루 종일 찜찜했다. 밤이 되어 지금 가만히 생각해보아도, 스님께 '이래라 저래라' 하고 요구사항을 늘여놓을 것이 아니라, 스님께서 치하의 말씀을 여유 있게 하시도록 시간을 넉넉히 배정해서 교육생들로 하여금 스님의 가르침을 한 말씀이라도 더 들을 수 있도록 배려했어야 하는데 하는 아쉬움을 금할 수가 없다.

'아, 이 미련한 인간 같으니라구 나 원 참.'

스님 계시는 방을 향해 참회의 합장을 올린다.

50

오늘도 무척 덥다. 푹푹 찌거나 삶는 느낌이 들 정도로 습도가 높아 자못 불쾌한 하루였다. 오후 2시경, 스님 방에 갔더니 스님은 거의 말씀이 없으셨고 내가 하는 이야기를 줄곧 듣기만 하셨다. 아마 스님도 더위에 지치신 것 같았다. 그러나 뭔가 스님의 반응이 있어야 내가 즐겁기도 하고 긴장되기도 할 텐데 거의 무표정한 모습으로 가만히 앉아 계시니, 어색한 느낌이 들어 그만 물러나오려니 스님께서 나를 조용히 불러 세웠다.

"송암, 요즘 무슨 책을 읽고 있나. 비록 사중에 일이 많긴 하겠지만 시간을 만들어서 책을 부지런히 읽어야 해. 나이 들고 건강이 따라주지 않으면 제대로 되는 일이 없고 특히 책 읽는 일은 더욱 어렵게 돼.

무엇보다 내가 송암에게 권하고 싶은 책은 조사어록이야. 우선 번역본이라도 읽고, 나중에 원문도 읽고 자꾸만 깊이 읽어봐. 평소 송암이 말하는 것으로 보아 조사어록을 읽으면 좋을 것 같아. 사람들이 참선을 하지 않고 어록만 읽으면 지해종도(知解宗徒)가 된다지만 그것도 근기에 따라 다르지. 책을 읽어서 알음알이가 느는 것과 깊은 발심이 되는 것은 그 천착하는 바가 다르기 때문이야.

젊은 시절, 송암은 지금이 그 한창 때야. 이때 다잡지 않으면 실기(失機)하고 마는 거야. 거듭 말하지만 어록을 많이 읽어주었으면 해."

오늘 스님께서 나에게 하신 말씀은 이 몸을 마칠 때까지 결
코 잊어버리지 않아야 할 금구성언(金口聖言)이시다. 합장.

51

2535(1991)년 2월 10일

낮에 문득 묘한 감흥을 느꼈다. 가다듬어 시 한 수를 써본다.

무거운 번뇌망상 일순간에 놓고 보니
어디서 불어오나 시원스런 하늘바람
땅에는 새싹 돋고 창공에는 새가 날고
아지랑이 아롱아롱 봄기운을 재촉할 때
일천강은 흘러흘러 넓은 바다 찾아들고
집집마다 태평가는 참 소식을 전해주네

52

2535(1991)년 3월 1일(금)

어제는 지안거사랑 방콕 시내 교포 집에서 오랜만에 편안한
잠을 잤고 맛있는 아침밥을 배불리 얻어먹었다. 오늘은 오전에
방콕의 북쪽에 있는 태국의 고도 아유타야로 향했다. 우리는 간
단한 가방을 챙겨 메고 기차역으로 내달렸다. 그동안 방콕을 몇
번 지나치긴 했어도 나에게는 역시 낯선 곳이다. 그래서 일찍

서둘렀더니만 기차역에 도착하고 보니 출발시간이 30분이나 남았다.

한동안 대합실에 머뭇거리다가 천천히 개찰구를 빠져나와 대기하고 있는 열차에 올랐다. 방콕에서 아유타야 가는 기차의 레일은 유난히 간격이 좁은 협궤다. 드디어 기차가 출발하여 넓은 벌판을 질러 씽씽 달리기 시작했다. 북행에 오른 기차는 보기보다 빠른 속도로 내달렸다. 마치 몽골 말처럼 작지만 당찼다. 태국의 넓은 평야를 달려가는 위세와 시원한 바람은 남국의 낭만을 마음껏 느끼게 해 주었다. 우리는 방콕 역에서 1시간 30분 가량 달려 드디어 아유타야에 도착했다.

여행에 베테랑인 지안거사는 노련하게 싸구려 여인숙을 잘도 찾았다. 바로 숙소를 정해 놓은 뒤 머뭇거리지 않고 바로 절을 찾아 나섰다. 처음 간 곳이 미얀마의 침략을 받아서 400여 년 동안 누렸던 영화가 철저히 파괴된 처참한 곳이었다.

아직도 복구는커녕 그때의 참상을 그대로 간직한 채 사람들을 맞고 있다. 태국 정부는 국민들에게 역사의 산 교훈으로 삼기 위해 복구를 하지 않는다고 했다. 허물어지고 기울어진 스투파, 목과 팔다리가 동강이 난 부처님, 절 경내에는 어느 것 하나 온전한 것이 없었다. 철저한 파괴였다.

그때의 참상을 묵연히 바라보고 있던 나는 문득 시심이 떠올랐다. 허물어져 폐허가 된 옛 절 담장 위에 걸터앉아서 메모지를 꺼내 들었다.

찬란했던 아유타야 옛 왕도를 돌아보니

탑과 절은 허물어져 황성옛터 폐허일세
머리 잘린 부처님은 여기저기 나뒹굴고
떨어진 팔과다리 푸른 이끼 서럽구나

동쪽나라 순례자는 무너진 벽 기대어서
인간사 속절없음 한숨으로 탄식할 때
기울어진 탑 꼭대기 흐르는 흰구름
아 아 저 하늘은 그때의 하늘일까.

그토록 자비하신 부처님의 목은 어디로 갔고 손발은 누구에
게 보시하셨기에 몸통만 우두커니 앉아서 떠나간 목이 다시 돌
아올 날 기다리시나. 비바람 할퀴고 간 자리에는 잡초만 무성히
자라고 있네.

'나라는 망해도 산하는 그대로 있네'라고 탄식한 옛 시인이
오늘 여기 아유타야 폐허에 온다면 뭐라고 또 탄식해야 할까?
아마 '나라가 망하면 산하도 허물어지네'라고 했을까.

나는 순간 스님을 생각했다. 아니 스님의 구국구세를 생각하
고 그리워했다. 호법을 왜 하느냐고 누가 물었을 때, 스님은
"구국구세야. 아니 세계평화야"라고 영롱한 목소리로 대답했다.
그러한 스님이 여기 와서 이 모양을 보신다면 어떤 생각을 하
셨을까. 답은 이미 내 가슴속에서 크게 울려퍼지고 있었다. 이
런저런 생각을 하면서 무거운 발길 돌려 옆 절로 이동했다.

태국에는 유난히도 부처님의 열반상[臥佛]이 많이 모셔져 있
다. 방콕 시내에서도 아주 커다란 열반상 앞에서 예배했는데,
이곳 아유타야에서도 열반상을 만났다. 그런데 조금 전 폐허의
땅에서는 목 떨어진 부처님의 울음을 보았는데 이곳 열반상 앞
에서는 부처님의 감미로운 웃음을 보았다.

우리네 상식으로는 부처님 열반상에는 비장한 표정이 서려야
하는데 오히려 부처님께서 누우신 채 웃고 계시니 난들 별 도
리가 없었다. 따라 웃을 수밖에 말이다.

나는 태국 사람들의 잘 웃는 모습을 떠올리며 다시 부처님의
열반상을 우러렀다. 또 가슴이 뭉클해지며 감흥이 울렁거렸다.

열반은 끝없는 법열인가
누운 얼굴 입가에 미소를 남겨
불생불멸 그 소식을 전하시네
옛날의 사람들이 그렇게 알았고
오늘 내가 다시 보았으니
저 아득한 미래세에도 그와 같으리.

열반은 영원한 생명을 보여줌이다. 이 땅 태국, 평화의 땅에
열반상이 많은 것은 영원한 생명에 대한 열렬한 귀의를 말해주
는 것이리라. 나는 웃고 우는 격정 속에서 허기진 배를 풍성한
아유타야 야시장에서 마음껏 채웠다.

53

어머니는 일엽편주 외동딸 건네주고
개구쟁이 어린동생 새벽부터 미역질이네
굽이굽이 돌아가는 차오프라야 넓은 물결
푸른 하늘 은하수가 어느 사이 내려왔나

야자수 푸른 숲에 뱃사공 다정해라
인간세상 온갖 시비 어느덧 나를 떠났네
저 하늘 남태평양 어깨동무 찾아가면
일망무제 숨죽이고 소리 없는 박수칠 걸

차오프라야 뱃놀인가 사상사호 신선인가
무던히도 삶아대는 아유타야 햇님이여
강심에 엄벙덤벙 뛰어들어 숨바꼭질
달도 없고 술도 없고 임도 없는 뱃놀이에
그까짓 우습구나 마음먹기 달렸는 걸

내 마음 내 뜻으로 선유도는 못 갈까
반 고비 인생살이 고개 넘은 뱃사공아
배 돌려라 배 돌려 이 강물에 배 돌려라
어서 돌려 차오프라야 거슬러서 미리내 올라가세

순한 사공 얼씨구나 좋구나 어젯저녁
꿈길에 귀인 상봉 황홀했더니
오늘 저 양반 동방객을 만나려고 했던가
배 돌리세 배 돌리세 귀인 모신 배 돌리세
차오프라야 거슬러서 미리내 하늘로 배 돌리세

쪼그만 아들 녀석 뱃머리에 올라타고
원숭이 나무 위에 온갖 재주 부리듯이
노잡아 제 아비 사공 손에 쥐어주고
쪼끄만 제 엉덩이 찰싹달랑 뱃머리에 닿게 하고
푸른 강물 굽어보는 눈빛이여 푸르름이여

다음 생 나도 또한 차오프라야 사공이나 될까
배 돌릴 때 신명으로 못 견디는 순한 사공
푸른 눈길 강물 따라 굽이굽이 돌아가고
저 하늘에 올랐다가 어느 새 내 곁에
눈초롱에 하마 설레는 내 가슴아

열대림 푸른 잎들 우거진 물색이여
점점이 섬으로 인간세상 아득하네
강가의 풍광은 오도송을 잊게 하고
올라가세 올라가세 이대로 올라가세
은하수 푸른 물결 여기서 얼마일까
시원한 푸른 바람 앞에 두고

지저분한 세상살이 뒤로 두고
은하수 찾아서 올라가세

비 나리는 차오프라야 드넓은 강심에
떠다니던 숱한 그 배들은 어디로 갔나
주인 없는 무심한 강물에 빗방울만 스치고
하늘은 스스로 미끄러져 한 덩어리 됐구나
바람이 달려오자 물결은 또 구름으로 올랐네

천둥은 앙칼지게 비단폭 찢어대니
질투 많은 하늘선녀 사랑싸움인가
천의무봉 좋은 비단 무슨 죄로 찢어대나
구름인들 어떠하리 비가 온들 어떠하리
마음 내켜 노니는 뱃놀이에 무슨 탓이 있을까

저 건너 뗏목 속에 비 피한 서양사람
손 흔들어 반겨함은 이태백을 봄이던가
발가벗은 아들녀석 두 놈을 태우고
젊은 엄마 뱃사공이 팔뚝 걷고 노 젓는구나.
댕그라니 고추달린 그 녀석들 유유상종 손 흔드네

살랑살랑 봄바람이 남쪽에서 불어오니
땅은 열려 새싹 돋고 꽃은 피어 하늘 여네
온갖 새들 흥에 겨워 불러대는 태평가는

어느 때나 보리국토 참 소식을 전해주고
노루사슴 뛰노는 곳 영산무가 흥겨운데
누가 있어 이 도리를 만천하에 선포할까

타일랜드 황금사원 우리 부처님
누가 있어 금 무게를 물어온다면
안다 해도 나는 짐짓 말 못 하오리
앞에 있는 부처님은 잴 수 있지만
예배하는 마음속의 부처님은 어찌할거나

54
2535(1991)년 8월 16일

저희 '불광문화사업부'에서는 그 동안 추진해오던 불교문화사업의 본격적인 활동을 시작하기 위한 출발의 뜻으로 이번에 신라의 불국정토인 경주 남산을 순례하기로 했습니다. 신라 조상님들이 믿음으로 이룩해서 살았던 신라정토는 지금까지 천 년의 세월을 지내오면서 비바람에 마멸되고 서로 다른 이념으로 훼손되고 무참히 파괴되었습니다.

우리는 팔다리나 머리가 훼손된 부처님 앞에 서서 다시금 영고성쇠의 역사가 일깨워주는 교훈을 되새기고 호법의 발원자가 되고자 합니다. 무엇보다 여기저기 떨어져 굴러다니는 부처님의 목을 부둥켜 안고 그때의 슬픔을 함께 나누고 싶습니다. 그리고 호법이 얼마나 중요한 불교의 신앙인지 그 현장을 똑똑하게 살피고 싶습니다. 또한 그 파괴의 현장에서 오늘 이 시대에 다시 한 번 정토를 건설하고 싶은 간절한 소망을 부처님께 공양 올려 다짐하고 싶습니다.

아아, 이 순례는 오늘 대한민국시대 역사의 주역들인 우리 불자들이 조상님들의 위대한 혼과 삶을 이어받아 다시 또 세계 속에 떨쳐 뛰어난 문화 민족이 되고자 하는 바람이 될 것입니다. 이러한 뜻과 다짐을 앞세워 경건하고 진지하게 우리들의 출발신호를 부앙~ 울리고 싶습니다. 무릇 동참해주시기 바랍니다.

기간 : 1991년 9월 6일~7일(금·토) 1박 2일
회비 : 55,000원
인원 : 80명

특히 '불광불서읽기' 운동의 가족을 우선으로 모시어 경주 남산 일원과 경주박물관, 불국사, 석굴암을 참배합니다. 감사합니다.
나무마하반야바라밀다.

월간 불광·불광출판부
주간 송암 합장

이 글은 오늘 내가 불광문화사업부 출범을 앞두고 경주 남산 순례답사행사를 기획하면서 그 취지와 일정을 밝힌 것이다.

55

오늘에야 지난 1월, 인도 불교성지순례를 다녀온 소감과 경과를 스님께 말씀드렸다. 나는 우리 불광사 신도들과 3주일 동안 인도 불교성지순례를 다녀왔었다. 그 후 바로 '보현행원송' 준비관계로 줄곧 바쁘게 지내다가 오늘에서야 스님과 차분하게 마주할 시간이 있었던 것이다. 그것도 스님께서 인도에 다녀온 감회를 넌지시 물으셨기에 대답해 올린 것이다. 나의 간추린 답이다.

"인도 땅에 발을 내딛는 순간부터 커다란 감동이 충격으로 몰려왔습니다. 몇 년 전 처음 갔을 때도 엄청 놀랐는데 이번에도 그때와 같았다. 이십여 일 인도에 머무르는 동안 내내 충격에서 벗어나지 못했습니다.

거기에는 아픔과 아쉬움, 그리움과 감동이 있었습니다. 숨 돌릴 사이도 없이 연속되는 충격의 격류에 몸 가누기가 힘들었습니다. 특히 인도의 여러 불교성지를 순례하면서 가는 곳곳마다 안타까움과 아쉬움이 많았는데, 왕사성 가까운 날란다 승원의 폐허의 터에서는 너무나 가슴이 아파 뜨거운 눈물을 주르르 흘리고 말았습니다.

저는 거기서 이렇게 다짐했습니다. '부처님, 여기 인도의 날란다는 폐허가 되고 말았지만 제가 한국에 돌아가서 우리 땅에 저때의 날란다를 다시 일으켜 세우겠습니다.'

다짐의 증표로 그곳 날란다의 흙을 인도의 항아리에 담아왔

보현행원송 공연 때 보현십원을 낭송하는 필자(1992년 4월 2일 세종문화회관에서).

습니다.

이십일 동안 인도에 다니면서 흥분어린 감흥으로 어떤 곳에서는 시심이 솟아올라 몇 편의 글도 써 봤습니다. 부끄럽지만 스님께 읽어봐 드려도 되겠습니까?”

나는 평소에도 스님 앞에서는 어린아이가 되는 느낌을 받을 때가 많다. 오늘도 스님이 웃으면서 고개를 끄덕여주시자 금방 아이로 돌변하고 말았다. 제법 목소리를 가다듬어 제 흥에 도취한 나는 낭랑하게 읽어 내렸다. 물론 부끄러움도 잊은 채.

인디아 대평원에 서서
인디아 대평원에 황혼이 오면
새들은 창공에서 숲으로 가고
사람은 들녘에서 집으로 돌아갈 제
동방의 순례자들 만 리 노을에
붉은빛 얼굴 가득 지평선 바라보네.

아그라성
웅장했던 아그라 옛 성을 찾아드니
무굴제국의 위엄은 어디로 가고
사자한의 사랑은 또 어디로 갔는지
고성에는 나그네들의 탄성만 가득하고
어미 등에 업힌 새끼 원숭이 눈망울만 정답구나.

아그라 옛 성의 고색은 창연하건만
외로운 왕좌는 무상과 허망을 전해주네.

천축의 찬란한 법등은 찾을 길 없는데
아아, 저 푸른 하늘은 사자한의 슬픔을 알고 있을까.
인간의 영고성쇠는 돌고 도는 수레바퀸가.

아잔타 석굴에 서서
웅장한 모습이 나를 울리게 하는 것이 아닙니다.
입 벌린 규모가 나의 혼을 빼앗은 것이 아닙니다.
차디찬 돌에 숨결을 불어넣은 천신상에
감동한 것은 더더욱 아닙니다.
몇 아름이나 되는 거대한 돌기둥에 주눅이 든 것도 아닙니다.
다만 저 이름 없는 석공과 화공이 말했다지요.
'다음 생에 태어나서 다시 망치 들고 붓 들고
달려오겠습니다'라고.

아잔타의 노래
혜초대사의 후예인 송암,
천축 성지 순례자가 되어 여기 아잔타 석굴사원까지
머나먼 길을 허위단심 달려와 무릎 꿇고 머리 조아려
다함없는 예배를 이마 두드려 올리옵니다.
오늘 송암의 속뜻이 무엇이기에 정녕 무엇이기에
뜨거운 속눈물이 이다지도 하염없이 펑펑 쏟아지는 것이옵니까?
저 석굴사원의 웅장한 규모에 압도되어서입니까?
벽에 그림을 그리고 돌에 생명을 불어넣은 오묘한 조각에 감동
되어서입니까?
아니, 몇 아름이나 될지도 모르는 돌기둥의 위세와 건축구조의
탁월함에 사로잡혀서입니까?

인도 보드가야 니련선하 강가에 선 필자(1992년 1월).

아닙니다, 아닙니다. 절대 그런 것은 아닙니다.

그것만으로는 이렇게 속눈물 진하게 피처럼 진하게 쏟아놓지는 않을 것입니다.

간절히 아프고 절절한 또 한 가닥의 사연이 있기 때문이옵니다.

송암은 찾고 있었습니다. 여기 와서 사방을 두리번거리면서 구석구석 찾아보았고 있었습니다.

그러나 아무리 눈에 불을 켜고 찾고 또 찾아보아도 보이질 않았습니다.

어느 구석 어느 모퉁이 그 어디에서도 찾을 수가 없었습니다.

정녕 찾을 수가 없었음을 솔직히 고백하옵니다.

'도대체 이러한 석굴사원을 언제 누가 만들었을까

무슨 이유로, 어떤 까닭으로….'

속물이 되어버린 저, 송암의 눈은 '어느 신도가 얼마의 돈을 냈으며 또 누가 얼마의 金, 銀을 바쳤는가, 그뿐만 아니라 정확히 몇 년이나 걸려서 이 일을 완성시켰는가' 등에 대한 대답을 줄곧 찾았는데,

그 답은 어디에서도 찾을 수가 없었습니다.

시주의 이름도, 석공, 화공의 이름도 아무것도 찾을 수가 없었습니다.

아아, 이제야 짐작하옵니다.

제 아련한 짐작이 속마음 깊은 진실에 덜커덕 걸렸을 때

그만 제게는 속눈물이 쏟아져 흘렀습니다.

'분명 허리를 졸라가며 돈을 냈을 테고, 힘든 망치를 들어 그 차갑고 딱딱한 돌덩이에 자기 생명의 들숨 날숨을 불어넣었으리라는 것'을 말입니다.

돈을 냈으면 그뿐, 조각을 했으면 그뿐, 그림을 그렸으면 그뿐이라는 평범한 진실을 알지 못하고,

바위에 쓰고 벽이나 판자에 쓰고 그것도 모자라 대웅전 천정에 메달아 놓는 그것을 찾았는데….

나의 속된 눈으로 어찌 그런 것이 보였겠으며 찾아질 수 있었겠습니까? 언감생심 말입니다.

동방의 순례자, 송암 이제 여기 와서

이다지도 주눅이 들어 고개를 들지 못해 끙끙거리는 것도,

속눈물 뜨겁게 쏟아내는 참회의 열정도,

모두가 진실로 돌아가고자 하는 염원이고 몸부림이옵니다.

어디에도 돈 냈다는 이름 하나, 공들였다는 표시 하나 남기지 않았던 이 석굴사원 주인공들의 티 없는 마음의 그 진실로 돌아가

고자 하는 다짐이고 발원입니다.

　동서남북 걸리지 않은 데가 없습니다.

　동쪽으로 나를 돌아보니 相이 꽉 차있고

　서쪽으로 나를 돌아보니 名利가 번뜩였고

　남쪽으로 나를 돌아보니 질투심이 숨어 있고

　북쪽으로 나를 돌아보니 功名과 우월감이 저 설산의 봉우리처럼
이어져 있음에 더욱 맥이 빠져버려 그만 이렇게 주눅이 들어버렸
습니다.

　그 까닭에 일어설 수가 없습니다.

　도저히 부끄러워 고개를 들 수가 없습니다.

　저 순수 앞에

　저 無相 앞에

　어찌 제가 고개를 반듯 쳐들고 일어나겠나이까.

　그때의 석공이 다시 와서 그 망치로 저의 相을 부수고

　화공의 붓질로 저를 다시 만들어내어 청정을 이루게 하소서

　지금 저의 몰골은 마치 토끼가 조그만 언덕에서 왕노릇 하다가
호랑이가 사는 큰산에 온 기분입니다.

　내 기분 내 자랑에 도취되어 살다가

　거룩한 無相의 손끝에 스치는 순간

　초라하고 거짓된 삶을 청산하고

　새 삶, 새 길로 가리라는 우뚝한 결심을

　저 웅혼무비한 석굴사원의 부처님·보살님, 천신과 동자들께 공
양하고 있습니다.

　無相의 마음이

　無住의 마음이

임을 받드는 뜨거운 신앙심이 되고

오묘한 예술이 되고 청정의 순수가 되겠지요.

(『광덕스님시봉일기』 4권 243쪽 '세계일화' 참조)

56

2536(1992)년 9월 20일

나는 뜻하지 않는 상황에 휩싸여 지금 이 자리에 앉아 있다. 정확하게 말하면 도피안사 건립불사 지원금을 주어서는 안 된다는 전임 소임자의 생각과 주어야 한다는 스님의 생각이 서로 달라서 결국 그 소임자는 지난 백중(음력7월 15일, 양력8월 13일)날 불광사를 떠났다. 떠난 그의 표현대로 '불광호'에서 하선했다. 그는 백중법회 설법석상에서 대중들에게 먼저 이별선언을 한 뒤, 스님 방으로 가서 하직을 고했던 것이다. 순서가 그렇게 되었다.

스님은 나를 도와주시려다가 소임자의 반대에 부딪쳤고 결국은 불광사의 소임이 공석이 되었던 것이다. 도리와 인정적인 면에서 도저히 내가 스님의 요청을 거스를 상황이 아니었다.

지난 4월 '보현행원송'을 마친 나는 7월에 도피안사를 개산하고 이어서 10월 동안거 결제 때부터 개산 천일기도 입재를 준비하다가 스님의 차출을 받았다. 소임자가 불광사를 떠나던 백중날 오후, 혜하·보성 등을 앞세우고 몸소 도피안사에 내려오셔서 나에게 불광으로 가자고 하신 뜻을 도저히 사양하거나 어길 수가 없어서 지금 소임을 보고 있다.

떠난 소임자는 지난 '보현행원송' 발표 때부터 지휘자 선정문 제로 분란을 야기시켰지만 나는 묵묵히 감내하면서 일을 마무리지었다. 그 후 '도피안사 건립불사'건이 거론되자 목을 걸다시피 반대하다가, 여의치 않자 병드신 스님을 아랑곳없이 오로지 자신의 신념(?)에 충실하기 위해 불광사를 떠나는 과격한 결정을 짓고 말았다. 몹시 안타까운 일이었다. 그가 떠나기 전 나는 그의 방으로 찾아가 "돈 때문이라면 내가 시주를 받아서 3년 안에 다 갚을 터이니 부디 떠나지 말라"고 종용하고 권유했다. 그의 뜻은 마치 독립지사 같았다. 나는 그의 처사에 옹졸함과 섭섭함을 느꼈다.

그가 일본에 가서 공부하는 동안 나는 그가 없는 자리를 지켰다. 스님 모시고 절을 지켰고, 돌아온 뒤로는 행여 내가 그에게 걸림돌이 되지 않을까 하여 자발적으로 경기도 광주 극락사로 자리를 옮기기까지 했다. 그리고 무엇보다 사형사제가 절 짓는 데 지원해주는 일이 그렇게 잘못인지, 자리를 걸고 스승과 한 판 승부를 벌여야 했는지, 아마 내 평생 풀어야 할 화두가 될 것 같다.

모든 것을 백 보 양보하여, 설령 스승과 생각이 맞지 않다고 하더라도 자신에게 모든 것을 믿고 맡긴 병든 스승을 '어디 내 없이 고생해봐라'는 식(본인의 생각은 그렇지 않았더라도 곁에서 보기에)으로 내팽개치고 간 것이 이치나 도리에 맞는 일인지 며칠 동안 곰곰 생각해봤지만 나는 지금도 그의 확실한 진의를 모르겠다.

결국 소임자가 떠난 열흘 뒤(양력 8월 23일) 일요정기법회

2543년 6월6일, 스님 입적 100일재의 필자

때, 나는 스님으로부터 '전법담당지도위원'이라는 소임을 부촉 받았다. 또 범어사 무비스님은 '교학담당지도위원'의 부촉을 함께 받았다. 이로써 내가 지난 4월 '보현행원송'을 끝낸 뒤 불과 5개월 만에 내 뜻과는 상관없이 다시 불광의 소임을 떠맡게 된 것이다.

지난 일을 돌이켜보면, 나는 극락사로 짐을 옮길 때 그가 불광의 후임자가 되었으면 하는 바람을 가지고 있었다. 그러한 심정을 스님께도 여러 번 말씀을 드렸고 다른 사람들에게도 누차 말해오던 터였다. 나는 스님의 건강이나 불광의 업무면에서 후계체제가 하루 바삐 확정되어야 한다고 생각하고 있었고, 그가 적임자라는 생각을 하고 있었기 때문이었다.

그 당시 물망에 오르던 주지 후보 두 사람에게 스님은 주지를 맡아달라고 통사정을 하셨다. 이 사람이 못 한다고 하면 또 다른 사람에게 부탁하기를 여러 차례 했다. 마치 스님께서 ‘주지’라는 공을 어느 한 쪽에 넘겨주면 공손히 받기는커녕 그 자리에서 상대에게 던져 떠넘겼다. 마치 두 사람이 무슨 게임을 즐기는 행태로 보였다. 그들의 본심이 어디에 있는지 모를 그런 광경을 바라보고 있던 나나 대중들은, 그들이 무책임하고 출가자답지 못하다는 생각을 했었다. 결코 그들의 본심이 주지에 없어서가 아니었다. 다만 서로 유리한 입장이 될 때까지 게임을 즐긴 계산된 처신이라는 생각을 사람들은 알고 있었다.

아무튼 그런 예민한 시점에서 내가 어느 쪽에 가담한다는 것은 위험한 일이 될 수도 있었다. 그러나 스님이나 불광의 장래를 생각하면 내 개인의 입장이나 감정은 어디까지나 나중 일이라고 생각하여, 유리하거나 불리함을 떠나서 그를 전적으로 지지했다.

앞서 언급했지만 지난 4월 ‘보현행원송’ 발표 때도 지휘자를 누구로 하느냐를 두고 그는 전혀 다른 견해를 냈고, 결국 큰일을 앞두고 한줄기 회오리의 풍파를 일으켰다. 결국 작곡가가 지휘봉을 들긴 했지만, 그가 내세운 불광합창단의 지휘자와 작곡가와는 음악적으로 매우 밀접한 관계를 이루고 있는 사이였다. 두 당사자들끼리 마주 앉아서 절의 지휘자가 작곡가에게 “선생님이 지휘하십시오”라고 해서 이미 끝난 일이었는데, 그가 다시 애를 써서 문제를 만들어 끝까지 과도하고 무리한 주장을 굽히지 않았다. 심지어는 스님의 중재도 무시한 채 저의가 뻔히 보이는 체면 잃는 일을 했었다.

그로 말미암아 한국불교 초유의 대행사를 치르고도 불광사는 양분되고 말았다. 인간은 지극히 정(情)적인 생명체이기 때문에 어느 경우에는 법주스님의 뜻보다 정에 의한 친, 불친으로 행동을 선택하고 뜻을 정하는지도 모른다는 생각을 그때 했었다.

아무튼 오늘 일과를 마치고 홀로 앉아서 지난 일을 생각해보게 된 것은, 내가 불광 일을 다시 맡은 지 거의 한 달이 지났음에도 아직 얼굴에 불만을 담고 있는 사람들 때문이다. 말하자면 전임 소임자를 지지하는 몇 사람을 어떻게 설득해서 불사를 잘 받드느냐 하는 고민이 깊어서이다.

나는 점심공양 후 그들을 내 방으로 불렀다. 자신, 혜과, 법장, 보성 등 거사들이다. 그들에게 차를 권하면서 내 입장을 다시 설명했다. 내가 이곳에 오고 싶어서 다시 온 것이 아니라 법주스님의 요청과 명에 의해서 부득이 오게 되었다는 상황설명을 구차하게 반복했다. 아울러 내가 이끌어갈 불광의 방침을 그들에게 다시 전했다.

첫째, 법주스님 뜻을 충실하게 받들며 산다.(나에 대해서 불만이 있어도 법주스님의 의사와 뜻에만 따른다면 내가 아무런 조치를 하지 않겠다.)

둘째, 불광의 후계자는 눈 밝은 사람만이 가능하다.(내가 법주스님께 드린 보고 내용을 그들에게 설명했다. 나는 스님께 빠른 시간에 후계자를 찾으라고 진언했으며 찾는 동안까지만 스님 심부름을 하겠다고 했다.)

셋째, 법주스님을 모시는 나의 자세 세 가지도 말했다.

① 법주스님이 키워놓은 사람을 모두 존중한다.(어떤 사람도 내 기분에 따라 그들을 대하지 않겠다.)

② 법주스님이 만들어놓은 법을 고치지 않는다.(나의 이해나 취향에 따라 이미 정해진 방침이나 포교방안을 바꾸지 않겠다.)

③ 새로운 일은 반드시 법주스님의 뜻에 따라 재가를 얻은 뒤 시행한다.(어떠한 일도 내 임의대로 결정하지 않겠다.)

그리고 각자에게 업무분담을 했다.

자신거사 : 내년 행사계획서 수립(새해 달력에 표기)
혜과거사 : 내년 교육계획(1993년도) 수립
보성거사 : 도피안사 엠프시설 설치에 따른 자료조사
법장거사 : 도피안사 보현법회 홍보부탁

결론삼아 스님과 대화한 사안을 그들에게 설명했다.

① 도피안사를 법주스님께 아무런 조건 없이 바쳤다.(법주스님의 보현사 짐을 도피안사로 옮기기로 했다는 내용을 전함)

② 앞으로 도피안사에는 다른 스님이 살고 나는 불광에서 헌신적으로 일하겠다.

③ 앞으로 우리 모두 힘을 합하여 법주스님을 잘 모시고 불사에 충실하자.

오늘이 계기가 되어 앞으로 불광의 일이 더욱 순조롭기를 바라는 마음이고 간절한 기도다.

57

일요법회를 마치고 뒷마무리를 끝내니 어느덧 시계는 오후 4시를 지나고 있었다. 한동안 스님을 뵙지 못 했기에 자꾸 미루지 말고 오늘 꼭 뵙기로 잠자리에서 일어나며 다짐했었다. 여기 서울 방배동에서 죽산까지 늦지 않게 가자면 부랴부랴 서둘러야 했다.

나는 고속도로를 날아가듯이 달려서 불광원에 도착했다. 거의 오후 6시 무렵이었다. 절하고 자리에 앉으면서 스님을 바라보니 연용(蓮容)이 무척 밝으셨다. 잔잔한 미소까지 드리우고 앉은 모습이 내 눈에는 영락없이 피어나는 연꽃, 그대로였다.

병고의 신음은 입술 사이로 간간이 새어나왔지만 얼굴에는 티 한 점 없으셨다. 한없이 맑은 눈빛, 병고마저도 도달하지 못하는 그곳이 저 눈빛인가! 어쩌면 저 맑은 눈빛은 병고와는 저리도 무관하실까. 탄성이 소리 없이 나의 가슴을 울렸다.

'과연 나의 스승이신 광덕선사는 보살이시구나' 하는 생각이 다시금 뇌리를 스쳤다. 나는 옷깃을 여미고 공손히 고개를 숙여 스님 가르침의 실천자, 사상의 숭배자가 될 것을 다짐하며 스님 처소를 물러 나왔다.

나름대로 바빴던 오늘 하루였음에도 와서 뵙기를 잘했다는 생각을 하면서 아쉬운 발걸음을 돌렸다. 도피안사에서 쉬어 가기로 했다.

1999년 3월 3일, 범어사에서 영결식 후 다비장으로 가는 스님의 운구행렬.

58

2540(1996)년 6월 15일

지척에 스님이 계시는데도 한동안 뵙지를 못했다. 스님 마음
이나 내 마음은 언제나 한결같고 세월이 흐르거나 서로 떨어져
있다 해도 변함이 없다. 스님께서 도피안사를 떠나 멀리 다른
곳에 처소를 마련하지 않고, 바로 이웃한 곳에 계신 것은 나를
못 잊어서였다고 주변에서 말해주었다. 물론 스님께서 직접 나
에게 그런 말씀을 하실 리는 없다.

스님은 하루 세 끼 공양이 끝나면 어김없이 도피안사가 바라
보이는 언덕에 오르셔서 물끄러미 바라보시다가, '송암은 잘 있
겠지' 하는 독백을 되뇌이곤 하셨다는 이야기를 전해들었다. 구

품화, 도암, 보산 등으로부터 그런 이야기를 들을 때마다 가슴이 미어짐을 감당할 수가 없었다.

그러한 스님을 생각하며 나는 내 자신을 돌아보고 되비추어 본다. 출가 수행으로 내가 얻은 것은 무엇이며, 또 다른 사람에게 조금이라도 이익을 준 것은 무엇일까?

내 스스로 나를 살펴보고 질문을 하고 대답을 한다면 솔직히 아무것도 할 말이 없다. 스님을 비롯한 모든 분들의 은혜만 잔뜩 입었다. 다만 내가 열심히 살려고 노력하거나 언제나 최선을 꿈꾸고 있을 뿐이라고 말한다면, 그것도 자만일지 모르겠다.

내가 이 시대 불자의 한 사람으로 무엇을 했으며 앞으로 무엇을 위해 살아야 할 것인가는 언제나 내 몸을 따르는 그림자처럼 떠나지 않는 내 자신을 향한 물음이다. 내가 무슨 힘으로 이 시대를 부처님 가르침으로 책임질 수 있으며 내지 성숙시킬 것인가는 언제나 짊어져야 할 짐이고 풀어야 할 일생의 화두다.

그것은 과거세부터 내가 뜻했던 일을 찾아야 하며 찾은 연후에는 어려움이 있어도 마음을 바꾸지 말고 오직 성실하게 사는 일일 것이다. 말하자면 법회에 헌신하고 스님의 가르침에 앞장서며 여러 법우들에게 정성을 바치는 일, 이런 일이 나의 과거지사 아닐까. 전생의 업장 말이다. 그렇다면 당연히 미래에도 그렇게 사는 수밖에 다른 길이 없을 것이다.

그렇게 하기 위해서는 몇 가지 선결되어야 할 일이 있다.

첫째, 내가 도를 깨닫거나 더욱 숭상하여 믿음이 깊어져야 하고
둘째, 부처님의 본 뜻인 세계평화운동을 펼쳐 나가야 하고

셋째, 구국구세운동의 동지를 모아야 한다.

첫째는 내 자신의 일이고 둘째는 불자들끼리 함께 해야 하고 셋째는 스님의 가르침을 받은 불자형제들끼리 이루어나가야 할 공동의 과업이다.

지금 내게 가장 부족한 점은 남의 말을 경청하는 일이다. 나는 남의 이야기를 듣는 여유와 너그러움이 부족하고, 잘 들을 줄 아는 지혜가 부족하다.

간혹 남의 이야기에 귀를 기울이다 보면 예전에 내가 미처 생각하지 못 했던 다른 세계를 알게 되며 새로운 상상의 날개를 펼치게도 된다. 또 정리되지 못 했던 생각들이 가지런하게 정리되기도 하고 내지 심화되기도 한다.

이처럼 내가 말하는 것보다 남의 이야기를 잘 들으면 이익이 크다. 그래서 나는 정성껏 남이 하는 얘기에 귀 기울여 잘못된 습관을 고치고 부족한 점을 메워야 한다. 마치 선재동자가 53선지식을 역참(歷參)하면서 수행을 이룬 것과 같이 말이다.

59

2540(1996)년 8월 9일(금)

불광원에 계시다가 범어사로 내려가신 스님을 뵈러 아침 일찍 부산으로 향했다. 진즉 뵈어야 했음에도 차일피일 미루다 보니 끝내 이런 불경(不敬)을 저지르고 말았다. 송구한 마음에 몸을 잔뜩 움츠리고 범어사 서지전 마루를 올라서니 벌써 스님의 온기와 체취가 느껴졌다.

절하기 전에 먼저 스님의 자용(慈容)을 살피니 어느 때나 느끼는 스님만의 모습 그대로였다. 온화와 자애의 빛은 변함이 없었다. 그런데 이곳 범어사에서는 스님의 목소리도 더 커졌고 안색도 윤기가 넘치셨다. 직감적으로 안심이 되었다.

그러나 너무 늦게 문안을 드리러왔기에 죄스런 심정을 금할 수가 없었다. 나는 마음을 다해 절을 올리며 스님의 쾌차를 빌었다. 절을 마치자 스님은 의자로 옮겨 앉으셨다. 나는 의례적인 말 몇 마디보다 조용하게 스님 곁에 앉아 있고 싶었다. 그래서 나는 한동안 말없이 스님을 바라보았고 스님은 가만히 나를 내려다 보셨다. 내가 스님을 우러러볼 때는 스님이 눈길을 내렸

범어사 서지전에 계시는 스님을 정광사 불자들이 문안드렸을 때 찍은 기념사진.

고 스님이 나를 보실 때는 내가 눈길을 내렸다. 그러다가 눈빛
이 닿으면 고요하게 응시했다. 그것이 오늘 부산까지 내려온 문
안의 전부였다.

60

티베트 수미산 스님환생 2차기도

2549(2005)년 7월 5일-8월4일(31일간)

■ 7월 5일(화)

어제 저녁 늦게까지 짐을 챙겼다. 워낙 특별한 곳이어서 소용되는 물건도 많았다. 단체로 떠나는 여행치고는 긴 기간이어서 필요한 물건을 다 챙기려고 하면 족히 큰 가방 세 개는 되었을 것이다. 자꾸만 줄이고 줄였는데도 큰 가방 하나와 큰 배낭 하나 가득이었다. 오히려 꼼꼼하게 챙기지 않았던 것이 다행이라는 생각이 들었다.

늦게까지 짐을 싸고 새벽 일찍 일어나니 수면시간은 평소의 반이었는데도 몸은 사뭇 가뿐했다. 다시 한 번 짐을 점검한 뒤 새벽예불을 올렸다. 이어 공양하고 바로 출발했는데도 인천공항까지는 두 시간이 가득하게 걸렸다. 수속을 마치고 승강장으로 나오니 비로소 일상을 떠나는구나 하는 실감으로 홀가분했다. 떠난다는 해방감과 티베트에 대한 설렘과 고산증세에 대한 두려움이 한꺼번에 몰려왔다. 공항에 모인 순례 동료들은 22명이었다. 처음 보는 사람들도 있어서 대기실 뒷자리에 앉아 앞으로 한 달간 지낼 사람들의 표정을 살펴보았다. 경험으로 보면 순례나 여행의 성공은 동료들이 좋아야 한다. 좋다는 것은 단체생활에서 남에게 피해를 끼치지 않아야 한다. 특히 힘든 지역일수록 개인의 자제력과 평소의 마음가짐이 중요한 것은 새삼 말이 필요 없다.

인천공항을 이륙한 비행기는 마치 한 마리 거대한 새처럼 티베트의 관문이라고 할 수 있는 중국 사천성 성도에 사뿐하게 내려앉았다. 저녁 때까지는 시간이 남아서 일행은 곧바로 무후사를 둘러보았다. 스님 입적하신 후 홀로 이곳까지 와서 자세히 둘러보았던 곳이긴 해도 볼 때마다 새롭다. 어디든지 무엇이든지 자세히 보고 싶은 욕심 때문에 마치 학술조사차 온 사람처럼 느낌이나 기록을 세밀하게 적었다. 욕심 같아서는 내친걸음에 두보초당까지 갔으면 했지만 날이 어두워 숙소로 돌아왔다. 오늘 일찍 푹 쉬어야 내일 해발고도 3천 6백 미터의 라싸 적응이 쉬울 텐데 하는 두려운 마음이 앞섰기에 누구 하나 이유를 달지 않았다. 그리고 앞으로 공동생활의 경비나 서로 협조해야 할 부문에 대해서 의견을 나눌 것도 있다. 어느 한 절에서 온 서로 잘 아는 사이가 아니고 동서남북에서 모여든 각양 각색의 사람들로 구성된 팀이다. 예상대로 의견이 분분했다.

■ 7월 6일(수)

나에게 티베트 수미산 순례는 오직 스님 환생기도다. 이번 수미산 순례는 지난 1999년 7월에 다녀온 후 꼭 6년 만에 다시 나선 중대 결심이었다. 특히 이번 순례는 라싸에서 출발하여 다시 라싸로 되돌아오지 않고, 그대로 티베트 서부로 계속 나가서 티베트와 신장의 경계인 곤륜산을 넘기로 했다. 그 이유는 담마로드[실크로드]의 하나인 서역남로를 순례하기 위해서였다. 우리가 이번에 순례하기로 한 서역남로나 그밖에 천산남로·천산북로, 또는 해양로를 포함해 문명사적으로는 실크로드라고 이름하지만 불교의 입장에서는 오직 담마로드다.

담마로드도 인도에서 중국으로 넘어오면 '전법(傳法)의 길'이 되고, 중국에서 인도로 넘어가면 '구법(求法)의 길'이 된다. 그런데도 우리 불교도들은 그 길에 대한 순례의식이 희박하고 명칭에 대한 뜻을 소홀하게 여기는 것 같다.

우리에게 담마로드는 그야말로 선현들이 보여준 위법망구(爲法忘軀)의 숭고한 길이고, 가다가 앉아서 엉엉 소리내어 울어야 할 헌신과 희생이 점철된 은혜의 길이다. 법을 위해서 일체를 희생하겠다는 죽음을 무릅쓴 각오를 하지 않으면 한 발자국도 나아갈 수 없는 험난한 길이기에 그렇다. 너무나 험하고 너무나 멀고 너무나 어렵기 때문에 그 누구에게도 예외 없이 한 번 떠나면 살아서 다시 돌아간다는 보장이나 위로의 말을 들을 수 없는 길, 나서는 즉시 죽음이 도처에서 기다리는 길, 시시각각 생사가 함께하는 길 중의 길이다.

이러한 길을 21세기 과학기술 문명시대에 살고 있는 오늘의 내가 지프를 타고 호사스럽게 가면서라도, 과거의 역대전등(歷代傳燈)들께서 얼마나 전법과 구도의 자비심이 컸던가를 보고 싶었다. 이번 순례의 행로를 나누어서 말하면 수미산은 스님 환생의 기도이고, 서역남로는 내 뿌리에 대한 순례다. 그러나 엄밀하게 말하면 서역남로 역시도 나에게는 스님 환생기도와 무관하지 않다. 나라와 지역은 달라도 길은 서로 이어졌듯이 나의 순례 길도 티베트에서 서역남로로 길게길게 이어졌을 뿐이다.

중국 사천성(四川省) 성도(成都) 공항을 이륙한 비행기는 쾌청한 날씨 덕분에 티베트의 산하를 나에게 낱낱이 다 보여주었다. 마침 운 좋게도 바로 비행기 창가에 자리를 차지했으니 이번 순례는 처음부터 나를 위한 배려로 시작되는 느낌마저 들었다. 이런 사소한 것도 행운이라면 행운이다. 왜냐하면 마치 내 자신의 손바닥을 펴서 들여다보듯이 하늘에서 티베트의 산하를 내려다보기 위해서는 우선 날씨가 맑아야 하고 또 창가에 앉아야 볼 수 있기 때문이다. 그런 행운의 주인공인 나는 이 두 가지를 갖춘 때에 미련없이 티베트를 보기 위한 본격적인 결심으로 티베트 땅을 내려다보기 시작했다. 그동안 두어 차례 티베트엘 왔었지만 이번만큼 티베트가 선명한 적이 없었다. 비행기는 나에게 티베트를 샅샅이 보라는 듯이 아주 평화롭게 서서히 여유를 부리고 있는 것 같기도 했다.

비행기에서 내려다보는 티베트의 산하는 평지에서 보는 그것과는 사뭇 달랐다. 내가 좋아하는 '장엄함'이라는 단어가 그대로 내 가슴에서 살아나고 있었다. 나는 성급하게도 티베트에 오기를 잘했다는 생각을 연신 하면서 시종 창밖에 펼쳐지는 별천지에 잠시도 눈을 떼지 못했다. 내가 지금까지 자라고 겪어온 산하와는 너무나 달랐지만, 언젠가는 한 번쯤 태어났을 곳이라는 알지 못할 친숙감이 고개를 들었다.

그런데 티베트는 결코 단순하지 않았다. 온갖 것을 다 갖춘, 아니 내가 상상하지 못할 거대한 땅덩어리였다. 하늘에서 내려다본 첫 번째 광경은 마치 모래사막에 펼쳐진 언덕 같은 무수한 산들이었다. 한결같이 나무 한 그루 없는 민둥산의 모습을 띤 헐벗고 가난하기 그지없는 산들. 그 다음으로 내 시야에 잡힌 것은 잉크색 같은 호수였다. 어찌나 호수가 많은지 눈길 가는 곳마다 기름진 평야에 파 놓은 물웅덩이처럼 많았다. 평야에 농사용 물웅덩이같이 많은 파란 호수에 물이 흘러 들어가는 길은 보이지 않았지만 흘러 나가는 길은 알 수 있었다. 마치 등푸른 뱀이 기어가듯이 이어진 물줄기를 따라 마을이 드문드문 있었고 또 얼마간의 농토가 푸르스름하게 펼쳐져 있기도 했다. 그리고는 한동안 마을은커녕 집 한 채 볼 수 없는 무인지경의 황량한 벌판과 예의 그 화상 입은 머리 같은 볼품없는 민둥산이 이어지고 끝없이 펼쳐져 있었다.

내가 만약 저 아득한 벌판이나 외진 산 속에 태어난다면 죽을 때까지 외출 한 번 하지 못한 채 꼼짝없이 살 수밖에 없는 운명적인 처지가 될 것이라는 생각을 해보았다.

나에게 하늘에 떠 있는 두어 시간은 너무나 짧은 순간이었다. 라싸 공항에 내려 시내로 들어가는 길은 6년 전에 왔을 때보다 많이 달라져 있었다. 당연한 일이다. 아쉬워할 필요도 없고 섭섭해 할 일도 아니다. 이곳도 발전해야 하고 삶이 윤택해져야 하는 것은 자연스런 권리다. 어쩌다 오는 나 같은 여행객이나 순례객의 기분을 위해서 티베트의 경제발전이 정지해야 하고 주민들이 가난하게 살아야 하는 법이 어디 있겠는가.

우리 동행자들은 라싸 시내 중심부에 있는 숙소에 여장을 풀었다. 나는 짐도 챙기기 전에 대학의 후배이기도 하고 우리 절에 잠시 살았던 도본스님에게 연락을 했다. 그는 이곳에서 공부하고 있는 중이다. 건장한 모습에 간편한 옷차림을 한 그는 이웃집에서 온 듯 바로 달려왔다. 보아하니 그는 이제 영락없는 티베트 사람이었다.

조금 전 라싸 공항에 내렸을 때부터 고산증세가 시작되었다는 것을 느꼈다. 약간 멍한 상태와 우울한 느낌의 컨디션이었지만 도본스님과 저녁을 먹으면서 이곳 생활에 대한 여러 궁금증을 물었다. 마치 내가 내일이라도 살러올 것처럼 흥미와 관심을 가지고 그의 이야기에 귀를 기울였다. 그는 한국에서 할 수 있는 대학교수도 미련없이 버리고 이곳에서 오직 공부만 하고 있는 순수한 학승이다. 대저 출가한 사람은 교학의 큰 줄거리를 잡아서 공부에만 전념해야 한다. 잡다한 일상사에 관심을 두기 시작하면 이일 저일이 엉켜 공부를 할 수 없게 된다. 이런 점에서 그는 매우 잘 살고 있는 셈이다.

방으로 돌아와 당뇨를 체크해보니 수치가 놀랄 정도로 껑충 뛰었다. 음식이나 모든 것을 매우 주의하는데도 놀랄 정도로 수치가 높았다. 아마도 산소가 부족한 지역이라서 피 속에 산소량이 부족해서인지도 모르겠다. 만약 그렇다면 티베트에서 내 혈당수치 조절은 어려운 일이 될 것 같다. 걱정이 앞선다.

함께 동행한 세 남자들이 일방적으로 자기들 주장을 내세웠다. 나는 그들의 행태가 한심하다는 생각이 들어서 타이르거나 설득시키고 싶지도 않았지만 앞으로 남은 일정을 생각하여 인욕수행을 닦기로 했다. 이곳 티베트 순례는 난행고행의 수행이다. 자신의 신체적 한계를 극복하는 것도 수행이고 자칫 사람들과 일어날 수 있는 불화를 예방하거나 화합으로 돌려놓는 것도 커다란 수행이다.

곁에서 천진무심으로 잠자는 송광사 감로암의 지진스님이 부럽다. 사람들 세상에 어찌 시비가 없을 수 있겠는가만 그래도 목적이 뚜렷한 사람들에게는 불필요한 시비는 없어야 한다고 믿는다. 인욕수행이 이번 티베트 순례기간 동안 나에게 부과된 특별수행의 과제가 아닐까 하는 생각을 지레 해본다.

■ 7월 7일(목)

라싸의 하늘은 상쾌하기만 하다. 어느 때보다 요즘의 하늘이 좋다고 한다. 내가 이곳 티베트 땅을 밟은 것이 세 번째이지만 이번만큼 적응을 잘한 적은 없다. 가뿐한 몸과 마음으로 드레풍을 갔다. 중국 사람들은 哲邦寺(철방사)라고 부르지만 티베트 사람들이 부르는 대로 불러야 옳은 일이라는 생각이 든다. 드레풍 대법당에서 아침예불을 올리고, 비록 규모가 줄긴 했지만 군데군데 남아 있는 흔적을 더듬어 드레풍 번창기 때의 모습을 속으로 그려보았다. 그러나 지금은 그 옛날의 엄청난 불교교육기관으로서 자부심과 긍지는 느낄 수가 없었고 관광객들만 연신 밀려들고 있었다. 나는 그들 관광객들을 바라보면서 '과연 저들은 여기 와서 무슨 생각을 할까? 인간사 무상(無常)을 느낄까, 잘못된 한 생각[문화혁명]의 결과로 인한 폐단에 몸서리라도 칠까? 한 인간 집단이 가지고 있던 문화의 파괴와 단절, 그 만행을 저지른 중국은 인류 사회에서 결코 용서받을 수 없을 것이기도 하다. 티베트 문화는 티베트 사람들 자신의 것이지만 나아가 세계인의 것이다. 결코 무력을 앞세운 중국이 단절시키고 파괴해도 좋을 일이 아니다. 그들은 세계 인류로부터 지탄받고 책임을 져야 마땅하다. 올 때마다 느끼는 생각이지만 드레풍을 참배하면서 몰지각한 정치 권력자들의 작태에 장탄식을 금할 수가 없다.

돌아보면 티베트는 과거 우리와도 매우 밀접한 관계를 이루었다. 고려시대 불교의 원형은 거의가 티베트에 있다고 해도 과언이 아닐 정도다.

오후에는 세라사원엘 갔다. 그곳에서는 아직도 학인(學人)들이 티베트 고유의 교육방식인 논강(論講)을 나무 아래서 벌이고 있는 광경을 실감나게 보았다. 학인들의 진지한 모습을 바라보다가 몇 컷의 사진도 찍고 시원한 나무그늘에서 휴식을 취하기도 했다. 거기에는 우리뿐만 아니라 서양인들도 꽤 진지한 표정으로 논강 장면을 바라보고 있었다. 이 풍부한 티베트의 문화를 중국인들이 무력 점령해서 망가뜨리고 있다는 생각을 다시 하게 되자 또 화가 치밀어 올랐다. 도대체 이 일을 어떻게 해야 할지 막막하기만 하여 애꿎은 하늘만 자꾸 쳐다보았다.

세라사원을 나온 우리 일행은 주인 없는 노브링카를 둘러보았다. 이곳은 달라이라마의 여름 궁전이었다. 주인은 도대체 어디로 가고 관광객들만 공허한 탄성을 자아내고 있는지 안타깝기만 하다. 마당에 있는 고원 특유의 꽃들이 유감없이 제 실력을 발휘하여 커다란 꽃 타래를 이루고 있다. 이곳의 꽃이나 식물들은 짧은 여름 기간에 얼른 피었다가 서둘러 결실해야 하기에 꽃빛은 무척 정열적이고 꽃잎은 컸다. 곤충을 빨리 유혹해 불러들이기 위한 생존의 법칙임은 말할 필요도 없다.

■ 7월 8일(금)

침상에서 눈을 뜨니 머리가 무겁고 몸은 찌뿌드드하다. 단번에 고산증세임을 알 수 있었다. 자리에서 일어나 식전 당뇨 체크를 해보니 151이라는 놀라운 수치가 나타났다. 어제 저녁 내내 숨이 가빠 이리저리 뒤척이느라 잠을 거의 이룰 수가 없었다. 고산증세를 완화시키는 생약성분의 약을 먹자니 당뇨 수치가 치솟고 그냥 버티자니 고산증세로 괴로웠다. 그래도 지난 번(1999년 7월)에 왔을 때보다는 적응이 훨씬 나았다.

아무리 고산증세가 심해도 오늘 일정에 빠질 수는 없다. 포탈라궁 참배가 있는 날이기에. 어쩌면 많은 사람들이 포탈라궁 참배를 위해서 이곳 티베트에 오는지도 모른다. 만약 나에게 기회가 주어진다면 이 궁에서 청소 일이라도 해주면서 살고 싶은 곳이다. 포탈라의 탱화, 조각, 건축 등에 대해서는 '좋다'는 말마저 함부로 할 수가 없다. 감히 그런 말을 하거나 생각을 떠올린다는 것만으로도 죄스럽다. 나는 포탈라궁의 건축과 모든 작품은 티베트 사람들의 정신적인 산물이라고 본다. 그들의 정신이 포탈라궁과 작품으로 화하기까지는 이에 맞는 현실적인 수행이 있었을 것이다. 열렬한 신앙심과 온몸을 던지는 난행고행의 수행 없이는 포탈라는 불가능한 일이라고 본다. 그래서 포탈라궁 앞에 서거나 그 안의 간직된 작품을 대하면 티베트인들의 마음거울 앞에 선 것처럼 그들의 마음이 보인다. 사실 티베트 도처에 있는 종교나 예술, 심지어는 산하의 자연마저도 그들의 마음이라는 것을 나는 안다.

오후에는 조캉사원을 참배하고 사원 광장 앞에서 선물 몇 가지를 샀다. 이제 서쪽으로 발길을 향하여 산속으로 들어가면 다시 라싸로 돌아오지 않기 때문에 선물을 미리 챙겼던 것이다. 도본스님의 안내로 어머니에게 드릴 물건을 몇 점 구했다.

■ 7월 9일(토)

어제 낮에 약간 들뜬 기분이 되어 많이 말하고 많이 돌아다녔다. 덕분에 밤새 잠을 못 자고 끙끙 앓았다. 날이 밝으면 이곳에서 돌아갈까 할 정도로 괴로웠다. 누웠다 일어나기를 수십 번 되풀이했다. 이렇게 힘들어서야 앞으로 남은 길을 어떻게 감당하나 걱정이 태산 같았다. 그래도 오늘 아침 머리를 들고 억지로 일어났다. 오늘은 라싸에서 시가체로 가는 날이어서 아프다고 마냥 누워 있을 수도 없다.

몹시 지친 몸으로 차를 타고 달리면서도 확연히 느낄 수 있는 것은 1999년 7월에 왔을 때보다 도로사정이 많이 달라진 점이다. 전혀 기대하지도 않았는데 도시의 도로처럼 깨끗하게 포

간체 백거사에 모셔진 18아라한 중에 가장 마지막에 자리한 현장법사. 지게에 경을 진 모습이다.

장되어 있었고 오가는 차도 별로 없었다. 아니 세상에 달라져도 이렇게까지 달라질 수 있을까 하는 놀란 심정에 입을 다물 수가 없었다.

그 유명한 암드록쵸가 바라보이는 4천 미터가 넘는 고개에서 잠깐 쉬었는데, 이번에 처음 온 우리차의 동행자 한 사람이 새로운 풍광에 살큼 들떠서 그만 몸을 많이 움직였다. 금방 얼굴이 창백해지더니만 왝왝 토했다. 여기서는 어떠한 대책도 없다. 당할 만큼 당하고 참을 만큼 참아야 한다는 사실 외에는 따로 치료법이 없다. 우리는 암드록쵸를 끼고 돌아 간체에 와서 백거사(白居寺)를 참배했다. 특이한 점은 그 절 아라한전에는 18아라한님이 모셔졌는데 제일 끝에 당의 현장법사가 나왔다. 경전을 지게에 짊어지고 서역에서 오는 장면의 조상(彫像)이 모셔져 있

234

었다. 우리 한국에는 거의가 16아라한님을 모신다. 우리와 다른 중국불교의 모습을 단적으로 보는 느낌이 들었다.

오늘의 목적지 시가체에 도착하여 가장 좋은 숙소에 여장을 풀고 아직도 찌뿌드드한 몸을 달래고 추스르느라고 무척 조심했다. 걸을 때도 무리하지 않으려고 마치 노인처럼 걸었다. 나뿐이 아니라 동행자 모두가 약속이라도 한 듯 조심하는 모습을 보였다. 고도가 높아갈수록 자신의 몸 상태를 예의주시 관찰하면서 적응해가기 위해서는 결코 방심해서는 안 된다. 만약 조금 좋아졌다고 몸을 과하게 움직이면 금방 반응이 온다. 처음부터 끝까지 조심에 조심을 거듭해야 한다. 여행사의 축적된 경험으로 인해 이번에는 동료 모두가 적응을 잘하고 있음을 알 수 있었다.

■ 7월 10일(일)

이곳 시가체는 라싸보다 100여 미터 정도 높은 곳인데 아침에 자고 일어나도 별다른 징후를 느낄 수가 없었다. 일단 안심이 되었다. 공양 후 판첸라마의 절인 시가체의 타시룬포를 참배했다. 여기 티베트의 불교도 장단점이 있을 수 있고, 우리 한국불교도 장단점이 있다. 아니 사람 사는 곳이면 어디든 거의가 마찬가지일 것이다. 모든 것은 세월이 흘러가고 시대가 바뀌면서 변화한다. 그처럼 불교도 사람들에 의해 발전되기도 하고 정체되기도 한다.

이런 점에서 티베트 사람들이 신봉하는 불교와 우리가 숭상하는 불교는 판이하게 다르다. 물론 불교의 근본은 같지만 오늘의 모습은 다른 것이다. 이 다른 점을 서로 교류하면서 발전시킨다면 많은 도움이 될 것이라는 생각을 했다. 그러나 만약 현대인의 생리적 현상이 된 편리주의의 잣대로만 생각하여 교류를 정한다면 많은 것을 잃어버리게 될 것이라는 생각이 든다. 오직 심사숙고한 교류만이 서로가 지닌 문화의 계승 발전과 보존 전승에 약이 될 것으로 본다. 그래서 이 세상에서 가장 보수적인 집단이 종교일 것이라는 생각을 해본다.

티베트에는 스승의 존재를 불보살보다 우위에 둔다. 우리 정서와 이해로는 잘 납득되지 않는다. 이곳에서는 불법승 삼보를 신앙하는 것이 아니라, 삼보에 스승을 더한 4보를 신앙한다는 말을 듣긴 했지만 이곳에 와서 비로소 확인하게 된다. 법당에 모셔진 탱화나 조상을 보면 스승들의 상은 아주 크게 만들거나 아니면 가장 중앙에 모시고 불보살의 탱화나 조상은 마치 협시불 모시듯 양 옆으로 모시거나 스승상보다도 작게 모신다. 내 눈에는 무척 생경하고 거슬린다.

그러나 무엇보다 이번 티베트 순례를 통해서 그동안 잊고 살아왔던 내 자신을 면밀하게 살펴보아야겠다는 각오를 다진다. 티베트가 내게 보석인 것은 척박하고 황량한 자연환경 속에서 살아가는 사람들의 밝은 표정과 끊임없이 삶의 가치를 추구하는 그들의 고귀한 생각, 삶의 자세 때문이다. 우리네 같으면 찌푸리고 살았을 만한 자연환경의 악조건 속에서도 웃음을 잃지 않은 그들, 그것은 바로 나를 비춰주는 좋은 거울이다. 아니 문명인 모두를 비추고 있는 거울일 것이다. 그래서 나는 티베트의 하늘을 바라보고 땅과 산을 바라보고 사람들을 바라보는 가운데 다시 나를 바라보게 된다. 그렇기에 티베트인 그들의 가슴속을 기웃거리며 무엇이 들었나를 힐끔거린다. 간혹 그들이 내게 지나칠 정도로 영악하게 굴거나, 야박하게 대해도 굳이 탓하고 싶지 않고 너그러워지는 까닭이 거기 있다. 내가 갖지 못한 많은 것들을 그들이 갖고 있으니까.

■ 7월 11일(월)

우리는 아침 일찍 시가체를 떠나 삭가사를 향했다. 뜻밖에도 길이 포장되어 있어서 예정시간보다 훨씬 빨리 도착하여 중국 원(元)대의 전성기에 지은 건축물과 역사적 내력을 살필 수 있었다. 삭가사는 원 세조 쿠빌라이 황제 때 파스파라는 고승과 관계된 절이다. 고승 파스파는 원나라의 국사이기도 했지만 몽골문자를 만들었고, 여러 일화를 남긴 것으로도 유명했다. 이러한 삭가사는 티베트 불교 여러 종파 중에 사카파의 총본산이다.

돈황을 떠올릴 정도의 예술적으로 뛰어난 벽화와 법당의 서가에 모셔진 오래된 티베트 대장경들이 나의 눈을 둥그렇게 만들었다. 부럽기도 하고 안타깝기도 했다. 우리나라 같으면 수십 개의 보물이나 국보로 지정되었을 문화재들이 여기저기 방치되다시피 한 관리상태는 남의 일이지만 애석한 심정을 떨칠 수가 없었다.

이 유서 깊고 고색창연한 법당에서 우리 일행은 예불을 올렸다. 남은 일정동안 부처님의 가호하심과 인도하심을 기도했다.

그리고 내가 나서서 이 절에 얽힌 특별한 사연을 설명했다. 이곳은 고려 원종의 아들인 충렬왕과 원나라 세조의 딸인 제국대장 공주 사이에서 태어난 아들, 충선왕이 연경의 정치적인 소용돌이에 휘말려서 귀양 와 머물렀던, 우리들에게는 매우 특별한 장소다. 그의 신하였던 익재 이재현이 귀양간 왕을 찾아서 중원을 헤맸고, 그때 쓴 기록이 『서정록(西征錄)』이다. 충선왕은 고려 개경에서 태어났지만 볼모로 연경에서 자랐다. 그의 일생 가운데 연경에서 산 세월이 많았고 활동도 많았다. 지금과는 너무 달랐을 그 시절의 여러 정황을 떠올려보면서 충선왕의 심정이 어떠했을까를 가늠해 보았다.

삭가사의 큰절이 지어지기 전에 지었다는 북쪽 산 언덕에 있는 절과 절터를 참배했다. 삭가사 뒤편의 조금 높은 산 언덕을 의지하여 지었는데, 세월 속에 점점 삭아들었겠지만 안타깝게도 문화혁명 때 남은 건물은 거의 허물어지고 벽화는 뜯기고 짓뭉개져버렸다. 이제 겨우 건물 두어 동과 몇 기의 탑만 달랑 남았다. 흉난이 일어나기 전, 절의 옛 모습이 벽 한 모서리에 벽화로 고스란히 남아 있어서 보는 이로 하여금 더 안타까움을 느끼게 만들었다.

역사의 주인공이 사람인 이상 실수도 있다고 해야 할까, 아니면 인간의 권력에 대한 욕망이 끝이 없다고나 해야 할까. 만약 중국에 문화혁명의 흉난이 없었다면 얼마나 많은 문화유산들이 그대로 남아 있었을까를 생각해 보면, 비록 남의 일이긴 하지만 아쉬움의 탄식을 금할 수가 없게 한다.

고승 파스파와 원 세조간의 일화 한 토막. 파스파는 국사로서 책봉 받았기에 그 영걸스러운 황제도 단 한 사람 국사에게 절을 해야만 했다. 이에 세조가 "황제가 국사에게 절해야 하느냐"고 새삼 물었을 때, 국사는 당연히 절해야 한다고 맞섰다. 인생에서 무엇이 가장 고귀하고 중요한 것인가를 느끼고 깨닫게 해준다. 일행은 저물어가는 삭가사를 뒤로 하고 일로 수미산을 향해 길을 재촉했다. 삭가사에서 워낙 시간을 지체했던 터라 조금 떨어진 라체에서 그만 잠자리를 폈다.

■ 7월12일(화)

라체를 떠난 시간이 현지시간으로 오전 8시 30분이었다. 북경시간이 표준시간이니까 정확히 말한다면 오전 6시나 되었을 정도의 이른 새벽이다. 오늘의 일정표를 보니 중간에 들르는 곳 없이 일로 사가를 향해 내달리는 것이 일과의 전부였다. 중국이나 티베트는 서쪽으로 갈수록 지대가 점점 높아만 간다. 산만 봐서는 지대가 높은지 낮은지 알 수 없지만 골짜기의 물길을 보면 알 수 있다. 수미산을 향해 계속 달리는 차를 향해 물은 앞에서 내려오고 있었다. 아향청산거 녹수이하래(我向靑山去 綠水爾何來 : 나는 청산을 향해서 가는데 녹수 너는 어찌하여 오는가)라고 했던가. 우리는 물길을 거슬러 상류로 치달렸다. 오늘 하루 종일 잠시 멈춰 볼 일 보는 일과 개울가에 둘러앉아 점심 먹은 일을 빼고는 달리고 또 달렸다.

차에 온 몸을 내맡긴 채 생각으로 과거를 더듬어보니, 지난 1999년 7월에 이곳에 왔다가 만 6년 만에 다시 와보는 티베트가 겉으로 보기에는 무척 발전했다. 소위 이제는 과거의 가난했던 티베트가 아니라고 할 정도의 놀라운 변화였다. 나는 동승한 사람들에게 아무 말도 못하게 함구령을 내려놓고 줄곧 침묵으로 빠져들었다. 그리고는 나의 인생 모든 것을 생각했다. 살아온 것과 살아가야 할 일들을 모두 꺼내어 생각에 생각을 거듭했다. 그러나 어떤 결론도 얻은 것이 없었다. 인생은 따로 결론을 가질 것이 아니기 때문이리라.

그렇다면 모든 것을 부처님께 맡긴 채 사는 수밖에는 다른 방법이 없다고 생각했다. 이것을 믿음이라고 할까, 신앙심이라고 할까, 아무튼 부처님께서 나를 인도하시고 가호하시고 원만하고 계신 것을 굳게 믿고 사는 일이 오늘 하루 종일 침묵 가운데서 얻은 결론이라면 결론이 될 것이다.

하루 종일 침묵 가운데서 나의 생각은 수많은 산을 넘고 강을 건넜다. 내 육신을 태운 차도 티베트의 수많은 산을 넘고 강을 건넜다. 성능 좋은 랜드크루져는 서쪽으로 서쪽으로 먼지를 휘날리며 줄곧 달렸지만, 어딜 가나 조금도 변함없는 똑같은 티베트의 풍광이 계속되었다. 그러나 그것이 단조롭다는 생각이 들지 않았고 오히려 산이건 물이건 모두가 우두커니 앉아서 도닦는 모습으로 비쳐졌다. 심지어는 사람도 양떼도 야크들도 벼랑에 선 사슴도 숙연히 도(道) 속에서 사는 것 같았다. 티베트의 산하와 거기에 사는 모든 생명체들은 오로지 도(道) 속에서 살아가고 있다는 생각에 한층 외경을 느낀 하루였다.

나는 이곳 티베트의 황량함이 싫지 않다. 오히려 정겹다. 왜일까, 불교를 신봉하며 착하게 살아가는 주인공들이 있기 때문이리라. '좀 더 진지하고 넓은 안목으로 세상을 바라보아야 한다. 모두를 감싸 안아야 한다.' 이것이 최고의 수행이라는 생각이 이곳 티베트의 서부 사가의 숙소에서 새벽 4시를 넘기면서 깨닫고 새긴다.

항상 나를 점검하자, 바른가, 너그러운가, 그리고 어디로 가고 있는가, …이 일에 치열하자. 밤이 되자 호흡이 몹시 가빴다. 잠이 부족해서 그렇다는 생각이 들었다. 그러나 그럭저럭 넘겼으니 다행이고 감사하다. 이제 잠시 눈을 부쳐야겠다.

■ 7월 13일(수)

사가를 출발한 시간은 오전 9시를 조금 넘어서였다. 일로 서쪽으로 방향을 잡고 먼지 회오리를 가득 일으키며 여섯 대의 랜드크루져는 달렸다. 어제처럼 물길을 거슬러 고개를 넘고 골짜기를 타고 오르기를 얼마나 되풀이했는지 모른다. 역시 어제처럼 물가에 둘러앉아서 점심공양 한 것과 가끔 볼 일 본 것을 제하고는 옆도 뒤도 돌아보지 않고 달려서 오후 4시 조금 지난 시간에 파양에 도착했다. 오늘도 나는 동행자들에게 침묵을 강요했다. 나의 그런 행동은 폭군과 다름없었다. 결국 일행 중 한 사람이 울면서 다른 차로 갔다. 나의 생각과 주장은, 이 태초의 자연환경에 푹 빠져서 자연과 인간의 근원적인 문제를 깊이 생각해보자는 것이었고, 바로 그런 것을 위해 여기 오지 않았느냐 하는 것이었다. 남들이 쉬이 오기 어려운 이곳 티베트까지 와서 기껏 잡담이나 늘어놓아서야 되느냐, 또는 어디서나 들을 수 있

는 음악이나 틀어놓고 시간을 보낸다면 아쉽지 않느냐 하는 것
들이다. 티베트의 산하를 헤쳐 나가면서 수많은 세월 속에 오늘
의 땅덩어리가 형성되었을 것이라든가 인간의 생로병사라든가
하는 근원적인 문제를 떠올려보고 싶었고 빠져들고 싶었는데
자꾸만 일상의 잡담을 늘어놓아서 내가 짜증을 냈던 것이다. 그
리고 이 기회에 티베트를 이해하고 이곳 불자들의 신앙심을 거
울로 삼아야 하지 않겠느냐 하는 것이 내 지론이었다. 그러나
언쟁을 한 후 다시 가만히 생각해보니 어디까지나 그것은 내
생각에 지나지 않는 일방적인 처사였다. 출가한 사람으로서 인
정머리 없는 부끄러운 일이었다.

■ 7월 14일(목)

파양에서 출발한 시간은 오전 8시였다. 이곳 티베트 서부까지
억지로 북경시간에 맞추다 보니 밖은 캄캄한데도 시간은 벌써
아침 8시가 된 것이다. 어처구니가 없는 일이다. 시간마저 억압
하는 그들의 전횡전단을 나무라기보다 오늘의 내가 훨씬 더 중
요하기에 얼른 생각을 고쳐먹었다. 나는 차가 출발하는 것과 더
불어 어느 새 최상삼매에 빠져들었다. 차와 생각은 함께 수많은
고개를 넘고 산을 넘고 내를 건넜다. 어느 곳에서는 평지를 한
참이나 달리는 것 같아 무심결에 고도계를 보니, 무려 5천 미터
가 넘었다. 오늘은 어느 이름 모를 고개 마루에서 갑자기 배가
아파 여러 사람들에게 폐를 끼쳤다. 아침에 먹은 음식이 잘못되
었는지 몸이 부르르 저항을 했다.

쉬지 않고 부지런히 티베트의 산하를 안고 돌기를 무려 8시간 만에 멀리 마나사로바 호수, 아니 마팡융초가 눈에 들어오는 언덕에 이르렀다. 호수와 수미산이 함께 바라보이는 언덕에 도달했던 것이다. 우리를 반기는 듯 타루쵸가 바람에 펄럭이고 있었다. 나는 차에서 튕겨 나오듯 내려 수미산을 향해 기도했다. 마치 무엇에 끌린 사람처럼 기도에 들어간 것이다. 먼저 세계평화를 간절히 염원했고, 인류행복을 기원했다. 이 지구상 그 어디에도 불행한 사람이 없고 불행한 생명체가 없기를 바랬다. 구국구세의 기도였다. 나의 이 기도를 이루게 할 방법은 무엇인지, 누구와 함께 도모해야 할지, 가호와 인도를 내려달라고 기도했다. 수미산과 스님께 올리는 기도가 시작되었다.

사실 나의 기도에 대한 응답은 벌써 나와 있었다. 방법은 당연히 '반야바라밀다'이고, 따라가야 할 선구자는 스승, '광덕스

앞으로 수미산이 멀리 보이고 왼쪽으로는 마팡융초가 있는 언덕에서 기도하는 필자.

님'이었다. 그러기에 6년 전 바로 이 자리에서 스님의 환생기도
를 올렸었다. 스님의 환생을 절절하게 원했던 것이 바로 이런
이유 때문이었다. 역시 이번에도 스님의 환생기도가 여기까지
온 순례목적이었다. 좀 추가된 것이 있다면 그때는 오로지 스님
의 환생기도만 했는데 이번에는 스님께서 이루신 구국구세 불
사를 어떻게 계승해야 할지 방법을 묻는 뜻이 들어 있다.

멀리 수미산이 우러러보이는 자갈밭에서 절하고 염송하면서
일념으로 생각을 모아나갔다. 순간, 나의 기도 속에 스님의 응
답이 전해졌다.

'내가 이제 환생하겠다. 그렇지만 불광사로 가지 않고 도피안
사로 갈 것이다. 그때까지 도피안사를 잘 지키고 불교천문대 건
립불사를 변함없이 계속해라. 네가 이루지 못하면 내가 다시 한
생을 보내야 하니 (네가) 그 불사를 해놓는다면 그만큼 부처님
위신력이 크게 떨칠 것이다. 부디 다른 생각 갖지 말고 반야바
라밀다결사 근본도량을 잘 형성하라'고 당부하셨다.

사실 나는 도피안사 주지 소임이 너무 힘들고 어려워 스님께
하소연하고 싶어서 왔고, 어떻게 하면 좋을까 방법을 여쭤보기
위해 이곳으로 왔던 것이다. 불교천문대 건립불사와 도피안사
수호를 발원하기 위해 6년 만에 다시 온 것이다. 불과 10여 분
의 짧은 기도 속에서 내가 바랐던 모든 응답을 다 들었다.

6년 전에도 스님 안 계신 세상을 나 혼자 어떻게 살아갈 것
인가를 묻고, 스님 환생을 기도하기 위해 이곳에 와서 응답을
얻어 갔는데, 이번에도 또 한 번의 응답을 얻은 것이다. 바로
이 자리에서 두 번이나 스님의 응답을 들었다. 참으로 놀랍고

불가사의한 일이다. 그리고 스님께서 분명 불광사로 가지 않고 보현도량 도피안사로 오신다고 하셨으니, 어찌 내가 절을 지키고 노력하며 기다리지 않겠는가, 확실한 응답을 해주신 스님께 나는 감사를 드렸다. 나는 이 뜻 깊은 곳, 바로 이곳에 절을 짓고 싶었다.

언덕 위의 기도가 끝나고 마팡융초, 즉 마나사로바 호수에 들어가 번뇌의 때를 씻어냈다. 나는 물에 젖은 안경을 벗고 몸에 걸친 거추장스러운 것들을 모두 호숫가에 내려놓고 얼굴을 깨끗하게 닦았다. 정갈한 마음으로 호심(湖心)을 향해 서서 두 번째 기도를 올렸다. 부드럽기 한이 없는 물결에 몸을 맡긴 채 아득한 수평선을 바라보며 합장하고 수미산을 우러렀다. 순간 과거생부터 지금까지 모든 생애의 업장이 말끔히 벗어짐을 느꼈다. 또 한 번의 환희가 가슴에서 소용돌이로 솟구쳤다. 벅차오르는 흥분을 가누기가 힘들었다. 흔들리는 몸의 균형을 바로 한 뒤 기도의 일념으로 몸과 마음을 다잡았다. 이제 이 순간 이후의 내 삶을 더욱 충실히 하고 정결히 하며 간절한 보살심으로 불사를 이루어간다면 스님을 기다림에 부족함이 없을 것임을 확신했다. 속이 후련했다. 마치 오랫동안 짊어지고 있던 무거운 짐을 내려놓은 듯 안도와 평안이 밀려왔다. 기쁨과 홀가분함이 내 생명에 가득하고, 물결 위를 스쳐오는 부드러운 바람은 내 폐부 깊숙이 파고들어 오장육부가 일시에 청량해졌다. 나는 날아갈 듯 상쾌하고 안락함을 느꼈다. 호수에 비친 내 얼굴을 보는 순간 이미 과거의 내가 아님을 알게 되어 회심의 웃음을 터트리고 말았다. 아, 이런 것이 법열인가!

마팡융초 호심에서 기도하는 필자.

　우리는 다시 자리를 옮겨 치우곰파를 향했다. 원래 계획은 바로 다르첸으로 가기로 되어 있었지만 내가 주장을 하여 치우곰파를 참배하기로 했다. 6년 전에 왔을 때는 뭐가 뭔지 분간이 서질 않았는데, 두 번째 발걸음인 이제 비로소 이것저것 눈에 들어오는 것이 많았다. 높은 치우곰파에 서서 그 당시 하룻밤 묵었던 아래 마을과 노천온천을 찾아보았다. 변한 것은 하나도 없었고, 다만 그때 노천온천을 온천목욕탕으로 바꾸고 있었는데 이제 보니 마치 시골화장실처럼 아주 작게 지어 놓았다. 기왕 지을 바에는 좀 더 크게 짓지 않고 하는 아쉬움이 일었지만 그래도 없는 것보다 낫지 않을까 하는 것으로 얼른 생각을 돌려 먹었다.

　치우곰파에는 관심가지고 봐야 할 것이 많다. 우선 지형이 뛰

멀리 달호수인 락사스탈이 보이며 해 호수인 마팡융초의 물이 달호수로 들어가는 물길이 마을 앞르로 보인다.(치우곰파에서 내려다본 광명)

어났다. 고개를 들면 멀리 수미산의 훤칠한 모습이 둥그렇게 올려다 보이고 발 아래는 마팡융초가 푸른 바다를 바라보는 듯하다. 또 이곳은 해의 호수[마팡융초]의 물이 달의 호수[락사스탈]로 넘어가는 목젖 같은 여울이다. 해의 호수인 마팡융초를 양(陽)의 호수라 하고 달의 호수인 락사스탈을 음(陰)의 호수라고 한다. 신비스럽게도 해의 호수는 물 반 고기 반인데, 달의 호수에는 단 한 마리의 고기도 없다고 하니 놀랍다. 그것도 해의 호숫물이 넘쳐 들어가 달의 호수가 되었는데도 어떻게 그럴 수가 있을까 하는 의아심을 금할 수 없었다.

이곳 치우곰파는 감회가 새로웠다. 6년 전, 이곳 마팡융초 주변을 힘겹게 거닐면서 스님을 그리워하던, 아니 내 마음 이 세상 그 어디에도 붙일 곳이 없어서 허허로운 슬픔에 잠겼던 광경이 다시금 떠올랐다. 지나간 시간은 그리움을 낳는다. 이제 지나간 모든 것이 그리움이 되고 있다. 이곳 치우곰파는 나에게 이미 그리움이 되었다. 다시금 그리움을 뒤로 했다.

일행은 무사히 다르첸에 도착하여 짐을 풀었고, 나는 설렘과 낯익은 친숙함으로 주변을 살폈다. 지난 1999년 7월 9일, 이곳 티베트 수미산 순례는 전적으로 스님 환생기도를 위해서였다. 하루라도 빨리 스님께서 환생 [速還娑婆再明大事] 하셔야 하는 간절하고 애절한 기도를 위해서였다. 이곳 수미산 환생기도를 통해 나는 스님께서 사바를 떠나시기 전 남기신 약속을 다시 한 번 확신으로 가슴에 새길 수 있었다. 이곳 기도가 있기 전의 생각으로는 '광덕스님시봉일기'는 한 권만 내는 것이었는데, 이곳 수미산 순례 첫 번째 환생기도를 통해 여섯 권이 더 나왔고 앞으로도 네 권이 더 나올 계획으로 확대된 것이었다. 그때 나는 스님께서 다시 오시면 지난 생에 하시던 일을 좀 더 수월하게 할 수 있도록 자료를 모으고 정리하여 손질해 놓는 것이 내 임무라고 생각했다. 분명한 것은 내가 환생기도를 오지 않았다면 '광덕스님시봉일기'는 1권으로 끝났을 것이라는 사실이다.

여담이지만, 한국의 불자들이 단체로 수미산 순례참배를 하게 된 계기도 전적으로 스님의 환생기도였다. 나는 스님 입적 후 줄곧 티베트 수미산에 가서 환생기도를 해야겠다는 생각을 하게 되었고, 마침 라싸에서 미술공부를 했던 다정거사 김규현 씨에게 안내를 부탁할 수 있었다. 그가 좋다고 하면서 나에게 팀을 결성해보라고 하여 사람들을 모집했는데, 이웃에 살고 있는 무용가 홍신자 씨 일행과 실크로드여행사의 이상원 대표가 동참하게 되었다. 그때 동행했던 이상원 씨로 말미암아 그 다음해부터 수미산 순례가 여행상품으로 등장했다. 개인적으로는 그 이전부터 수미산 순례를 오갔지만 단체로 순례단을 결성하여 다닌 것은 나의 환생기도 이후부터였다. 그리고 수미산 안내서인 『티베트의 신비와 명상』이라는 책도 그때 나왔으니 한국불교의 불자들에게 새로운 순례지가 광덕스님 환생기도로 등장한 셈이다.

첫 번째 수미산 순례기도에서는 환생에 대한 분명한 믿음이 있었고, 두 번째인 이번 기도에서는 스님께서 도피안사로 오신다(환생하여)는 약속을 받았다. 하나하나 차근차근 준비하면서 기다리라는 스님의 뜻을 나는 충분히 감지했다.

두 번에 걸친 수미산 기도는 나에게 스님 환생과 불사에 대한 확신을 심어주었다. 스님 당신께서 몸소 지으신 불광사로 가

치우곰파의 노천화장실(네모진 곳에 네모난 구멍이 두 개 보인다).

지 않고 내가 힘들게 살고 있는 초라한 도피안사로 오시겠다는 스님의 깊은 의중을 들었다. 나에게는 너무나 엄청나고 준엄한 선언이셨다. 이제부터는 묵묵히 기다리면서 하루하루 충실하면 된다. 내 인생은 더욱 분명해졌다.

■ 7월 15일(금)

지난 밤 11시쯤 자리에 누웠는데도 거의 꼬박 밤을 새웠다. 물론 생각이 많다 보니 잠이 멀리 달아난 것이다. 억지로 떠오르는 생각을 뿌리치고 잠을 청하려고 했으나 오히려 뿌리칠수록 더 바짝 달라붙는 것이 망상덩어리인 잡념이었다. 아니 망상이라기보다는 내 삶의 현안이라고 말해야 옳을 것이다. 떠오르는 문제들을 우선 합리적으로 하나하나 정리해 놓은 뒤, 다시 감정이 맺힌 것은 일일이 풀어나가야 한다. 그러는 데는 다소간의 시간이 필요할 것이다. 거기에는 내 개인의 계획도 있고, 하던 일의 정리도 있고, 공적인 일도 있다. 어찌 되었거나 망상덩어리 잡념과 씨름하느라 거의 밤을 밝혔다.

그러나 몸은 좀 피곤했지만 수확도 있었다. 새벽에 잠깐 눈을 붙였는데 꿈을 꾸었다. 어떤 여자가 내 앞에 나타났다가 바로 앞에 있는 구멍 속으로 쏙 들어가자 그 구멍이 감쪽같이 막혀 버리고 여자는 자취도 없이 사라졌다. 뭔가 암시를 주는, 눈앞의 잡다한 현안이 저절로 해결될 징조로 보였다. 아무튼 이곳 거룩한 수미산 아래 다르첸에서 밤새워 나의 삶을 정리하고 가다듬을 수 있다니, 이는 수미산으로부터 받은 축복이고 강복(降

福)이다. 또한 기도 성취의 한 과정이다.

아침공양이 끝나고 예정대로 다르첸을 떠나 수미산 북사면의 다라북 곰파 앞에 있는 야영지를 향해 출발했다. 우리는 '라추'라고 불리는 긴 계곡을 따라 한 발 한 발 전진했다. 우리들의 조심스런 걸음걸이에는 순례의 뜻도 들어서이지만 무엇보다 이곳은 체력만 믿고 기분대로 행동할 수 있는 곳이 아니기 때문이다. 그러기에 한 걸음 한 걸음이 모두 조심스러울 수밖에 없다.

바깥 꼬라는 수미산을 오른쪽으로 두고 한 바퀴 빙— 도는 과정이어서 걸으면서도 순간순간 조화를 부리는 산의 여러 모습을 바라볼 수 있다. 나에게는 산은 언제 보아도 스님 같았고, 특히 훤칠한 봉우리는 마치 스님의 잘생긴 머리와 같았다. 어떤 이는 수미산을 두고 달마상 같다고 하여 그 말에 수긍도 해보지만 나에게는 달마상보다 스님의 모습이 먼저였다.

한참 오르다 보면 두세 명씩 어울려 가는 사람들도 있고 나처럼 혼자 뚝 떨어져 가는 사람도 있다. 일부러 마음먹지 않으면 나란히 가지지가 않는다. 각자 걸음걸이의 속도가 다르기 때문인데, 그것은 마음속에 무엇을 생각하느냐에 달린 것 같다. 활발하고 긍정적인 것을 생각하면 자연 걸음도 가볍고 빨라질 것이고, 반대로 심각하고 괴로운 일을 생각하면 걸음도 느려질 것이다. 나는 수미산을 올려다보면서 경탄에 빠져 있다가 일행과 뚝 떨어져 그만 혼자가 되었다. 혼자가 되어서도 주변을 둘러싸고 있는 산세나 산 모양이나 기기묘묘한 바위덩어리들을 살피느라 여념이 없었다. 그러다가 어느 새 생각 속에 빠져들었

수미산 바깥 꼬라의 북쪽에서 기도를 마치고(1999년 7월의 필자).

다. 아니 티베트가 던지는 화두인 지구 태초삼매에 들었다. 이시우 박사님을 만난 뒤부터 나는 우주와 지구에 부쩍 관심을 많이 가졌는데, 티베트의 산하는 나에게 더욱 우주에 대한 관심과 생각을 촉발시켰다.

이곳 티베트 순례에서 가장 좋은 점은 어딜 가든 한없이 자신을 되돌아보게 한다는 점이다. 물론 걸으면서 염불·염송을 하거나 여러 가지 불사를 떠올려보기도 하지만 내 자신의 문제에 대해 골똘하게 생각할 때가 더 많다. 특히 인간의 근원적인 문제에 대해서 생각할 기회를 준다. 다른 곳 같으면 그곳의 풍광을 살피느라 내면을 들여다볼 사이가 없을 터인데도 이곳이나 인도는 바깥의 외연보다 내면의 깊은 곳으로 빠져들게 한다.

나는 처음 왔을 때보다는 좀 더 성숙한 발걸음이 되었다. 먼저 낯익은 것에 대한 익숙함과 체력에 대한 자신감으로 인해 주변의 산세나 물줄기, 혹은 풀이나 꽃에까지 마음을 써가며 걸을 수 있는 마음의 여유가 생겼다. 어찌 보면 내 인생 전체가 성숙한 것 같은 느낌을 받았다.

나는 혼자서 여유를 부렸다. 그렇다고 바닥에 주저앉아 놀지는 않았다. 걷다가 다소 쉬고 싶은 생각이 들 때도 가능한 바위에 앉아서 쉬지 않고 스틱을 잡은 채 서서 주위를 둘러보는 것으로 쉼을 대신했다. 서두르지 않으면서도 부지런히 걸은 덕분에 별로 힘들이지 않고 야영지에는 예정시간보다 일찍 도착했다. 6년 전에는 개울 건너편에 있는 다라북 곰파(절)에서 하룻밤 쉬었는데, 이번에는 사람도 많고 준비도 갖췄던 터라 개울가에 텐트촌을 형성했다.

그러나 일행 모두가 순례의 진정한 의미를 가졌으면 좋았을 텐데 송 씨라는 사람이 그만 대열을 이탈하고 말았다. 일행 중에서 그가 앞으로 간 것을 보기는 했는데 야영지에 도착해서 보니 어디로 갔는지 종적이 묘연했다. 우리는 아침에 출발할 때 가이드가 이곳에서 야영한다고 예고했기에 먼저 도착하여 주변을 둘러보다가 금방 오겠지 하는 마음으로 기다렸다. 그런데 해가 다 저물어도 오지 않았다. 혹시 산기도를 갔다가 탈진하여 쓰러졌을까를 염려하여 일부는 그를 찾으러 나섰다. 나머지 다른 사람들도 부랴부랴 텐트를 친 뒤 현지인들의 도움을 받아 주변을 수색했다. 눈에 보이는 갈 만한 곳을 거의 샅샅이 뒤졌지만 흔적도 없었다. 참으로 행방이 묘연했다. 불안하여 모두가 좌불안석이었다. 별의별 생각이 꼬리를 물었다. 불길한 생각도

들었고, 거기에다 동행한 변호사는 불가능한 주장을 계속 폈고, 심지어는 내가 지도법사라고 나의 멱살을 잡아 흔들기까지 했다. 우리는 할 수 있는 일을 다 하기로 했다. 혹시 그가 고개를 먼저 넘다가 어디에서 탈진하여 쓰러져 있을지 모르니 가이드의 등을 밀어 찾게 했다. 또 다른 사고를 초래할 수 있는 극히 위험하기 짝이 없는 무모한 일이었다. 점점 밤이 깊어가자 온갖 걱정이 꼬리에 꼬리를 물었다. 낮에 올라가기도 힘든 될마라 고개를 조그만 손전등에 의지해 송 씨를 찾아 떠난 티베트인 가이드 롭상은 어떻게 되었는지 안절부절이었다. 혹 떼려다가 혹 붙인 격이다. 우박과 비바람이 수시로 몰아치는 수미산의 격정적인 일기 변화를 온 몸으로 받아내고 있는 텐트가 마치 풍랑에 떠 있는 조각배 같았다. 세차게 요동치는 텐트의 밤이 점점 깊어갈수록 우리들의 걱정도 깊어갔다. 몸을 침낭에 파묻고 있어도 도저히 잠을 이룰 수가 없었다. 5천 미터가 넘는 수미산의 기후는 미친 듯이 소용돌이쳤다. 세찬 바람과 우박이 쉴새없이 휘몰아쳐 텐트가 금방 바람에 날아갈 것 같은 아슬아슬한 상황이 우리를 더욱 공포와 불안 속으로 몰아넣었다. 한국의 순한 자연환경에 살던 우리는 상상하지 못할 자연의 격변과 동료의 이탈로 인한 근심걱정으로 밤새 몸과 마음을 명태껍질처럼 오그려뜨렸다.

한 사람의 철없는 행동으로 일행 모두가 지옥 같은 고통 속에 밤을 새고 아침을 맞았다. 그렇게 천군만마를 무섭게 호령하는 것 같던 그 비바람은 어디로 갔는지 구름 한 점 없는 청명한 하늘에 햇빛만 유난히 포근했다. 새 세상을 만난 기분이었다. 어제의 일은 한바탕 꿈과 같이 아득하게 느껴졌다. 뭔가 새로운 희망의 소식이 전해질 것 같은 설렘마저 일었다. 송 씨가 염려가 되었지만 그도 나이 든 사람이라는 것을 생각하면 염려는 한갓 기우가 될지 모른다는 다소 누그러진 생각이 들었다. 아무튼 그로 인해 밤새 뜬눈으로 지냈던 것을 생각하면 끔찍한 지옥이었고 지금까지 살아오면서 그렇게 사람을 걱정하고 안타까워해 본 적은 한 번도 없었다.

■ 7월 16일(토)

　송 씨 때문에 어찌나 걱정이 깊었는지 하룻밤 사이에 입술이 바짝 말라 갈라 터졌다. 온갖 불길한 염려에 거의 뜬눈으로 밤을 새다가 새벽녘에 잠깐 졸았는데 송 씨가 살아 있을 것 같은 예감이 들었다. 그것도 될마라 고개를 넘어서 오늘 우리가 가기로 한 야영지에 가 있을 것 같은 예감이 줄곧 들었다. 몇몇 사람들에게 나의 예감을 말해주었다. 우리가 이대로 다르첸으로 철수할 것이 아니라 예정된 계획대로 진행하자고 설득했다. 어제 저녁에 다들 모여서 의논하기를 아침까지 어떤 소식이 없으면 철수하자고 결정했었다. 나의 신념에 찬 이야기를 듣고는 어제 의논했던 것과 관계없이 거의가 나의 의견에 동조해 주었다.
　나중에 안 일이지만 송 씨는 어제 가장 앞에서 수미산 북사면을 오르다가 티베트 현지인들과 함께 동행하게 되었고, 그만 넋 놓고 가다가 야영지를 지나쳐 될마라 고개를 넘어가게 되었던 것이다. 일행과 떨어지게 된 것을 알았을 때는 이미 해가 기울어 다시 돌아올 수 없는 상황이 되어 두 번째 야영지까지 내려갔다고 했다. 그의 이탈로 인해 내부에서 분란이 일어나고 모두가 큰 걱정 속에 밤을 지새운 것에 비해 실제 상황은 너무나 간단했다. 어이없는 일이었지만 인생의 묘미인지도 모르겠다.

수미산 꼬라 중에서 오늘 될마라 고개를 넘는 구간이 가장 어렵다. 나는 혹시 이 고개를 넘다가 저혈당이 와서 쓰러지면 여러 사람에게 피해를 줄 것 같아 말[馬]을 준비했다. 그런데 서울서부터 나를 바라보고 따라온 신도 한 사람이 도저히 걸을 수 없는 힘든 모습으로 고개를 숙이고 서 있었다. 말은 그에게 양보했다. 내가 필요한 것은 어디까지나 나중 일이고 그는 당장 발걸음 옮기기도 힘들어하니 순서상 그것이 맞다. 말 탄 사람들을 앞서 보내고 될마라 고개를 올려다보니 아득한 느낌이 들었다. 마음을 다잡고 한 발 한 발 될마라 고개를 향해 몸을 앞으로 밀고 나갔다.

힘들다는 말보다는 자신과의 고된 싸움이었다. 연신 입에 사탕을 문 채 한 발 옮기고 큰 숨 한 번 쉬고 또 한 발 옮기고 큰 숨 한 번 쉬는 난행고행 길을 묵묵히 감내했다. 나의 이 정진으로 스님의 속환사바가 이루어진다면 무엇인들 못하랴 하는 독한 결심이 섰다. 그리고 사람은 누구와 함께인가에 따라서 얼마든지 달라진다. 그처럼 이 힘든 길에서도 좋은 일행이 큰 몫을 했다. 육십이 넘은 혜윤스님이다. 그와 말없이 바라보거나 웃거나, 또는 몇 마디 칭찬하고 격려하면서 앞서거니 뒤서거니 하는 사이 어느덧 될마라 고개 턱밑에 이르렀다. 돌 틈 사이로 흐르는 빙설 같은 물을 손으로 움켜 목을 축였다. 마치 바늘 끝으로 손을 콕콕 찌르는 것처럼 차가웠다.

우리는 햇빛이 가득한 바위에 앉아서 점심을 느리게 먹었다. 일부러 능장을 부려가며 꼭꼭 씹어 먹었다. 행여 될마라 고개를 앞에 둔 여기서 체하거나 배탈이 나면 큰일이기 때문이다. 10시에 야영지를 출발하여 세 시간 가량 걸었으니 점심시간으로는 적합했고 아울러 휴식을 할 때도 되었던 것이다. 휴식을 겸한 느린 점심을 마치고 신발과 옷매무새를 단단히 붙잡아 맸다.

나는 봉우리를 쳐다보면 힘이 더 들 것 같아 정상에 올라설 때까지는 뒤는 돌아봐도 고개는 들지 않기로 했다. 온 길을 뒤돌아보면서 수미산 주변과 먼 산들을 조망하는 일은 카메라로 사진을 찍듯 내 마음에 새겨두는 중요한 일로 생각했다. 나는 될마라 정상을 향해 예배하듯이 고개를 숙이고 오르고 또 올랐다. 젖 먹던 힘까지 모두 끌어올려 몸을 앞으로 밀고 올라가기를 두 시간 이상 계속했다. 앉아서 쉬는 기회는 일부러 갖지 않고 잠시 호흡조절을 할 때도 서서 했다. 이번 순례의 뜻은 역시 스님의 속환사바(速還娑婆)와 불교천문대 건립불사 발원이었다. 나는 힘든 가운데서도 오로지 그 두 가지에 생각을 집중하여 불보살님과 수미산님과 스님의 가호와 인도하심을 간구하면서 그 생각을 잠시도 놓치지 않으려고 화두로 삼았다. 될마라 정상을 오르는 것이 아니라 화두정상을 향하고 있었던 것이다. 이곳 될마라가 가파르기는 우리나라 산에서도 얼마든지 있는 정도지만, 이곳이 워낙 고소(高所)인 까닭에 산소가 부족한 것이 가장 큰 난관이다. 산소가 부족하니 저절로 호흡이 가쁘게 되고 따라서 힘을 제대로 쓰지 못해 고통스러워지는 것이다.

너무 힘들 때는 말을 괜히 다른 사람에게 양보했구나 하는 후회도 일었다. 그러나 이미 말 탄 사람들은 고개를 넘어가 보이지 않으니 아무리 마음은 굴뚝같아도 별 수가 없게 되었다. 인생살이 새옹지마인가, 그 덕분에 될마라 정상을 내 힘으로 넘었던 것이다. 나는 용맹정진 끝에 드디어 될마라 정상에 올랐다. 서울에서 출발할 때부터 걱정했던 이 고개에 올라 나부끼는 타루쵸 앞에 서서 멀리 히말라야 연봉을 바라보며 느끼는 이 희열을 누가 알며, 세상에 넘어보지 않은 사람들은 상상도 못할 것이고, 같이 왔어도 말을 타고 넘은 사람들은 도저히 모를 것이다. 내 말을 타고 간 분에게 감사의 합장을 올렸다.

그러나 정상의 희열도 잠시였다. 바람이 나를 통째로 날려버릴 것 같았고 땀이 식으니 온 몸이 으스스했다. 나는 불가불 서둘러 내려가는 길을 찾았다. 그러나 내려가는 길도 결코 쉽지 않았다. 오히려 힘들기는 더했다. 내리막에서는 다리의 버티는 힘이 있어야 하는데 이미 올라오느라고 다리의 힘이 빠졌으니 조금 가파른 곳에서는 앉아서 미끄럼 타듯이 몸을 땅에 던져야 했다. 자갈이 가득한 내리막길을 여간 조심하지 않고는 자칫 발을 삐거나 뜻밖의 낭패를 당할 것 같았다. 힘이 들고 정신적으로 긴장이 될 때일수록 나는 수미산님과 스님께 불사성취를 발원했다. 스님의 구국구세(救國救世)를 일거에 성취할 수 있는 방법이 불교천문대를 세우는 일이라 믿고, 또한 이 병든 지구를 구할 수 있는 방법도 불교천문대 건립이라는 믿음을 세웠다.

천문학은 현대의 과학기술 문명의 최첨단에 있다. 그런 천문학을 이끌어 나갈 수 있는 것은 불교의 우주관이다. 이런 생각을 연신 내 가슴에 다져가면서 조심조심 계곡을 따라 내려왔다. 야영지까지 무려 세 시간 이상이나 걸렸다. 워낙 비탈의 자갈길이어서 자칫 발을 삐끗하면 그냥 주저앉을 판이어서 신경을 곤두세우고 걸을 수밖에 없었다. 터벅터벅 패잔병처럼 후줄근한 모습으로 야영지에 도착하니 먼저 온 일행들이 박수를 쳐가며 반겼다. 순간 피로는 어디로 날아가고 우쭐해지는 기분을 느꼈다. 아직도 내게 이런 소년 같은 심정이 남았는가 싶을 정도였다.

어제 저녁, 송 씨 실종으로 동행한 변호사가 내 멱살을 잡아 흔들었다. 함께 온 신도가 감히 스님에게 그럴 수 있느냐고 항의를 했다. 변호사가 그만 잘못했다고 사과를 하거나 그도 아니면 웃어넘길 수 있었는데도 그렇게 항의하는 신도의 목에 감긴 머플러를 확 잡아당겨서 빨갛게 피멍이 맺혔다. 사회적인 체통이나 연령의 고하, 그 모두를 막론하고 도저히 용서받을 수 없는 일을 또 저질렀다. 남자가 여자에게, 그것도 목을 졸랐다는 사실은 지극히 비정상이었다. 물론 힘든 과정을 거치느라고 감정이 날카로워졌다고는 하지만 그래도 성인으로서, 또는 법을 다루는 변호사로서, 사회지도층 인사로서 자기 극복이 되었다면 좋았을 일이다. 이 일로 삼삼오오 텐트마다 시끄러웠다.

바로 개울가에 텐트를 쳤기에 거칠게 흐르는 물소리를 밤새다 들으면서 자야 했다. 사연 많은 하루였다. 그러나 너무 피곤해서인지 불쾌해서인지 영 잠이 오지 않았다. 뒤척이다 소변을 보기 위해 텐트를 나오니 야크들이 우리 일행의 텐트를 빙 둘러싼 채 누워서 자고 있었다. 또 그 곁에는 야크몰이꾼들이 각자의 괴나리봇짐을 베고 모포를 덮고 잠들어 있었다. 그런데 야크들은 마치 우리들의 텐트를 자신의 몸으로 보호하듯이 대형을 만들고 있다는 것을 깨달았다. 순간 형언할 수 없는 감동이 차올랐다. 그리고 의문이 생겼다. 어떻게 저 야크들이 누가 시키지도 않았는데, 설령 누가 시켰다고 해도 열을 지을 수 있을까 하는 생각이 들었다. 야크에 대해 문외한인 나의 의문이 커질수록 야크의 영성에 대한 놀라움도 커갔다. 신비한 티베트가 나에게 주는 또 하나의 감명 깊은 선물이었다.

밤하늘은 구름 한 점 없이 청명하다. 별이 금방이라도 우수수 쏟아져 내릴 것 같은 별 밭이 끝없이 펼쳐져 있었다. 그 순간 자연의 순수한 세계 앞에 우두커니 홀로 서 있는 나를 보았다. 저 현지인 야크몰이꾼들은 수미산 자락에서 후드득후드득 뿌리며 지나가는 소나기를 가슴에 안으며 야크들과 함께 별 밭 속에서 그렇게 잠들어 있었다.

■ 7월 17일(일)

비가 부슬부슬 내리는 수미산의 동쪽 아침, 텐트를 정리하고 우리는 다르첸으로 향했다. 내려가는 걸음이었지만 태초의 자연 속을 문명의 안일한 때가 묻은 내가 걷기에는 벅찼다. 짧은 거리도 차를 타고 다닌 버릇 때문에 조금 걸으면 쉬이 다리가 아프고, 심리적으로는 걸핏하면 편할 것을 찾는 습관이 태고의 숭엄한 자연에서 나를 부자유스럽게 만들었다. 그러나 나는 모든 것을 꾹 눌러 참고 앞만 바라본 채 걸었다. 무척 단조롭고 반복된 길을 하염없이 걷기만 했다. 중간에 밀라래빠 스님이 수행했던 토굴 터가 남아 있어서 실감나게 참배하는 기쁨 외에는 특별히 기억에 남을 만한 곳은 없었다.

밀라래빠 스님의 토굴을 들여다보니 딱 한 사람이 앉기만 할 수 있는 크기였다. 누울 수 있는 공간이 전혀 허락되지 않은 묘한 천연 바위굴이었다. 나는 감회가 깊었고 무척 인상적이었다. 마치 티베트 불교에 대한 모든 것을 사진 한 장으로 보는 것 같고 구체적인 설명을 듣는 것 같았다. 밀라래빠라는 이미지에 너무나 잘 맞는 곳이었다. 특히 이곳 수미산에는 밀라래빠의 이야기가 많다. 전설적인 수행을 성취한 밀라래빠이기에 곳곳마다 그의 자취가 이 황량하기 그지없는 국토를 빛내고 있다. 마치 우리의 원효대사 같은 족적을 가지고 있다는 것을 알 수 있었다. 아무튼 이곳 토굴은 밀라래빠를 설명해 줄 수 있는 너무나 잘 어울리는 한 장소였다.

될마라 고개를 말을 타고 넘은 신도가 나에게 말고삐를 슬며시 넘겨주었다. 별로 타고 싶은 생각은 없었지만 그렇다고 그냥 끌고 가기도 뭐하여 말을 타기도 하고 내려서 걷기도 하면서도 시선만은 온통 주변 풍광으로 향했다. 아름다운 경관이어서가 아니다. 성취감이라고 하면 무척 세속적인 표현이 되겠지만 내 가슴속에는 말 못할 성취감이 솟아올랐다. 거칠고 삭막하고 무뚝뚝한 티베트의 산하에 박혀 있는 정신을 찾아보기 위해서 여기까지 기를 쓰고 와서 소기의 목적을 달성했기 때문이다. 이번 순례도 내가 발원했고 모든 계획을 짰고 앞장서서 사람들을 불러들였다. 무엇보다 환생기도에 대한 스님으로부터 받은 감응 때문에 감회가 남다르다. 순례는 서원을 세워서 시작하는 일이다. 부처님께 서원을 공양하고 거기서 자신을 발견하고 키워나가는 일의 단초가 순례다. 결코 수미산에 대한 호기심이나 극기 훈련 따위의 도전이 아니다.

이런 저런 생각으로 가슴에 피어오르는 벅찬 감격과 함께 하는 하산길이 되었다. 서두르지 않았지만 쉬지도 않았다. 2박 3일간의 일정을 무사히 마치고 거의 저녁공양 무렵이 되어서야 다르첸에 도착했다. 맡겨 놓은 개인 짐을 찾은 후 모임을 가졌다. 산에서 있었던 불미스러운 일에 대하여 대중공사를 열자고 했기 때문이다. 송 씨의 이탈과 변호사의 폭력 행위를 대중의 이름으로 짚고 넘어가야 할 일이었기에 어둡기 전에 서둘러 모였다. 두 사람의 뜻밖의 행동으로 말미암아 엄청난 파장을 일으켰던 일에 대하여 그들이 참회했고, 대중은 만장일치로 받아들였다. 무엇보다 폭력의 피해자가 너그럽게 이해하려고 했기에 문제는 쉽게 풀렸다. 과거부터 참회의식에는 한 사람이라도 반대하면 참회가 성립되지 않으므로 우리는 만장일치를 선택했다. 사실 폭력의 피해자 아닌 다른 사람들은 굳이 반대할 이유가 없었다.

우리는 저녁을 먹은 뒤 내일부터 시작되는 수미산 안 꼬라를 위해 다시 짐을 챙겼다. 이것저것 뒤지다가 당뇨 체크기가 보이기에 체크해 봤더니 450이 넘는 수치가 찍혔다. 너무 깜짝 놀랐다. 아마 고산이어서 신체리듬에 영향을 준 것 같았다. 그렇게 혹독하다시피 한 운동을 줄곧 했는데 그처럼 높은 수치가 나올리가 없기에….

■ 7월 18일(월)

　우리 일행은 아침 일찍부터 2박 3일 동안의 수미산 안 꼬라 출발을 위해 서둘러 짐을 챙겨 출발했다. 처음 얼마간은 차를 탔지만 곧 내렸다. 차가 더 갈 수 없을 뿐만 아니라 사람도 일렬로 걸어야만 하는 좁다란 외길이 나타났다. 각기 배낭을 지고 스틱을 짚고서 산허리를 끼고 돌면서 계곡의 물줄기를 거슬러 올랐다. 비록 경사가 가파르지는 않았지만 계속 오르막이고 고소여서 힘들기는 같았다. 바깥 꼬라보다 나을 것이라고는 조금도 없었다.

　오를수록 점점 고도가 높아지니까 한 발자국 옮길 때마다 숨이 가빠서 멈춰선 채 가슴을 헐떡이며 심호흡을 했다. 거기다가 수미산이 수시로 온갖 조화를 부렸다. 산으로 들어갈수록 비 옴과 갬은 거의 십분 간격으로 교차했고, 바람도 몸이 휘청거릴 정도로 세차게 불었다. 비에 젖은 몸에 파고드는 찬바람은 온 몸을 사시나무처럼 덜덜 떨게 만들었다. 한기가 뼛속을 후벼파는 가운데 점심시간을 넘긴 배고픔마저 괴롭혔다. 감기가 들어 몹시 힘들어하는 문경 고선사 혜윤스님을 격려도 하고 주린 배를 위로도 할 겸 바위에 앉아서 사과 하나를 반씩 나누어 치즈 한 장을 곁들여 먹었다. 아침에 출발할 때 지급받은 주먹밥을 먹자니 산 오르기가 더 힘들 것 같고, 또 얼어버린 차가운 몸에 찬 음식을 먹으면 틀림없이 탈이 날 것 같았다. 어쩔 수 없이 먹을 것을 등에 짊어지고도 배고픈 쪽을 택할 수밖에 없었다.

나는 그래도 건강이 좋은 편인데, 일행 중에 어떤 사람은 얼굴에 병색이 완연했고, 또 어떤 비구니 노장은 현지 안내인들이 양쪽 겨드랑이를 받쳐서 들고 가다시피 산을 올랐다. 나는 그런 광경을 바라보며 용기를 냈다. 저이들도 걷는데 내가 못 걸어서야 되겠느냐 하는 가당찮은 오기를 불러일으켰다. 하지만 힘든 그들에게 다가가 도움될 생각은 못하고 우선 제 살 방도부터 찾는 것이 속으로 여간 부끄럽지 않았다. 평소 헌헌장부라고 자처한 사람이 약자를 보면서 고작 자기 살 궁리만 하고 있었으니, 나는 아직도 고난에 처했을 때 남을 위한 보살심은 순식간에 자취를 감추는 범부중생이라는 한계를 벗어날 수가 없었다.

또다시 비가 후드득후드득 산자락을 때리기 시작할 무렵, 야영지에 도착했다. 서둘러 일부는 텐트를 치고 일부는 따뜻한 물을 준비하여 때늦은 점심을 먹었다. 점심을 한 그릇 먹고도 커다란 주방 텐트에 앉아서 뭉그적거리고 있는데 누군가가 라면을 끓인다고 했다. 불문곡직 반가웠다. 덕분에 라면 한 그릇을 깨끗하게 비웠더니 몸에 포만감과 열이 올랐다. 주방 텐트에서 나오니 하늘은 쾌청했다. 구름은 어디로 갔는지 북쪽 하늘에 우뚝한 수미산이 낭연하게 그 성태(聖態)를 드러냈다. 나는 거의 본능적으로 합장을 하고 절을 했다. 일행들도 탄성을 내지르며 흥분을 감추지 못했다. 수미산을 이렇게 가까이서 본 적이 없기 때문에 너나없이 순간적으로 도달한 감정상태였다. 어떤 이는 사진기를 가지러 자기 텐트로 달렸고, 또 어떤 이는 일행에게 알리러 자기 텐트로 갔고, 나는 목탁을 가지러 텐트로 갔다.

수미산 안 꼬라 야영지에서 올려다 본 수미산 모습.

수미산을 향해 삼귀의와 예불과 반야심경 봉독과 석가모니불 정근을 했다. 내가 목탁을 가지러 간 사이 혜윤스님은 수미산을 향해 백팔배를 올리고 있었다. 천천히 올리는 그의 백팔예경이 끝날 때까지 나는 정근을 계속했다. 자갈밭에서 올리는 백팔예경은 법당에서나 집에서 할 때보다 훨씬 시간이 오래 걸렸다. 정근을 끝내고 수미산 순례의 이 인연공덕과 발원공덕으로 나라와 세계가 화평하고 동참자 각자의 서원이 이루어지도록 영험하신 수미산님께, 아니 우리 스님께 축원했다. 이어서 시키지도 않은 설법을 했다.

"세상의 신기하고 특별한 것일수록 안으로 거둬들여라. 외연(外延)을 따라 흘러가면 결코 참된 것을 얻을 수 없다. 마찬가지로 수미산을 내 안으로 거둬들였을 때 비로소 수미산이 진정 거룩하고, 수미산이 거룩했을 때 내 안도 거룩하다. 수미산이 영험하면 내 안도 영험하여 불사(佛事)도 성취하고 중생도 제도할 수 있게 된다.

만약 모든 외연을 내 안으로 거둬들일 수 없다면 결국 수미산을 백 번 천 번 순례하고 천 번 만 번 꼬라를 한들 무슨 소용이 있겠는가. 밖에서 구하면 외도(外道)이고, 자기 자신에게서 얻으면 진불자(眞佛子)다"라고 했다. 사홍서원으로 수미산 기도를 모두 마쳤다.

비록 육체적으로 힘은 들었지만 마음은 날아갈 것처럼 상쾌하고 황홀경에 빠졌다. 우리는 오후 내내 수미산을 우러러보며 산과 대화하고 자신이 살아온 인생과 대화하고 앞날의 꿈을 그리면서 미래와 대화했다. 사진도 찍고 담소를 나누느라 어느 새 피로도 잊었다. 그러나 수미산의 특이한 기상현상은 우리를 밖으로 불러냈다가 또 금방 텐트로 들어가게 했다가 수없이 반복시켰다. 마치 숨바꼭질 하는 것 같았다. 이곳 수미산까지 와서 어린 시절로 돌아간 듯한 기분을 느끼는 것은 또 뭔가.

다들 주방 텐트인 식당에서 환희에 찬 마음으로 저녁공양을 맛있게 먹었다. 각자 준비해온 밑반찬을 서로 나누면서 허기진 배를 채우는 기쁨이란 왕후장상이 따로 없고, 진수성찬의 별미가 따로 없었다. 특히 수미산 가슴에 푹 안겨 후루룩 마시는 우리의 된장국은 가히 천하일미, 5천 미터가 훌쩍 넘는 이곳에서 된장국을 먹을 줄이야, 터져나오는 감탄사를 연발하며 너나없이 흐뭇한 심정에 마치 성인군자라도 된 호연한 기분이었다.

수미산이 어머니라면 어머니의 치마폭에 싸여 젖꼭지를 물고 있는 아이의 행복이랄까. 정신적인 기쁨과 육체적인 기쁨이 두루 원만해진, 뭘 따로 더 바랄 것이 없는 무욕무탐(無慾無貪)의 세계가 바로 이런 경지일까. 수미산 황홀삼매경이다.

우리는 내일을 위해 일찍 잠자리에 들었다. 전깃불도 없는 이곳에서 딱히 더 할 수 있는 일도 없었다. 앉아서 좌선을 하기에는 텐트의 천장이 머리에 닿고 바닥도 울퉁불퉁하여 앉기가 불편했다. 텐트 가족들과의 이야기도 얼추 동이 났다. 그러나 무엇보다 내일을 위해 조금이라도 체력을 비축해놓아야 한다는 염려 때문에 말은 하지 않았지만 제각기 알아서 몸을 눕혔다. 그런데 막상 침낭에 몸을 밀어 넣었어도 쉽게 잠이 들지 않았다. 수미산에서 흘러내리는 물소리가 어찌나 씩씩하고 우렁차고 한결같던지 도저히 잠을 불러들일 수가 없었다. 나는 물소리를 뿌리치고 잠을 불러들인다는 생각을 바꾸고 오히려 물소리에 귀를 기울여보기로 했다. 곧 거기에 빠져들었다. 물소리가 수미산이 들려주는 미묘한 음악소리로 들려오고, 나는 아득히 그 미묘한 선율의 바다에 빠져들기 시작했다.

■ 7월 19일(화)

수미산님이 나를 위해 밤새 들려주신 음악소리에 취해 신선같이 상쾌한 잠을 잤다. 삼매 속을 노니는 것 같은 청량한 휴식이 나를 몹시 편안하게 해주었다. 그 맑은 평화 속에서 한 점 의혹이나 군더더기도 없는 명쾌한 꿈을 꾸게 되었다. 꿈속에서 스님을 만나 뵈었던 것이다. 스님은 생전의 모습처럼 가사장삼을 차려 입고 환하게 웃으면서 나를 반겨주시며,

수미산 안 꼬라 때 필자를 도와준 현지 도우미(수미산 가슴께에 있는 부처님 사리탑을 참배하기 위해 일행들이 오르는 모습이 보인다).

"네가 돌아가 불광의 소임을 맡게 되면, 그때는 옛것(스님이 생전에 만들어 놓은 모든 것을 의미)을 바꾸지 말고, 이미 바꾼 것은 다시 원래대로 돌려 불광정신(스님의 생각)을 회복시켜 놓아라"고 당부하셨다.

꿈을 깬 뒤에도 기억은 이곳 수미산 밤하늘에 빛나는 별처럼 초롱초롱했다. 청신하기 그지없었다. 한 점 의혹이나 미심쩍은 것이 없었다. 스님의 표정과 말씀, 옷차림까지도 너무나 선명했다. 나는 침낭에서 몸을 반쯤 빼어 일어나 앉았다. 물소리는 여전했고 밖은 아직 어두웠다. 다시 꿈속의 장면을 되뇌어보며 그것을 현실적으로 가늠해보았다. 머나먼 남의 일로 느껴졌다. 그러나 너무나 생생한 스님의 표정과 태도 때문에 일단 가슴에 간직하기로 했다.

스님 말씀처럼 불광을 맡게 될지, 불광의 정신을 계승할지 어떨지는 어디까지나 나중 일이고 다만 내가 지금 이곳 수미산 중턱에서 금방 꿈에서 깨어나 앉아 그 꿈을 되짚어보고 있는 것은 분명 현실이다. 그리고 나는 딱히 내가 불광을 맡는다고 하기보다는 스님의 사업을 계승할 때 그렇게 하라는 당부의 말씀으로 듣고 싶은 것이 솔직한 심정이다.

아무튼 지난번에 왔을 때도, 지금 이 순간에도 나에게 가장 중요한 사실은 저 수특(秀特)한 수미산이 바로 스님이라는 점이다. 이 신념으로 다시 수미산을 왔고 그래서 어제 낮 안 꼬라의 베이스 캠프에 도착해서 수미산 기도를 올렸던 것이다. 스님의 환생[速還娑婆]과 불교천문대 건립을 간절히 발원하는 기도였다. 환생은 스님께서 반드시 다시 오셔서 구국구세의 불사를 성만(盛滿)하셔야 하기 때문이고 불교천문대 건립은 스님이 오셔서 이루실 불사[救國救世]를 내가 힘닿는 대로 미리 준비해 놓는 것이다. 속환사바는 스님 자신이 생전에 누차 다짐하시고 주변에 약속하셨던 일이다. 어제 수미산님이 내가 환생과 불사발원의 기도를 할 때 그 미묘하고 빼어나신 성태(聖態)를 드러내 주시는 것으로 이미 기도에 응답을 하셨고, 나는 그것을 알고 있다.

아침공양 후 다시 차분하게 오늘 있을 수미산 가슴께에 있는 부처님 사리탑 참배를 준비했다. 순례자들이 다 모이자 여러 가지 주의사항을 다짐하고 도우미 한 사람씩을 정해주었다. 항상 현지인 도우미와 한 조가 되어서 움직이라는 것이다. 세심한 배려였다. 우리는 곧 안 꼬라에 들어갔다. 안 꼬라는 바로 수미산 가슴께에 모셔진 부처님 사리탑까지 도달하는 길이다.

이곳에 와서 느낀 점 가운데 하나는 공기밀도가 희박한 곳에서는 눈에 보이는 거리가 실제 거리와는 다르게 보인다는 것이다. 바로 눈앞에 보이는 봉우리도 막상 걸어보면 매우 먼 거리다. 안 꼬라의 수미산 가슴에 모셔진 부처님 사리탑까지는 산등성이가 겹겹이 둘러싸고 있어서 연속 돌고 돌아야 했다. 숙영지에서 바라봤던 수미산은 너무나 가까워 앞에 있는 봉우리만 돌아서면 바로 닿을 줄 알았는데 실제로는 예상을 훨씬 넘는 길이다. 아무튼 나는 서울에서 출발할 때부터 각오를 단단히 했던 일이었기에 애써 침착하게 마음을 다잡았다. 남들은 가끔 쉬었어도 나는 도우미를 재촉하여 오전 내내 쉬지 않고 걸었지만 그렇다고 서두르지도 않았다. 수미산의 아랫배에 해당되는 넓은 광장에 도달해서야 조금 이른 점심을 간략하게 먹었다. 수미산 바로 아래 도달했다는 희열과 한순간이라도 더 수미산을 마주 대하고 싶어서 수미산의 온갖 조화(눈사태와 구름과 바람 등 일기변동)에 잠시도 눈길을 떼지 못했다. 밥 먹는 것도 수미산을 우러러보는 일에 방해가 될 것 같고, 또 배가 부르면 사리탑까지 가는 데 부담이 될 것 같아서 일행 모두가 사전에 약속이라도 한 듯 조금씩만 먹었다.

우리는 다시 복장을 가다듬고 신발을 단단히 묶은 뒤 수미산 가슴께에 있는 부처님 사리탑과 티베트 고승들의 부도를 참배하기 위해 출발했다. 무척 가파른 오르막길에다 잔돌들이 산비탈에 잔뜩 쌓여 있어서 걷기가 몹시 힘들었다. 행여 앞사람이 발을 잘못 내디디면 산자갈들이 주르르 쏟아져 내렸다. 사방을 면밀하게 살피면서 조심조심 한 발 한 발 앞으로 나아가기란 정말 고된 일이었다. 숨 가쁘고 신경 써야 하고 대중의 안전을 살펴야 하기에, 잠시도 방심할 수 없고 도무지 딴 생각을 할 수 없게 만드는 일념의 시간, 마지막 코스는 진중하기 짝이 없는 기도의 시간이었다. 나는 올라가는 그 자체가 대단한 용맹정진이라는 것을 깨닫고 지그시 어금니를 내려 물었다.

한동안 내 일에 몰두하다 문득 눈을 들어보니 이미 앞선 사람들이 탑 앞에서 어른거리는 모습이 멀리 바라보였다. 마음은 급했지만 한 발 떼어놓기가 여간 힘들지 않았다. 그저께 넘은 될마라 고개 못지 않는 난코스였다. 다만 될마라 고개보다는 거리가 좀 짧다는 것뿐이었다. 경사가 몹시 가파른데다 산자갈이 깔렸고 그 위에 다시 눈이 쌓였으니 아무리 장사라도 두 발로는 어림도 없는 죽기 살기의 난코스였다. 몸을 바닥에 바짝 붙여 네 발로 엉금엉금 기었어도 바위를 오를 때는 현지인들이 내려준 밧줄과 그들의 손을 잡을 수밖에 없었다. 때로는 천애의 절벽을 감아 휘몰아치는 수미산의 눈보라로 눈을 뜰 수조차 없었다. 앞길을 분간하기조차 어려워 더듬거리는데 머리와 얼굴에 쌓인 눈이 녹아서 콧물과 범벅이 되어 뺨을 타고 줄줄 흘러내렸다. 네 발로 기는 것 외에는 도저히 다른 방법이 없었다. 체면을 따질 계제가 아니었다.

거의 다 올라왔을 것이라는 생각으로 고개를 들어보니 아직 탑까지는 50여 미터 남았는데 마지막 험로(險路)가 장벽처럼 버티고 있었다. 아찔하여 두려웠지만 이미 앞선 사람들이 올라가 있었고, 그들이 연신 충고와 격려를 보냈다. 그 중에는 보살이

멀리 깃발이 한 줄로 설치된 곳에 부처님 사리탑과 티베트 고승들의 부도가 모셔져 있다.

나 비구니도 있었기에 그들을 보면서 다시 용기를 냈다. 마음이 한결 가벼워졌다. 동료들의 응원이 약이 됐던 것이다.

나는 심호흡을 한 뒤 정신을 집중했다. 나중에 생각한 것이지만 산 타는 사람들은 산을 탈 때마다 기도가 될 것이라고 느꼈고, 또 무슨 일이든지 목숨을 걸고 하는 일은 집중의 힘이 없으면 불가능하다는 것도 알게 되었다. 발 한 번 잘못 내디디면 그대로 천길 만길 벼랑으로 내몰릴 아슬아슬한 판국이니 어찌 허튼 정신으로 산을 대할 수 있겠는가. 생과 사가 목전에 있을 때 살 생각을 해야 하는가, 죽을 생각을 해야 하는가.

마지막 코스에서는 계속 현지인들의 도움을 받으면서도 네 발로 걷지 않으면 한 발짝도 올라갈 수 없었다. 사람 키로 세 길 정도 되는 마지막 바위를 오르는 데는 티베트 가이드가 임시로 설치한 로프를 잡았다. 위에서는 끌어올리고 나는 줄에 대롱대롱 매달리다시피 버티며 발을 암벽에 교차로 찍으면서 올랐다. 체력이 많이 소모된 상황이라서 시간이 지날수록 점점 더 힘이 들었지만 그야말로 젖 먹던 힘까지 다했다. 결국은 제법 넓은 공간에 올라섰다. 어떻게 이런 곳이 있나 할 정도로 신기한 느낌이 들었고, 동시에 마침내 탑까지 올랐구나 하는 안도의 생각이 들었다.

비록 짧은 시간, 짧은 거리의 난행고행(難行苦行)이었지만 몸과 마음을 다 바쳐 오른 순례 목적지였고 하이라이트의 코스였다. 먼저 오른 사람들은 숨을 고르고 있거나 탑 앞에서 예배를 하고 있었다. 나도 몸을 바로 세워 먼저 앞을 바라보았다. 멀리 히말라야 연봉(連峰)이 굽이쳐 오가고 있었다. 그 태도와 기세가 이곳 수미산을 받쳐주고 있었다. 내가 서 있는 이곳 수미산은 바로 연실(蓮實)이고 저 히말라야 봉우리는 연잎 같았다. 평소 내가 하고 있던 생각을 오늘 여기 와서 확인한 셈이다. 나는 몹시 경건해졌다. 다시 스님을 생각했기 때문이다. 내가 모험심이 많아서 이곳에 온 것이라든지 단순하게 티베트가 좋고 수미산이 좋아서 왔다기보다는 오로지 스님의 환생을 기도하기 위해 신앙심 충만하여 영험 많은 이곳 수미산으로 순례를 떠나왔던 것이다. 아아, 이제부터는 스님의 환생이 돌이킬 수 없는 기정사실이 되었는가!

내가 스님의 환생을 발원하여 티베트를 오고간 것을 합치면 이번이 세 번째다. 처음이나 지금이나 한국에서나 티베트서나, 어느 때 어디서나 스님 생각을 떠올리기만 하면 그리웠다. 내

수미산 가슴께에 모셔진 부처님 사리탑을 향해 기도하는 필자(앞쪽 낭떠러지에 사리탑이 보이고 그 앞에 간신히 몸을 붙일 수 있다).

목젖은 가라앉았고 가슴은 찡했고 눈시울은 뜨거워졌다. 스님은 나에게 그러한 분이다. 스님은 나의 그리움이기 때문이다. 나는 자리를 옮겨 수미산 가슴께에 자리한 부처님 사리탑 앞으로 조금 더 다가가서 예배하고 발원하며 환생을 기도했다. 높은 산의 청량하기 그지없는 냉기와 오후의 서늘한 기운이 내 몸을 에워쌌지만 이곳은 자주 오기 어려운 매우 특별한 곳이다. 수미산으로부터 허락을 받은 선택된 사람만이 올 수 있는 곳이다. 수미산의 허락을 받아 선택된 사람만이 올 수 있다는 이 사실은 매우 중요한 현실이다. 그렇지 않으면 설령 수미산 아래 다르첸까지 왔어도 돌아가거나 안 꼬라 전진 캠프까지 왔다고 해도 여기까지 올라오지 못하고 저 아래서 바라보기만 하다고 돌아가야 하는데, 오늘 나에게는 임의 가슴에 안기도록 허락하셨고 품어주셨다. 그것은 내가 올리는 스님의 환생기도를 수미산이 허락하고 증명해주신 것이라고 믿는다.

　눈보라 휘날리는 가파른 벼랑 위 사리탑 앞에 서서 나는 스님을 생각했다. 마나사로바 호수에서 스님을 그리워하며 환생을 기도했던 것처럼 스님을 생각했다. 언제나 스님은 나에게 그리움이다. 이미 사라지고 없을 것이라고 생각했던 6년 전의 그 그리움이 그대로 살아났다. 스님이 그리울수록 환생에 대한 간구는 더욱 절절했다. 나는 조금 더 앞으로 이동하여 사리탑 가까운 곳으로 자리를 옮겼다. 안으로 더 들어가서 부처님 사리탑에서 들리는 숨결을 듣기라도 할 것처럼 몸을 잔뜩 구부려 좁은 통로를 따라 한 발 한 발 들어갔다. 그런데 부처님 사리탑은 사람이 쉽게 다가갈 수 없는 곳에 단아하게 모셔져 있었다. 조금 떨어진 고승들 부도에서부터 더 들어가지 못하게 줄을 쳐놓았다. 위험하다고 표시를 해놓은 것이다. 나는 더 들어갈 수 없는 그곳에서 부처님 사리탑을 향해 무릎을 꿇고 수미산과 스님에게 기도를 올렸다. 기도문은 내 마음속에서 흘러나오는 대로 읊조렸다. 마치 무당이 신을 부르듯 앞뒤 두서도 없는 말을 쏟아놓았다. 잘도 흘러나왔다. 몸과 마음이 하나로 되었는지 기도가 간절할수록 스님에 대한 정회가 더욱 깊어졌고 뜨거워졌다. 너무나 애절하여 내 간과 허파가 몸 밖으로 튀어나올 것 같았다. 그렇게 나도 모르는 사이 점점 감당할 수 없는 격정 속으로 빠져들었다. 내 마음속 밑바닥에 간직되었던 그리움과 슬픔이 화산처럼 일시에 솟구쳐 올랐다. 내 가슴은 쿵쾅거리며 소용돌이치기 시작했고 나도 모를 주문 같은 말들은 폭포수처럼 쏟아져 나왔다. 눈물이 줄줄 흘러내렸다. 걷잡을 수 없는 눈물이 수도꼭지를 틀어놓은 것처럼 쏟아져 내렸다. 마치 수미산의 눈사태와 같았다. 도저히 주체할 수가 없어서 그만 엉엉 소리 내어 목놓아 울었다.

스님이 내 곁을 떠나신 뒤, 여섯 달을 중국을 떠돌다가 귀국하여 천일기도를 앞두고 인도불교 성지순례를 떠났다. 그때 나는 인도를 순례하면서 기원정사 가는 버스 안에서 그만 엉엉 소리 내어 울었었다. 그때는 차 안에서 '보현행원송'을 들으며 그리움의 감정이 북받쳐 올랐었다. 그러나 오늘 여기서는 환생기도의 간절함과 환생의 확신이 마침내 대성통곡이 되었다. 연신 입으로는 스님을 불러대는데 눈물 콧물은 주체할 수 없이 흘러내렸다. 곁에 있던 사람들도 울었다. 묘길상 불자도 울었고 지혜심 불자와 혜윤스님도 울었다. 너나 할 것 없이 모두 울었다. 눈을 쏟고 있던 하늘도 펑펑 울어주었고 수미산도 묵묵히 울어주었다. 사리탑도 속눈물로 울어주었다. 온 세상이 스님을 그리워하여 울었고 환생을 기다리느라 울었다.

그렇게 원도 한도 없이 넋을 놓고 울고 있는데 누군가가 나의 어깨에 손을 올리며 바라보았다. 그만 진정하라는 뜻으로 느껴졌다. 그리고 그는 보온병에 남은 미지근한 물 한 모금을 건네주었다. 차츰 진정이 되었다. 다시 정신을 가다듬고 멀리 앞을 내다보니 히말라야 연봉들이 억겁을 자리한 채 숙연하게 나를 바라보고 있었다. 나는 순간 행복했다. 가슴을 활짝 펴고 호흡을 깊이 했다. 연신 히말라야 연봉을 향해 합장하고 절을 올렸다. 말로 할 수 없는 감사와 행복의 절이었다.

수미산 가슴께에 모셔진 부처님 사리탑 앞에서 기도를 마치고 돌아나오는 필자.

수미산과 스님께 올렸던 나의 기도는, '세계평화·인류행복· 남북평화통일'의 구국구세에 대한 인도하심과 가호하심과 원만하심이었다. 부디 스님께서 하루 바삐 속환사바(速還娑婆)하시어 재명대사(再明大事) 하시길 빌고 또 빌었다. 나는 이번 기도를 통해 다시 한 번 스님의 환생을 확신 감응했다.

어제 저녁 꾼 꿈과 오늘의 일이 문득 겹쳐졌다. 인간이나 성자들의 무한한 정신작용을 우리들 현재의식으로만 가늠하고 헤아리기는 어렵다. 그러므로 현실적으로 이해되지 않거나 못하는 것은 기적이라고 한다. 그러나 기적은 없다. 다만 자신이 감당하지 못할 뿐이다.

정신을 가다듬고 입구로 나오니 하산해야 한다는 전갈이었다. 하늘에서는 우박이 쏟아져 내리고 있었다. 다시 내려갈 길을 바라보니 두려웠다. 울며 기도할 때는 내려갈 일을 까맣게 잊고 있었는데 내려가야 한다는 사실에 문득 현실로 돌아온 것이다. 가만히 바라보니 올라올 때보다 더 위험하다는 느낌이 들었다. 그러나 아무리 무서워도 결국은 내려가야 하는 길이다. 피할 수 없는 길이고 대신 할 수 없는 길이다. 마음을 다잡은 뒤 조심스럽게 한 발 한 발 내디뎠다. 원래는 영탑 입구의 고개를 돌아 반대편에 있는 길로 내려가야 하는데 계속 눈보라가 사정없이 휘몰아쳤고 잠깐 반짝하는 햇빛에 녹은 눈이 그대로 얼어붙어서 빙판이 되었다고 한다. 올라왔던 길을 다시 내려가는 것이 빙판길보다 쉬워서가 아니었다. 단지 안다는 사실 때문이었다. 길이라고 말을 하긴 해도 다니기 좋게 다듬어진 상태여서가 아니다. 그냥 돌 위를 적당히 밟고 알아서 가야 한다. 한순간이라도 방심하여 발을 잘못 디디게 되면 넘어지거나 엉뚱한 곳으로 접어들어 길을 잃게 된다. 그러므로 앞서 가는 사람이라도 있어야 안심이 된다. 어쩌다가 뒤처지게 되면 초긴장을 해야 할 처지다. 그런 중에도 다행스러운 것은 현지인 도우미가 곁에 있다는 것이다. 나는 지쳐서 힘들고 다리 아플 때마다 수미산을 돌아보며 그 위용에 다시 감동하고 경외를 느껴 절하곤 했다.

성산, 수미산 순례에서 나는 두 가지의 기도 성취를 얻었다. 처음에는 수미산과 마나사로바 호수가 바라보이는 언덕에서 스님께 올린 기도와 응답, 그리고 조금 전에 올린 기도와 오늘 새벽의 계시, 나는 결국 이것을 위해 집을 나섰고 대중들은 나의 발원에 동참하여 이곳까지 오게 되었다. 참으로 고마운 분들이다. 속상하게 했던 분들도 나에게는 선생님 같은 존재다. 이 모두는 구국구세다. 나는 1차 구국구세 대법회를 마무리하고 바로 나왔다. 일행은 수미산 간다는 말에 따라 나섰지만 내용인즉 나의 발원인 구국구세의 큰 물결에 합류한 것이다.

나의 기분은 무척 맑아졌다. 아주 투명하여 무엇이든지 다 비춰지고 느껴졌다. 주변 산세나 날씨의 변화 등 어느 것 하나 놓치지 않고 살폈다. 몹시 외람된 일이지만 수미산의 풍수지리마저도 가늠해 보았다. 가만히 바라보니 수미산을 보호하기 위해 얼마나 여러 겹으로 산들(히말라야)이 둘러싸고 있는지, 가까이서 멀리서 중중첩첩으로 에워싸고 있었다. 저 멀리 히말라야 연봉들과 가까이는 다르첸의 뒷산까지 모두 수미산을 옹호하고 있었고 수미산에서 줄기가 뻗어나가고 있었다. 장대하기 그지없는 히말라야의 핵심은 수미산이었다. 말하자면 히말라야는 수미산을 감싸기 위해 생긴 보호맥들이었다. 히말라야 봉우리 하나하나가 연잎과 같다면 줄기는 인디아 데칸고원까지일 것이고 뿌리는 데칸고원의 아래 지역일 것이다. 이렇게 보았을 때 수미산은 당연히 연실에 해당된다고 봐야 한다. 비록 멀리 내다보지 않고 수미산 인근의 산세만 봐도 그 장엄함이 필설로 형언하기 어렵다. 바깥 꼬라를 통해서 수미산이 얼마나 잘 갈무리되었는지 살펴보았고 또 책을 통해서도 조감도를 보았었다. 안 꼬라를 통해 속까지 낱낱이 다 보았으니 부동의 모습으로 수미산은 내 마음에 간직되었다. 잘 갖춘 풍수의 이치와 함께.

아무튼 오늘 저녁도 수미산 가슴에 파묻혀 하룻밤을 보낼 것을 생각하니 내 인생에서 무엇과도 비교할 수 없는 복이구나 하는 감회가 피어올랐다. 이곳 수미산에는 밤 10시가 되어서야 어둠이 깔리기 시작한다. 물론 중국 북경을 중심으로 정한 시간

때문이다. 텐트의 순례 동료들과 이런저런 이야기를 주고받다가
맑은 기쁨 속에 푹 안겼다.

■ 7월 20일(수)

새벽에 볼 일을 보기 위해 텐트를 나오니 달이 내 어린 시절
고향집 마당의 감나무에 걸린 것처럼 몹시 크고 가깝고 정답다.
마치 나에게 손짓을 하거나 말이라도 걸어올 것 같은 생각이
들었다. 아마 오늘이 음력으로 유월 보름쯤 되었을 것 같다. 달
력이 없어서 분명한 것은 아니지만 너무나 크고 밝은 달이 그
것을 말해주고 있다. 난생 처음 저렇게 대단한 달을 대한다는
미묘한 감회가 일었다. 또한 무수한 별들이 반짝여댔다. 연말
백화점에 장식해 놓은 송년장식 같았다. 현란하기 그지없다. 수
미산님은 이마에 쓰신 흰 왕관에 달빛을 더하고 별 밭을 배경
으로 하고 계셨기에 유난히 신비감을 더했다. 기품 있는 영자
(英姿)를 내뿜으며 마치 우주의 주인공처럼 태연하시다. 가히 이
런 경우를 일러 언어사유부도처(言語思惟不到處)라고 했던가. 도
저히 필설의 형언이 감당되지 않는다. 나는 이내 찬기운 때문에
텐트로 들어가고 말았지만 내 평생 그렇게 명징한 달을 대한다
는 것이 앞으로 얼마나 더 있을까를 생각해보게 하는 특별한
순간이었다. 한층 맑아진 마음으로 침낭에 몸을 밀어놓은 채 수
미산의 하늘과 달과 별을 우러렀다.

어제 안 꼬라를 마쳤기에 오늘은 공양이 끝나자 바로 하산했
다. 스님 환생기도를 성공리에 마쳤다는 기분으로 몸과 마음은

어느 때보다 가볍고 힘이 솟아올랐다. 비교적 좋은 날씨였다. 텐트를 철거할 때 약간의 비가 흩뿌리기도 했지만 수미산의 종잡을 수 없는 일기변동에 비하면 약과였다. 수미산 바깥 꼬라 안 꼬라가 모두 끝났다는 홀가분함으로 발걸음이 한결 가벼웠다. 차가 대기하고 있는 곳까지 한 시간 반을 걸어내려 왔다. 수미산 바깥 꼬라 안 꼬라 합쳐서 연속으로 4박 5일의 텐트생활에서 벗어난다는 생각도 나를 즐겁게 했다. 오늘 저녁부터 실내에서 잔다는 생각만으로도 안온감이 밀려왔다.

평소 몸을 편하게만 지냈던 내가 강행군으로 수미산 꼬라를 마치고 나니 한층 성숙한 내 자신의 신앙심을 느낄 수 있었다. 물론 힘든 일을 무난히 마쳤다는 흐뭇함도 깔려 있었다. 일찌감치 다르첸으로 내려와서 점심공양으로 마련된 국수를 두 공기나 비웠다. 힘든 일을 마쳤다는 성취감과 안락감으로 입맛도 밥맛도 더할 나위 없었다.

6년 전과는 달리 다르첸 숙소 앞마당에서 기념품을 파는 현지인들이 얼마나 집요하게 달라붙는지 티베트 사람들에 대한 인상마저 달라지면 어쩌나 하는 염려가 될 정도였다. 우리는 점심을 먹고도 마당에서 어슬렁거렸다. 정든 곳을 못내 떠나야 하는 미련 때문인 것처럼 일없이 서성이다가 어쩔 수 없을 때가 돼서야 차가 출발했다. 다르첸을 뒤로 하고 서쪽으로 길 없는 길을 내달렸다. 이제부터는 서부 티베트를 줄곧 달리는 일만 남았다. 고개를 돌려 수미산 서쪽 면을 바라보며 감회를 새겼다. 나와 수미산과는 매우 특별한 관계다. 이루 말로 다 표현할 수 없는 불가분의 관계다. 우선 사제의 관계다. 그래서 수미산을 스님으로 부르고 있다. 힌두교에서는 수미산 정상에 범천이 머문다고 하지만 나는 수미산이 바로 스님이라는 믿음을 갖고 있다. 그렇다. 스님인 수미산의 용자(容姿)는 어디에서 바라보아도 언제 바라보아도 의연하시고 훤칠하시다. 언제 다시 뵈옵게 될지 모르지만 수미산님 천고만고에 안녕히 계시지요 하는 심정으로 경건한 인사를 드렸다.

일로 드넓은 고원을 달려갔기에 오랫동안 수미산님의 서면 모습을 바라볼 수 있었다. 차는 앞으로 가지만 나는 뒤를 돌아보았다. 그러나 아무리 바라보아도 지치거나 싫증나지 않는 수미산 모습이 어느 순간 나의 망막에서 사라지고 없었다.

티베트 고대 상승왕국이 자리한 입구에는 절이 있다. 파드마삼바바가 인도에서 들어온 통로에 지은 절이었는데 우리는 차를 멈춰 그 절을 참배했다. 뵌포와 불교의 접점을 연상케 하는 여러 가지 전설들이 붉은 바위덩어리나 굴들, 흰색의 바위들에도 가득 담겨 있었다.

이곳 티베트는 단연 기도의 땅이다. 우리 한국인에게 티베트는 무슨 땅일까. 바로 참회의 땅이다. 평소 너무나 까불어대거나 우쭐해하는 우리의 생활습관을 바꾸기 위해서는 먼저 참회해야 한다. 그래야 마음의 안정을 얻게 되고 사람이 신중할 수 있게 된다. 까불지 않고 마음의 안정과 무게를 가지려면 이곳에 와서 참회해야 한다. 참회하여 무거워져야 한다. 까불고 경솔하면 반드시 대가를 치르게 댄다. 지도자들일수록 그렇다.

■ 7월 21일(목)

티베트라는 말 앞에 한 마디의 형용사를 부친다면 무슨 말이 가장 적합할까. 나는 오늘 오전 차 안에서 줄곧 그것을 생각해보고 차 안의 일행들에게도 넌지시 물어보았다. 사실 그 어떤 말도 잘 맞지 않는 포괄성을 티베트는 가지고 있다. 굳이 예를 든다면 광활한, 황량한, 광막한… 정도일까.

나는 태초의 티베트라고 붙여보았다. 지구가 생긴 바로 그 시점의 모습을 티베트는 고스란히 간직하고 있다는 생각을 했기 때문이다.

새벽에 용변을 보기 위해 일어나 숙소 밖을 나가보니 달이 휘영청 밝았다. 음력으로 보름이 지난 열엿새쯤 되었나 보다 하고 짐작했다. 크고 둥근 달에서 쏟아지는 교교한 달빛이 티베트 산하를 부드럽게 어루만지고 있었다. 태초의 지구 모습을 간직한 그 티베트를 달빛은 여자의 손길 같은 신비로운 푸른빛으로 마냥 쓰다듬고 있는 것이다. 사방이 너무나 적요하여 더더욱 티베트의 진가가 발휘되는 것만 같았다.

이곳 티베트에서 어딜 간들 티베트가 아니겠냐만은 우리는 여느 때보다 1시간 일찍 출발하여 구게왕국(古格王國)으로 향했다. 신새벽에 길을 나서서 산을 넘고 고개를 넘고 내를 건너고 아슬아슬한 천길 단애의 벼랑을 지나기를 그 얼마나 거쳤는지 헤아리기조차 어렵다. 지구 태초의 모습을 간직하고 있는 티베트 산하를 마음껏 가슴에 안아보았다. 현재의 이 지구상에서 태초의 모습을 간직하고 있는 곳은 이곳 티베트밖에 없을 것 같다는 생각이 들었다. 그러한 티베트 산하에 끝없는 눈길을 주며 몸을 춤추듯 흔들리는 차에 내맡겼다. 이제부터는 순례가 아니고 여행이나 탐험인가. 아니다. 어딜 가나 무엇을 보나 나에게는 순례다. 문화가 다른 인간의 삶을 보는 것도 순례고, 우리와 다른 자연환경을 탐험하는 것도 순례고, 고원에 뛰어다니는 주인 없는 야생마를 바라보는 것도 나에게는 순례다. 그 모든 것이 내 내면의 세계와 다르지 않기 때문이다.

석회석이 녹아 뿌옇게 흐르는 개울가에 앉아서 점심을 마친 뒤, 다시 일로 서부 티베트를 내달렸다. 왜냐하면 구게왕국의 유적지가 일찍 문을 닫는다고 하여 더 머뭇거릴 수가 없었다. 지난 1999년에 왔던 길을 따라서 그대로 갔다. 길도 그대로요 길 사정도 그대로였다. 달의 성(城)을 지날 때는 모두가 차에서 내려 환호성을 지르면서 연신 카메라를 눌러댔다. 모두가 사진 예술가가 된 듯 진지하기 이를 데 없었다. 그런 모습들을 보는 것만으로도 내 마음이 어려진다.

그런데 어느 차에서 느닷없이 한국의 대중가요가 흘러나왔다. 뜻밖의 돌발사태였다. 너무나 어울리지 않는 분위기가 순간적으로 이국적인 낭만을 싹 쓸어가버렸다. 화가 버럭 났다. 점잖게 다가갔지만 말은 날카롭게 튀어나왔다. 차 안의 사람들이 동시에 움찔했다. "한국의 유행가는 여기 와서 듣지 않아도 앞으로 얼마든지 들을 수 있지 않느냐? 비싼 돈 내고 이곳까지 왔다면 철저하게 티베트에 푹 파묻혀 티베트를 이해해야 하고, 그러려면 철저히 티베트 사람이 되어야 하지 않느냐? 도대체 뭐하는 짓이냐."

이런 상황을 어떻게 해석해야 할지 분간이 서지 않았다. 사실 나는 지난 1999년 7월에 티베트에 왔을 때는 거의 제 정신이 아니었다. 처음부터 끝나는 날까지 고산증세에 시달렸기 때문이다. 그때의 신체적 상태로는 무엇을 보고 느낀다는 것은 거의 불가능할 수밖에 없는 일이었다. 그런 까닭에 이번에 보는 것이야말로 비로소 보는 것이 된다. 좀 더 충실하고픈 내 심사를 거슬렸다고 해도 나의 화냄은 지나쳤다는 후회가 곧 일었다.

구게왕국 들어가는 진입로가 좀 바뀌긴 했어도 역시 조금도 변함없는 그때의 모습이었다. 이곳의 모습을 간직하고 있는 벽화를 자세히 볼 수 있었다. 또 설명도 잘 들을 수 있었다. 1999년에는 티베트 말을 제대로 하는 사람이 없었다. 그때는 느낌만 가지고 돌아섰었다. 거기에 비해 이번에는 내용을 설명 듣게 되어 한층 이해가 깊었고 심지어는 문화적 친밀감마저 느꼈다. 제일 정상에 있는 왕궁까지는 매우 가파르고 높은 곳이었는데 별로 힘드는 줄 모르고 올랐다. 구게왕국의 여름 궁전은 덩그렇게 드러나 있고 겨울 궁전은 땅 속에 있다는 곳을 직접 보여주었다. 겨울 궁전으로 내려가지는 못 했지만 아래로 향한 계단 입구에서 플래시를 비춰 살펴보았다.

매우 넓적한 왕의 연회장과 물 길어 올리는 비상통로를 내려다보며 우리는 혀를 내둘렀다. 도대체 이렇게 높은 곳에 궁전을 건설했다는 것에 대해 눈으로 직접 확인하면서도 자꾸만 의아심이 일었다. 그러나 인간의 권세는 결코 오래 갈 수 없는 일, 그것을 일찍이 간파한 부처님께서는 모든 것을 다 뿌리치고 진리의 길로 들어섰던 것이다. 참다운 결정이고 만세의 표준이고 대도를 향한 활보이며 인류를 구제하는 자비의 거보였다.

전쟁으로 인해 부서진 왕궁의 모습, 세월 속에 일그러진 폐허의 모습, 문화혁명 때 홍위병들에 의해 파괴된 모습, 그 무상(無常)한 역사의 현장 앞에서 나는 할 말을 잃었다. 특히 문화혁명이 갖는 역사적 교훈인 인간의 탐욕과 무지함, 오만함, 방자함, 그 참혹함 앞에 어찌 내 필설이 미칠까. 삶의 연륜이 부족한 나는 입 벌린 채 망연히 바라볼 뿐이다.

■ 7월 22일(금)

모처럼 숲이 있는 탁림(托林)에서 휴식하고 오늘 9시에 출발했다. 어젯밤 달이 어찌나 크던지 티베트의 좋은 점 중에 하나가 달이 크다는 것이다. 얼마나 크냐 하면 한국에서는 상상도 하지 못할 정도다. 지대가 높다 보니 달이 크게 보인 것일까, 공기가 희박해서 달이 크게 보인 것일까, 아니면 매연이 없어서 크게 보일까. 달 생각 절 생각의 이런저런 생각으로 밤새 거의 잠을 이루지 못하고 몸을 뒤척거렸다. 새벽녘에는 밖으로 나와서 다시 달을 올려다보았다. 시원하고 은근하고 신비한 달을 바라보면서 나는 생각에 사로잡혀 씨름하던 허깨비들을 일순간에 탁 놓을 수 있었다. 인간의 힘으로 안 되는 인간사는 시간이 풀어준다는 사실을 새삼 깨닫고 저절로 풀리기를 기다렸다. 비로소 마음이 평안해졌다. '될 대로 되라는 식'이 아니라 마음의 눈으로 문제의 끝을 보면 저절로 결말이 난다는 식이다. 아침에 그런 조짐이 나타났다. 사실 나타나든 나타나지 않든 나는 이미 마음이 담담해진 상태였기에 별 차이가 없었다.

순례 중반을 넘어서 차량을 바꿔보는 게 어떠냐고 소수의 의견이 있었지만 짐 옮기고 사람 바꾸는 것이 싫다고 다들 그대로 가자는 의견이었다. 만리 타국 이곳 티베트에서 북어국이 웬 말이냐는 듯이 아침에 북어국이 한 그릇씩 나왔다. 일행 중 누군가가 솜씨 좋고 정성 깊은 사람이 마련했나 보다. 다들 흐뭇한 마음으로 자기 몫을 뚝딱 해치우고 다시 티베트 서부 도시인 알리를 향해 출발했다. 드문드문 사진 찍느라 차를 세웠을 뿐 줄곧 달렸다. 문명사회에서는 도저히 볼 수 없고, 상상할 수조차 없는 특별한 자연경관들이 이번 순례를 한층 심각하면서도 보람 있게 만들었다. 나도 몇 장면을 카메라에 담아보았다. 나는 그동안 사진을 찍고 싶은 생각이 들 때마다 어머니가 만들어주신 기억장치에나 담아야지 하고 생각하곤 했는데, 아무래도 나중에 후회할 것 같은 생각이 드는 곳에서는 몇 장면 찍기로 했다. 몇 번의 경험에 비추어보면 여행지에서 열심히 사진을 찍어도 막상 그 이후에는 거들떠볼 사이도 없다. 일상이 바쁘게 돌아가기 때문에 차라리 사진 찍는 시간에 좀 더 세밀하게 보는 것이 낫다 싶었다. 그런데도 사람의 마음이란 남이 하면 나도 해야지 하는 욕심이 앞서는 것 같다. 그것이 대개의 본능일지도 모르겠다.

오전 내내 달려도 서부 티베트의 대고원을 벗어나지 못했다. 탁림에서 알리까지는 5천 미터 이상의 고개를 몇 곳이나 넘어야 했고 그보다 좀 낮은 고개는 수도 없이 넘어야 했다. 티베트의 산과 개울을 질리도록 넘고 건넜다. 높은 절벽에 매달린 다

람쥐 길같이 좁은 길을 현지인 운전사들은 잘도 달려주었다. 지치지도 않고 방심하지도 않고 한결같이 마음 든든하게 운전해주었다. 환경에 적응하는 인간의 능력은 지구상 모든 존재들 중에서 가장 뛰어나다는 생각을 해본다. 이곳 운전사들은 역시 이곳 지리와 환경에 잘 적응되어 있다고 봐야 할 것이다. 운전사 이야기가 나왔으니 그들의 관계를 말해야겠다. 처음 라싸를 출발할 때부터 운전사들은 두 부류였다. 티베트 사람들이 한 부류였고 또 한 부류는 한족들이었다. 마치 짜 맞춘 듯이 비례가 맞았다. 아마도 뭔가가 작용했다는 생각이 들었는데, 실지로 물어보니까 그런 규정이 있다는 것이다. 티베트 사람들에게만 맡기지 않는 한족의 의뭉스러움이 이렇게까지 철저한가 하는 생각이 들었다.

군인들이 집결지에서 기다리듯이 툭 트인 벌판에 앞서 가던 차들이 우리를 기다리고 있었다. 내가 탄 차에 현지 가이드인 룩상이 동승했기 때문에 제일 뒤에서 전체 팀을 보호하면서 오느라 가장 나중에 도착하게 되었다. 앞차들의 꽁무니에 차를 멈춘 운전사가 싱긋 웃었다. 심각하게 입을 다물고 있던 나도 따라서 그만 웃고 말았다. 힘들고 고단한 중에서도 서로들 농담을 하고 장난을 즐겼다. 그들의 순진한 모습을 바라보고 있노라니 어느 새 다시 차가 출발했다. 차가 불현듯 어느 언덕을 올라서니 바로 아스팔트 도로가 나타났다. 정말 오랜만에 잘 포장된 아스팔트 길을 만났다. 비포장도로에서 70킬로미터 정도의 속도로 달렸는데 갑자기 120킬로미터로 내달리니 고원이 모두 내 것이 된 것 같았다. 아스팔트 도로의 편안함 때문인지 곧 잠이

들었다. 오전 9시라고 해도 이곳은 중국 변방의 서부니까 북경
과는 너무나 큰 차이가 있었다. 험하고 거친 길을 달려오느라
몸이 지쳤나보다. 또한 어제저녁 잠도 못 자고 끙끙거렸으니 햇
빛 포근하고 안락한 길에서는 저절로 잠이 오기 마련인 것 같
다.

눈을 부스스 떠보니 저 멀리 서부 티베트의 가장 큰 도시인
알리 시가지가 한눈에 들어왔다. 티베트 가이드가 알리라고 확
인해 주었다. 6년 전에 왔을 때보다 훨씬 발전한 모습이었다.
그러나 중국의 다른 도시와는 비교할 바가 아님을 미리 알아야
한다. 티베트를 대하는 타국의 사람들은 티베트가 중국에서 매
우 특별한 지역임을 먼저 인식해야 한다. 그래야 정확하게 티베
트를 이해할 수 있게 된다. 제법 택시도 다니고 깔끔하게 단장
한 도시환경은 6년 전보다는 많이 달라졌음에 틀림없다. 시가지
에 들어와 보니 더욱 실감할 수 있었다.

우리는 알리 시내의 최고급 호텔에 여장을 풀었다. 최고급 호
텔이라고 해봤자 우리 한국의 여관에도 못 미치는 시설수준이
지만 말이다. 그러나 인간의 마음은 무척 나약하다. 조금만 달
라져도 세상이 달라진 것처럼 크게 느껴지니 말이다. 조금 문명
의 혜택이 낫게 주어지자 누구나 할 것 없이 얼굴에 희색이 만
면이다. 오후 7시에 저녁공양이라니 두 시간 정도 남았다. 나는
그동안 깎지 못했던 머리를 깨끗하게 깎고 새 옷으로 갈아입었
다.

오늘 여기까지 오면서 나는 여러 사람들과 싸웠다. 첫 번째
싸움은 어제 저녁 식사시간에 파티를 한다고 어느 식당 2층을

빌렸는데, 거기서 술 먹고 고성방가를 하기에 "너희들이 미국이나 유럽에 여행 가서 현지인들이 아래층에서 식사를 하고 있는데 그렇게 악다구니를 써가면서 방자하게 굴 수 있겠는가? 이따위 작태는 분명 이곳 티베트 사람들을 업신여겨서 하는 짓이다. 이것은 차마 못할 부끄러운 일이다"라고 일갈했다.

두 번째 싸움은 티베트 산하를 거쳐오면서 어느 차에선가 한국에서 가져온 유행가 테이프를 틀기에 일침을 가했더니 그 차의 일행들이 나를 매우 불만스런 표정으로 흘겨보았다. 이후로 그들은 슬금슬금 나를 피했다.

세 번째 싸움은 우리가 순례단으로서 아침에 한 번만이라도 예불을 올리자고 했더니 반대파들 가라사대 "집(절)을 떠나면 좀 자유스러워야 하지 않느냐?"고 하기에 "그래, 집에서는 밥 먹고 집을 떠나면 밥도 먹지 않느냐? 출가자가 어디서나 입으로 밥 먹으면 당연히 밥값을 해야지"라고 했더니 이 역시 싸움이 되었다. 내 본 뜻과는 다르게 나는 어느 새 그렇게 싸움꾼이 되어 있었다.

■ 7월 23일(토)

우리는 서부 티베트의 대도시인 알리를 오전 9시에 출발했다. 나는 새벽 4시 30분경에 잠을 깨어 줄곧 생각에 생각을 거듭했다. 잠이 많이 부족했는데도 오늘 하루 내내 거의 졸지 않았다. 정신을 맑게 하여 티베트 산하를 감동적으로 살폈고 모든 것을 눈여겨보았다. 몇 번이나 말했지만 티베트의 산하는 아무리 달려가도 벌거숭이산과 벌거숭이 골짜기뿐이었다. 차는 언덕을 따라 숨가쁘게 오르는가 하면 어느 새 골짜기를 따라 한없이 내려가기를 수도 없이 반복했다. 이곳 듀오마(多馬)에 도착한 시간은 오후 5시 무렵이었다. 중간에 점심 먹느라 잠깐 쉬고, 또 사이사이 기사들을 위해 잠시 쉰 것을 제하면 계속 달리고 또 달렸다. 그런데도 이상하게 지루하거나 피곤한 느낌이 없고 오히려 시종 알지 못할 긴장감을 느끼면서 티베트의 산하를 예의주시했다. 그러는 사이 이곳 듀오마까지 왔다.

우리가 달리고 있는 이 험한 길은 장족과 회족의 오랜 통로라고 하고, 오늘날에도 소위 공로(公路)로 대접받는 어엿한 길이었다. 또한 이 통로는 신라의 혜초스님이 천축을 순례하고 귀국길에 사용했다는 확인되지 않는 설도 있는 사연 깊은 길이기도 했다. 그것이 비록 전설이라고 해도 나의 입장에서는 뭔가 연유를 부치고 싶고 더 캐보고 싶은 미련의 길이다. 그래서 차를 타고 오는 동안 내내 혜초스님이 이 길을 과연 걸었을까 하는 생각을 했다.

저 험난하기 그지없는 길을 혜초스님이 걸었다면 그 당시 지방의 토호나 소국의 왕들이 분명 편의를 제공했을 것이다. 불교를 숭상했던 때였으니 말이다. 자료가 없다고 해서 불가능하다고 딱 잘라 말할 수는 없을 것이다. 나는 그런 생각을 할 수 있는 것만으로도 상당히 고무되었고 사실인 것처럼 뿌듯한 자부심이 일었다.

한 가지 사실을 덧붙이자면 혜초스님은 밀교 계통의 수행자이기에 그 당시 이미 티베트에 밀교가 들어와 자리 잡기 시작했을 때이니 그의 방문이 가능하지 않았을까 짐작해보게 한다. 이점을 미루어 보면 오히려 충분히 납득 가는 점이 많다.

이곳 듀오마 시골 초대소(招待所)는 옛날 우리네 주막집처럼 지어졌다. 얇은 판자로 칸을 막았기에 옆방의 숨소리까지 다 들렸고 천정에는 밤새 쥐들이 잔치를 벌이는지 전쟁을 하는지 요란을 떨었다. 이것저것 매우 인상 깊은 곳이었다. 언제 이곳에 다시 와서 하룻밤 머물 수 있을까.

■ 7월 24일(일)

어젯밤 듀오마에서 11시 무렵 잠자리에 들었는데 공교롭게도 중국의 가장 변방 촌락인 이곳에 밤새도록 전깃불이 켜져 있어 도저히 잠을 이룰 수가 없었다. 도대체 형광등을 끄는 스위치가 어디에 있는지 아무리 찾아도 찾을 길이 없었다. 그 단순한 장치가 방안 어디에 설치되어 있는지 밤새 찾아 헤매도 도저히 찾을 수가 없었다. 밤새도록 불이 훤히 켜져 있으니 도무지 잠을 청해도 잠을 잘 수가 없었다. 거의 새벽 4시까지 누웠다 일어났다를 수없이 반복하며 시간을 보내느라 무진 애를 썼다. 일정표를 꺼내서 처음부터 끝까지 반복해 읽어보기도 하고 처음부터 쓴 일기를 모조리 읽어보기도 했다. 그래도 시간이 무진장 남아 짐정리도 하고 간혹 한두 가지 기념품 산 것도 풀어서 찬찬히 음미해보기도 했다. 시간을 보내기 위해 별 짓을 다했던 지난 하룻밤이었다.

그러나 새벽 6시가 되니 모닝콜은 정확하게 울렸다. 그것은 사람이 방방이 찾아다니면서 노크하는 방법이었다. 춥기도 하고 물이 귀하기도 한 곳이어서 고양이 세수하듯 눈곱만 간신히 뗐다. 그동안 많은 시간을 함께 한 덕분에 티베트인 요리사가 이제는 된장국도 제법 잘 끓였다. 역시 된장 힘이랄까, 멀건 된장국이었지만 한 그릇 쭉 마시고 나니 나른한 몸이 그나마 생기가 돌았다. 까칠까칠하던 입안이 밥알을 순순히 받아들여 하루종일 차에 시달릴 몸 생각을 해서 천천히 아침공양을 했다.

이곳 듀오마에서 밤을 꼬박 새다니 전혀 예기치 않던 일이었다. 또 어제 저녁에는 일행과 의견이 맞지 않아 다투기까지 했다. 듀오마의 하룻밤은 여러 가지 일들이 많았다. 이것도 지나면 추억이 되겠지 하는 생각을 하면서 사연 많은 듀오마를, 언제 다시 올지 모를 듀오마를 뒤로 하고 표표히 떠났다.

우리는 이곳 듀오마에서 다홍리탄을 향해 오전 8시에 출발했다. 나는 아침잠이 거의 없는 편이라 일찍 이 방 저 방 다니면서 일행들을 깨웠다. 내가 서둘렀던 덕분에 예정된 시간에 출발할 수가 있었다. 가이드는 오늘은 어느 때보다 더 오래 차를 타야 한다고 했다. 나는 그 말을 듣고 서두르지 않을 수가 없었다. 오늘은 드디어 티베트 지역을 벗어나 신장 지역으로 넘어가는 날이기도 하다.

우리들의 차가 거의 평균고도 5천 미터 높이에서 달리는 것을 보고, 서쪽은 높고 동쪽이 낮은 중국의 지형을 확인할 수 있었다. 그리고 간혹 설산을 등에 지고 두어 채 가옥이 눈에 띄었고 거의 빈 집 같은 곳에 사람의 그림자가 언뜻언뜻 비치는 곳을 차는 휑하니 스쳐 지나쳤다. 황량하기 그지없는 티베트 고원의 벽촌이었다. 아마 짐작컨대 창탕고원 끝자락이 되는 것 같았다. 어떻게 이처럼 황량한 곳에 사람이 살 수 있을까 하는 감탄과 탄식이 저절로 새어나왔다. 그러나 저들도 스스로 원해서 이곳에 사는 것이 아닐 것이다. 태어나서 살다 보니 살게 된 것이리라.

뒷좌석에 앉은 어떤 동행자가 저 사람들이 왜 이곳에 살까 하고 안타까운 듯 가련한 듯 혀를 끌끌 찼다. 어울리지 않는 동정심이었다. 세상 사람들이 겪는 불행은 스스로 원해서 겪는 것이 아니다. 피할 수 없는 것이어서 맞받아 나갈 뿐이다. 그리고 그것은 어디까지나 이방인인 우리가 봐서 그런 것이지 그들은 전혀 그런 것을 느끼지 못하고 오히려 기쁘게 살아갈 수도 있다. 그래서 행, 불행은 철저하게 주관적이라는 생각을 해본다. 만약 자기 기준으로만 상대를 말한다면 그것은 자신의 오만이고 곧 상대에 대한 결례가 될 것이라고 본다.

그야말로 군인들이 작전하듯이 오전 내내 똑같은 산과 계곡을 한없이 바라보며 쉼 없이 달리고 달렸다. 점심 먹는 시간만 잠깐 빼고 줄기차게 달렸다. 처음 보는 산과 계곡, 그리고 사람 사는 모습을 바라보고 감탄도 했지만 정작 감탄한 것은 운전기사들의 운전솜씨와 성실성이었다. 그들은 피곤한 기색도 없이 자신들의 임무를 즐거운 듯 미소어린 모습으로 믿음직하게 잘도 수행했다. 그런데 우리의 의사와 관계없이 멈춰야 할 때가 간혹 있었다. 차가 어느 이름 모를 호숫가를 돌아갈 때 느닷없는 도로공사로 한동안 대기한다든가 일방통행의 외길을 만났을 때였다. 워낙 변방 오지의 길이어서 도로공사 자체도 용이하지 않는 것 같았다. 열심히 달려온 보람도 없이 많은 시간을 이유도 모른 채 마냥 대기하곤 했다. 길도 좁고 험했지만 중국인들의 대책 없는 성격이 우리를 더 오래 쉬게 했고 기다리게 했다.

어느 호숫가 주변의 도로공사 때문에 대기하면서 푸른 물결에 눈을 주고 있다가 인부들의 뜻하지 않은 배려로 불현듯 호수를 벗어나니 매우 넓은 벌판이 나왔다. 그 벌판을 가로질러 뚫린 일직선의 길 끝에 는 아득히 설산이 보였다. 우리는 그 설산을 바라보며 마냥 달렸다. 마치 설산이 우리들의 최종목표인 것처럼 옆도 뒤도 돌아보지 않고 달려 나갔다. 눈앞에 보이는 설산이 금방일 것 같았는데 아무리 달려도 거리가 좁혀지지 않고 그대로인 것 같았다. 벌판이 넓다고 해야 할지 아니면 무슨 마술에 걸렸다고 해야 할지 도통 분간이 서질 않았다. 어림잡아 거의 두 시간은 달려서야 무슨 산 입구로 들어섰는데 그 산이 바로 곤륜산이었다. 티베트와 신장을 갈라놓는 경계이기도 하지만 고대부터 중국인들의 신화를 간직한 산이다. 우리가 지금 올라와 있는 평탄한 지형도 해발로는 높지만 그 지대에서 바라봐도 높은 봉우리들이 수없이 펼쳐져 있었다. 우리가 차를 타고 달리는 것은 마치 거대한 파도 속을 요리조리 피해서 지나는 조각배 같았다. 뭐라고 표현해야 할지 모를 지경이다. 다만 하염없이 고개만 끄덕였다. 이 대단한 자연의 장관 앞에서 도무지 입을 떼지 못하는 나는 어쩔 수 없는 범부다. 마치 써커스를 하듯이 온갖 곡예를 연출하며 달리고 또 달려 오늘의 목적지인 다훙리탄에 도착했다. 드디어 곤륜산 깊숙이 들어온 것이었다. '다'는 크다는 뜻이고 '훙리'는 나무이름이며 '탄'은 지역이라는 뜻이라고 했다. 인근에 군부대도 있고 간혹 민간인들의 커다란 트럭들이 오고가며 정비를 하는 곳이기도 한 그런 곳이다.

앞도 산, 뒤도 산, 좌우 모두 산으로 꽉 막힌 분지로 옴팍 둘러싸인 다훙리탄. 이곳 다훙리탄의 풍광을 처음 대하는 나그네의 밤잠은 밤이 깊어 갈수록 멀어져 갔다. 아마 이곳이 서왕모가 살던 곳이어서 그런가 보다.

■ 7월 25일(금)

다훙리탄을 떠나기가 못내 아쉽다. 곤륜산 깊숙이 자리한 아주 작은 산간마을, 사실 마을의 원주민들보다 신장에서 티베트로 곤륜을 넘는 사람들, 아니면 티베트에서 신장으로 곤륜을 넘는 사람들이 더 많은 나그네들을 위한 교통의 요충지 마을이다. 움푹 파인 곳에 자리한 아늑하면서도 신비한 느낌이 드는 유서 깊은 요지 마을이다. 이 길은 아주 오랜 옛날부터 사람들이 넘나들던 통로이고 다훙리탄은 그 길의 요지 마을이다. 나 또한 이곳에 와서 내 인생의 많은 것을 생각하며 되돌아보기도 했고, 또 멀리 앞을 내다보기도 했다. 내가 지금껏 살아온 삶과 앞으로 살아가야 할 삶에 대해서 진지하게 성찰하고 판단하기 위해 어느 때는 한나절씩 말 한마디 하지 않고 지낼 때도 있었다. 나는 아마 이런 맛에 순례 다니기를 좋아하는지도 모른다. 아니 어쩌면 이것이 순례의 주요일과가 아닐까 하는 생각까지도 해본다.

어제 저녁 다훙리탄의 하늘 아래서 한 사람의 동행자와 막혔던 대화의 통로를 뚫었다. 그동안 사소한 의견 대립으로 서로가 많이 불편하게 지냈는데 터놓고 대화를 하니 속이 후련했다. 순례 중에 남과 다툰다고 하는 것은 어쨌거나 수행자인 나의 부족이고 잘못이다. 설령 상대방이 잘못했다고 치더라도 다툰다고 하는 것은 나의 부족임을 숨기거나 부정할 수가 없는 일이다.

아침에 일어나서 어제 대화를 나눴던 그 동행자를 바라보니 아직도 나에 대한 섭섭함이 얼굴에 남아 있는 것처럼 느껴졌다. 할 수 없지 시간에 맡기는 수밖에…. 하고 마음을 편히 가졌다. 우리는 마자르를 향해 출발했다. 나도 모르는 사이 달리는 차 안에서 잠을 푹 잤다. 짧은 시간이었는데도 눈을 떠보니 어찌나 몸이 가벼운지 마치 날아갈 것 같은 기분이 들었다. 그럼 그렇지, 잠은 양보다 질이 우선이지 하는 평소의 생각을 다시 떠올려본다.

곤륜산 깊숙이 들어 있는 마자르의 중국인민해방군 부대.

다홍리탄의 숙소는 마치 룸살롱 같다고 누군가가 말했다. 베니어판으로 벽을 만들어 다닥다닥 붙여 지은 것이 마치 미로에 들어선 느낌마저 들었다. 전기가 없어 촛불에 의지했는데 만약 촛불을 넘어뜨려 화재라도 난다면 꼼짝없이 투숙객 모두 속절없이 당할 것 같은 오싹함이 느껴졌다. 거기다 바람 한 점 들어올 수 없는 공간이었으니 숨쉬기가 얼마나 힘들고 답답했는지 모를 일이다.

오늘 저녁 도착 예정지는 곤륜산맥의 조그만 촌락인 마자르다. 예정시간에 출발한 차가 기를 쓰고 달려도 보이는 것이라고는 산과 골짜기밖에 없었다. 제멋대로이고 험하기만 한 비포장 도로를 운전사들은 마치 전쟁에 나간 투사들처럼 달려주었다. 어제처럼 쉴 수 있는 경우는 점심 때와 일행들의 생리적인 처리를 위한 잠깐의 멈춤이 고작이었다. 여섯 대의 차가 일렬로 달리다 보니 뒤차가 멀리 떨어질 때도 있었다. 그럴 때 잠깐 뒤차를 기다리는 것이 쉬는 일의 전부였다.

곤륜산은 중국의 설산이었다. 머리에 흰 눈을 인 무수한 산봉우리들이 어쩌다 구름 틈이 벌어지면 자신의 모습을 살짝 드러낼 뿐이다. 그리곤 바로 구름 속으로 들어가 버리고 만다. 자신의 모습을 잘도 감추기에 신비한 느낌이 더한지도 모르겠다. 첫 번째 고개를 넘고는 다시 이어서 두 번째 고개를 넘기 위해 저 멀리서부터 엔진의 출력을 높여 나간다. 고개 하나를 넘기 위해 시작하는 지점은 참으로 아득하다. 몸 풀기 위한 예비동작이 무척이나 길다. 아무튼 멀리서부터 가다듬은 심호흡으로 힘을 얻어 굽이굽이를 몇 번이나 돌고 돌아 이윽고 두 번째 고개에 오르니 고도계는 거의 해발 5천 미터를 나타내고 있었다. 차를 길 가에 세워두고 봉우리에 오르니 저 멀리 파키스탄의 K2 봉(峰) 이 건네다보였다. 주변이 산의 집결지로구나 하는 생각이 들었 다. 히말라야와 힌두쿠시, 곤륜과 천산, 카라코람 등, 여러 개의 장대한 산맥들이 이곳 파미르고원에서 시작하는가 하면 또 끝 맺는 지점이라고 생각하니 놀라우면서도 신비롭기까지 하다.

책을 통해 이해로만 알고 있다가 막상 와서 눈으로 보니 그 실감의 놀라움이 이만저만이 아니었다. 매일 아침부터 저녁까지 줄곧 차만 타니 어찌 생각이 없겠는가. 많은 생각을 하게 된다. 차 안에서 하는 일이란 오직 생각하는 일밖에 없다. 주변의 풍 광을 살핀다 해도 그것보다는 자신의 내면을 살피는 시간이 훨 씬 더 많다. 이런 강행군이 하루 이틀도 아닌 연일 계속되는 속 에서 내면의 성찰은 특별한 일이 아니라 하루하루의 평범한 일

뜻하지 않게 이곳 중국인민해방군 부대에서 하룻밤 자게 되었다.

과일 뿐이다.

마치 인생 전반을 커다란 종이 위에 쏟아놓고 일일이 세어보고 확인해보는 것과 같다. 분명 이번 순례 길의 수많은 생각들이 나에게 많은 도움이 되리라 믿는다. 그런 생각을 하며 골똘하게 창밖을 바라보고 있는 사이 선두 차가 어느 조그만 마을에 멈추고 있었다. 2호 차인 우리 차도 스르르 정지하면서 멈췄다. 이곳이 곤륜산 깊숙이 자리한 마자르이며, 이곳 마자르에서는 군부대 병영을 숙소로 빌려서 이용한다고 했다. 숙소 시설수준이야 초대소급(여인숙)이지만 중국인민해방군 군부대에서 하룻밤 잔다고 생각하니 이 또한 색다른 경험이라는 생각이 들었다. 곤륜산맥 깊숙이 자리잡은 마자르, 앞과 옆으로 설산이 부끄러운 듯 고개를 살짝 내밀고 있다. 이곳까지 된장을 싸들고 온 비구니 성주스님의 극성스런 정성으로 된장찌개를 맛볼 수 있었다. 중국 인민해방군의 병영에서 순례자들의 만찬이 벌어졌다. 저녁을 끝내고 나니 평소 강우량이 극히 적어 메마른 땅에 비가 후드득후드득 내리기 시작했다. 좀 더 오랜 시간 동안 눈 덮인 곤륜을 하염없이 바라보고 싶었는데 그만 하늘이 방해를 놓았다. 가이드의 배려로 나는 1인실을 배정 받아 곤륜산 깊숙한 곳 마자르 창가에 홀로 앉아 오늘 하루 일정을 정리했다.

가만히 지나온 일정과 거쳐 온 거리를 생각해보니 우리 일행은 마치 훈련받는 특수부대원 같다는 생각이 든다. 저녁이면 나타났다가 아침이면 이미 사라지고 없으니 말이다.

■ 7월 26일(화)

우리는 마자르를 기분좋게 출발했다. 나는 어젯밤 늦도록 서울서 가져온 녹음 테이프를 듣느라 새벽 1시 무렵에나 잠자리에 들었다. 아침 6시에 부랴부랴 일어났으니 다섯 시간 가량 잔 셈이다. 그래도 기분이 가뿐한 것은 이곳 곤륜산의 정기 덕분이라는 생각이 들었다. 촛불 속에서 아침공양을 마치고 무슨 훈련부대처럼 각자 짐을 챙겨서 하룻밤 신세진 마자르를 훌쩍 떠났다. 이곳 마자르부터는 계속 오르막길이었다. 아마 곤륜산의 고개 중에 최고의 정상을 넘는 것 같았다. 얼마나 굽이가 많은지 처음에는 이것저것 관심을 가지다가 나중에는 차에 몸을 맡기고 마냥 차창에 눈을 던진 채 눈에 들어오는 풍광만 즐기기로 했다. 어언 곤륜산 정상에 다다른 듯 싶자 설산이 다시 드러나고 곧 중중첩첩한 설산들이 끝없이 이어져 있었다. 참으로 장관이었다. 이제까지 보아온 무수한 곤륜산 봉우리들 중에서 참으로 곤륜산의 진수를 보는 것 같았다. 동행자들은 환호성을 지르며 좋은 배경을 찾아 사진 찍느라 삼삼오오 떼를 지어 포즈를 취했다. 야단들이었다. 저런 때는 아이들이 따로 없었다. 좋은 것 앞에는 노소의 차별이 없다는 것을 보여준다. 내가 봐도 흔한 풍광은 아니었고 지금까지 이틀동안 보아온 곤륜산과는 또다른 경관이 눈앞에 가득 펼쳐졌다. 나는 속으로 이래서 중국인들이 곤륜산을 신성시하고 또 이곳은 인간들이 사는 곳이 아니라 신선이 사는 곳이라고 했는가 보다 하고 생각해 보았다.

인간이 살 수 없는 곳, 그렇다면 오직 신선만이 살리라. 당연

곤륜산 정상에서 바라본 뭇 봉우리들 모습이 파도처럼 이어졌다.

히 인간과 동물과 새들이 발붙일 수 없는 곳에 서왕모 같은 신선이 살지 않겠는가. 우리는 한동안 경관을 즐긴 다음 다시 내리막길로 접어들었다. 그러나 내리막은 잠시뿐, 지금까지 지나온 그 어떤 길보다 더 가파른 오르막길을 차는 숨차게 오르고 있었다. 절벽에 붙어서 오르는 것 같았다. 곤륜산은 단연 골체미(骨體美)가 뛰어난 산이었다. 군더더기 하나 붙지 않는 강골(强骨)의 골체미를 고스란히 우리에게 내보여주었다. 뼈만 드러난 무수한 산봉우리들의 어울림, 그것들의 군거는 엄청난 장관이었다. 골체미는 다 털고 난 뒤, 꼭 있어야 할 것들만 갖고 있는 것을 말한다. 그것을 곤륜산이 자기 몸으로 잘 보여주고 있다. 우람하면서도 골체미 잘 간직한 그 모습이 너무나 멋스럽다. 믿음직하여 마냥 기대고 싶고 뛰놀고 싶고 바라보고 싶고 사귀고 싶고 부탁하고 싶고 기도하고 싶다.

나는 곤륜산이 눈 덮인 산이라는 것도 알지만 골체미 우람한 산이라는 사실에 더 깊은 관심을 가진다. 육중한 골체미, 장중한 골체미, 첩첩한 골체미, 깊고 그윽한 골체미, 터질 듯한 골체미, 살짝 비켜난 숨은 듯한 골체미, 무엇과도 비교할 수 없는 신비한 골체미, 무엇으로도 자신을 가려서 치장하지 않은 골체미, 가냘프지 않는 골체미, 여느 산에서나 볼 수 없는 골체미, 붓글씨에서 살이 다 빠진 경지에 이른 골체미, 이런 여러 골체미를 곤륜산은 다 보여주었고 지금 오르는 오르막길에서 가장 적나라하게 보여주고 있다. 숨이 가빠 뭐라고 다 표현할 수조차 없구나. 아아, 원교나 추사의 글씨 같은 산, 곤륜이여!

차는 올라오느라 헐떡이는 숨을 고르며 다시 내리막길로 접어들었다. 오른 것만큼 내려가 평지에 거의 도달했지만 산에 나무 한 그루 없었다. 멀리 앞을 내다봐도 나무라고는커녕 풀 한 포기 찾을 수 없었다. 나무 그늘을 찾아서 점심을 먹으려고 했지만 허사였다. 제법 넓은 골짜기가 있기에 불편한 대로 둘러앉아 점심공양을 했다. 물 한 모금 먹을 수 없는 곳이기에 점심공양 끝난 뒤 바로 일어섰다. 곧 이어 변방 검문소를 통과했다. 일망무제, 시야가 탁 트이는 들판이 펼쳐져 왔다. 아마 곤륜을 완전히 벗어난 것 같았다. 끝없는 들판 어디에서 회오리가 하늘로 올랐고, 군데군데 유정(油井)의 불길이 활활 타오르고 있었다.

차는 오랜만에 아스팔트를 만나 신이 난 듯 시원하게 내달렸다. 핸들에서 손 놓고 있어도 저절로 가 닿을 수 있을 것 같은 일직선의 길을 마치 준마처럼 달렸다. 나는 앞자리에 앉아 말

탄 기분이 되어 입을 굳게 다물고 앞을 응시했다. 허리를 곧추
세워 주변의 새로운 상황에 긴장감을 가지고 대했다. 내가 과거
어느 생, 장군이었을 때 했던 것처럼 호쾌한 질주의 쾌감을 맛
보았다. 우리는 그야말로 서역의 들판을 겁도 없이 내달렸다.

불교에서 이 서역남로(西域南路)는 과연 어떤 의미의 길인가?
공식적인 기록으로는 동한(東漢)의 명제(明帝) 때 축법란과 섭마
등이 온 전법지로(傳法之路)다. 아무리 세월이 오래 되었다 해도
결코 가볍게 지나쳐야 할 길이 아니다. 우리가 차를 타고 가는
이 길을 수많은 전법자와 구법자들이 목숨을 담보로 하여 오간
길이다. 발자욱마다 열사의 피땀과 감격의 뜨거운 눈물이 가득
가득 고여 있는 성스러운 길이다. 이 길이 없었다면 이 길을 오
간 위법망구(爲法忘軀)의 전법자와 구법자가 없었다면 분명 오
늘의 나도 있을 수 없었을 것이다.

나무석가모니불.

■ 7월 27일(수)

이제부터는 조금 여행기분이 든다. 힘든 코스는 거의 지나왔
기 때문이다. 티베트도 지났고 곤륜도 넘었다. 돈황을 목표점으
로 찍고 하루하루 거리를 좁혀 가기만 하면 된다. 정해진 길을
달려 예정대로 가기만 하면 된다. 여기서는 험지를 지날 때의
긴장감은 없다. 우선 길도 아스팔트 2차선으로 포장되어 있고
오고 가는 차들도 심심찮게 보였다. 운전사들도 우리 동행자들
도 티베트 가이드나 중국 가이드도 얼굴에서 여유가 보였다.

  아침공양 후에 느긋하게 서역남로 서쪽 끝에 있는 조그만 도시 예청을 떠난 우리는 역시 서역남로의 고도 호탄(和田)을 향해 사막을 달려 나갔다. 차는 80킬로미터에서 100킬로미터의 속도를 유지하고 달려주었다. 사막인가 하면 곧 오아시스가 나타나 마을이 있고 그곳을 지나고 나면 또 사막이 나타났다. 서역남로의 오아시스 도시는 모두 곤륜산에서 눈 녹은 물이 지하로 스며들었다가 솟아나서 형성된 곳이다. 끝없는 사막만 숨 막힐 것처럼 이어져 있었다면 아마 이 길은 생기지도 않았을 것이다. 다행스럽게도 이렇게 오아시스가 있었으므로 오아시스를 이어서 길이 생겨났고, 전법승이나 구법승들이 이 길을 끊임없이 오갔을 것이라는 생각을 하면 차를 타고 휙 지나쳐야 할 길이 아니다. 내려서 몇 달이고 걸어가야 할 길이다. 문명시대에 태어난 나는 이렇게 편리하게 다니지만 그때는 목숨을 내놓을 각오를 하지 않으면 갈 수 없는 길이고 불귀의 객[不歸之客]이 될 각오가 서지 않으면 섣불리 나서지 못할 길이다.

  또 이 길이 없었다면 우리가 어찌 불교를 만날 수 있었겠는가. 생각하면 감사의 길이요 은혜의 길이다. 아니 나를 돌아보게 하는 구법과 교훈의 길이고 앞으로 내가 가야 하는 진리의 길이다. 이 길에서 고인(古人)은 전법구법에 목숨을 바쳤는데 문명시대에 태어나 온갖 혜택을 누리고 있는 나는 과연 무엇을 바쳤으며 내지 어떻게 살아가고 있는가를 되돌아보게 하는 인생거울의 길이다. 출가 수행자로서 생각할수록 낯을 들고 있기에 부끄럽고 이 길을 밟기엔 면목이 없다. 이것이 선조의 은혜를 모르는 내 가련한 모습이다.

하염없이 펼쳐지는 사막의 단조로운 풍경 속에 마냥 눈길을 던져놓고 이런저런 생각을 지어가노라니 아득한 기억 속에서 현장스님과 혜초스님이 나타나셨다. 나는 타임머신을 타고 옛 선현들을 차례차례 만나고 있었다. 차 안에 있는 동행자들에게도 고인을 만나라고 권했다. 도저히 내 혼자 이런 감정을 감당하기가 어려워서였다. 나는 이곳 중국에 와서 중국 사람들이 관운장을 신(神)으로 모시는 것을 보고 도피안사 불사에 고구려의 을지문덕, 백제의 계백, 신라의 김유신, 고려의 강감찬, 조선의 이순신 장군을 진리의 수호신장으로 모셔야겠다고 생각했다. 정말 잊어버리지 말고 꼭 실천해야 할 것을 다짐하고 또 다짐했다. 이렇게 다니면서 배울 것은 과감하게 배우고 역사적으로 본받지 말아야 할 것은 역시 지체없이 버려야 한다는 생각을 하곤 했다. 이것이 순례자의 바른 뜻이고 자세일까. 이 또한 순례에서 얻는 작은 깨달음이며 내지 자기 정리이고 내면의 강화라는 생각을 해본다.

이런저런 사념 속에 파묻혀 있다 보니 해는 어느덧 중천을 훨씬 넘어 오후가 되었고 차는 목적지 호탄에 도착했다. 아침 출발할 때 호탄에 도착해서 점심을 먹기로 했는데 그대로 이루어졌다.

예로부터 이곳 호탄은 옥의 산지로 이름을 떨쳤고 오늘날도 호탄이라고 하면 곤륜옥, 양지옥을 먼저 떠올린다고 하니 고금의 명성을 짐작할 수 있겠다. 동행자들과 옥 시장을 둘러보았다. 출발할 때 어머니가 봉투를 하나 내놓으시기에 어색해 했지만 그냥 빈손으로 가기에 허전하여 모처럼 만에 어머니에게 선

호탄 교외를 흐르는 백옥강(주민들과 관광객들이 옥을 찾는 모습이 보인다).

물을 하나 드릴까 해서 유심히 둘러보았지만 마땅한 것이 없었다. 이유의 첫째는 내가 옥을 볼 줄 모른다는 것이었다. 둘째는 이곳의 좋은 옥은 모두 북경이나 대도시로 우선적으로 실려나간다고 한다. 그래서인지 아무리 이 집 저 집을 기웃거려도 끝내 어머니에게 드릴 옥은 구할 수 없었다. 내 능력으로 옥 찾는 일이 불가능할 것 같아 남들이 옥을 찾아다니는 동안 나는 찻집에 우두커니 앉아 시간을 보냈다. 내가 불효해서일까, 호탄에 좋은 물건이 없어서일까, 아무리 대도시로 다 나갔다고 해도 이곳이 옥의 원산지인데 어디 하나 둘쯤이라도 있을 법한데 하는 미련과 서운함이 가시지를 않았다.

이번 순례 길, 라싸와 시가체를 빼고 가장 좋은 숙소에 앉아서 오늘 하루를 되짚어본다. 습관적으로 하루를 정리하고 몸을 자리에 눕힌다. 오늘도 행복하다.

■ 7월 28일(목)

　호탄에서의 하룻밤은 상쾌했다. 물론 지금까지의 여정에서보다 숙소시설이 좋았던 점도 있겠지만 그보다는 호탄이 가지는 역사적인 의미와 또 서역남로에서 매우 중요하고 큰 도시라는 점도 있고 무엇보다 오아시스 특유의 상쾌함이 도시 전체에 흐르고 있다. 우리는 아침공양 후 바로 민풍(民豊)으로 향하지 않고 교외에 있는 불교 유적지를 찾았다. 차를 타고 불과 10여 분 달리다 내려서 리어카 길 정도 되는 백양나무 우거진 숲을 20여 분 걸었다. 이곳 사람과 자연에게는 좋은 일이 될지는 몰라도 나그네에게는 귀찮기만 한 비가 추적추적 내렸다. 건조하기 그지없는 사막에 비가 온다는 것은 만물에게 내리는 축복이고 생명수의 공급이다. 사막에 비가 온다는 사실은 우리가 살고 있는 곳에서 비가 온다는 것과 다르다. 비교할 수가 없다. 물이 옥보다 귀한 곳, 물은 곧 생명이라는 사실을 떠올렸을 때, 물이 가지는 비중은 재산보다 더 귀함에 틀림없다. 분명 좋은 일이고 축하하고 기뻐해야 할 일이다. 그러나 나그네에게는 역시 비는 비일 뿐이고 그 비를 고스란히 맞게 되면 괴로울 뿐이다. 하지만 비를 맞으면서도 일정은 지켜야 한다. 그것이 순례자들에게 주어진 의무이고 책무이기도 하다. 빗속을 뚜벅뚜벅 말없이 걸었다. 이곳의 빗방울은 무척 굵었다. 뚝뚝 떨어지는 빗방울을 맞았더니 금방 겉옷이 축 쳐져 후줄근했다. 꼬불꼬불한 백양나무 길을 현지인의 안내를 받아 도착하니 매우 커다란 무덤이 둥그렇게 눈앞에 나타났다. 안내 표지판에 阿拉勒巴格遺址라고

잡초더미 속에 파묻혀 있는 불교도와 이슬람의 최후 격전지(엉성한 표지판이
유적지임을 말해주고 있다).

적혀 있었고 표지판 아래쪽에 1986년이라고 적힌 것을 보니 아
마 표지판 세운 날짜를 써 놓은 것 같았다. 현지 가이드의 설명
으로는 이곳에 아주 커다란 절이 있었는데 이슬람이 쳐들어왔
을 때, 예청과 이웃 지역은 곧 항복해서 불교도들이 이슬람으로
개종하고 말았는데, 이곳 호탄은 철저히 저항하다 최후로 이 절
에서 스님들 600여 명이 옥쇄(玉碎)했다고 했다. 이 무덤은 바로
그때의 희생자들을 한꺼번에 묻은 것이라고 했다. 억새풀 같기
도 하고 갈대 같기도 한 키 큰 풀들이 우거진 언덕으로 올라가
니 여기저기 인골(人骨)이 흩어져 있었다. 굴러다니는 뼈들은 틀
림없이 남자인 비구들의 뼈 같았다. 크고 무겁고 희게 보였기
때문이다. 무덤 중앙에는 금방이라도 무너져 내릴 것 같은 허름
한 흙집이 한 채 얽어져 있다. 현지 가이드는 이슬람 치하에서

불자들이 이곳에 몰래 모여 기도를 드렸던 장소라고 했다. 나는 자못 감회 깊은 심정으로 움막 안으로 들어가 보았다. 짧은 순간이었지만 나는 호법을 생각했고 스님의 호법불사를 떠올렸다. 호법은 불법을 지키는 일일 뿐만 아니라 외적으로부터 나라를 수호하는 일이다. 나라가 망하게 되면 불법의 수호도 어렵게 되는 것을 이 무덤은 너무나 잘 알려주고 있다.

우리 불교도들에게 나라가 얼마나 소중한 것인가는 새삼 강조할 필요도 없다. 나라는 보살행의 현장이고 수없이 태어나서 마침내 성불해야 할 성불의 땅이다. 그래서 우리 불자들의 신앙은 누구나 대각구국구세일 수밖에 없는 것이다. 만약에 스님께서 이 자리에 오셨다면 뭐라고 말씀하셨을 것이며 어떤 표정과 행동을 지었을까를 곰곰 헤아려보았다. 틀림없이 호법을 생각하고 말씀하셨을 것이고 숙연한 표정으로 결연히 호법의지를 다지셨을 것이다. 나의 머릿속에는 스님의 생각이 연속부절로 일었다.

중국 당나라가 이곳의 지배권을 잃은 뒤, 정확히 말하면 당 현종 때 고구려의 후예 고선지 장군이 서역 원정의 마지막 전투에서 패하게 됨으로써 이곳의 지배권은 이슬람으로 넘어갔다. 동시에 불교는 설 곳을 잃고 이슬람은 칼과 코란을 들고 점령하여 불교를 멸망시켰다. 이것은 너무나 분명한 역사적 교훈이다. 이 분명한 역사현장에서 내 가슴속에는 스님의 호법정신이 가득 차올랐다. 우리는 둥그렇게 솟은 호법동산을 뒤로 하고 착잡한 심정으로 추적추적 내리는 빗줄기 속을 걸어 호탄 교외를 흐르고 있는 백옥강(白玉江)을 찾았다. 예로부터 호탄을 가운데

회교도들의 지역이 된 후에도 불교도들이 비밀리에 모여 기도한 움집(격전지 위의 우거진 잡초 사이에 아직도 여기저기 인골이 나뒹굴고 있다).

두고 양옆으로 백옥강과 흑옥강(黑玉江)이 흐르고, 그 강에는 곤륜산의 옥들이 데굴데굴 굴러와 이름이 옥강이 되었다고 했는데, 실제로 와보니 관광객과 주민들이 어울려 옥을 찾고 있는 풍경이 그 이야기를 실감케 했다. 나는 어머니 선물을 염두에 두고 주변 상점을 기웃거려 보았지만 강가에서도 끝내 빈손으로 숙소로 돌아왔다.

점심공양을 마치고 오후 2시 40분이 되어서야 오늘의 목적지 민풍(民豊)을 향해 출발했다. 곧 책륵(策勒)을 지나고 우전(于田)을 지나는 동안은 숲이 울창했다. 사막의 도시라는 생각이 전혀 들지 않을 정도였다. 과연 이곳이 사막인가 싶을 정도로 울창한 숲이 많았고 흐르는 수량도 많았다. 여러 가지 기후조건도 있을 테지만 그동안 중국 정부에서 부지런히 나무를 심고 관개수로를 건설한 때문으로 보였다.

이 길은 그 옛날 구법승들이나 전법승들이 다닐 때와는 다르다. 문명의 이기도 늘어났고 자연적인 환경의 변화도 있었을 것이고 인간의 노력도 이어져 오늘날 내 눈에 비친 서역남로는 아스팔트길이 쫙 펼쳐진 사막의 하이웨이였다. 우전(于田)에서 민풍(民豊)까지는 사막으로만 이어져 있었다. 민풍에서 저녁공양을 마치고 벤치에 앉아서 어둠에 쌓여가는 서역남로를 바라보았다. 서역이 점점 어둠에 빠져들고 있었다. 민풍은 니야다. 서역남로의 니야를 찾으면 된다. 이 니야도 어둠에 덮이고 있다.

■ 7월 29일(금)

오늘도 아침 일찍 니야를 출발하여 체르첸(且末)으로 향했다. 이 길은 어제의 길과는 달리 아무리 달려가도 도시가 나오지 않았다. 도시가 나오면 과일도 사먹고 현지 사람들과 접촉도 해볼 텐데 도무지 사람을 볼 수가 없었다. 작은 마을이라도 나올까 싶어서 목을 빼고 앞을 내다보다가 어느 새 체르첸에 도착하고 말았다. 오후 2시 반경이었다.

예청을 출발하여 오늘까지 서역남로를 줄곧 달려오면서 나를 사로잡았던 생각이 있다. 그것은 아무래도 서역남로와 나와는 뭔가의 인연이 있을 것 같은 생각이다. 혹시 내가 과거생에 수행자로서 이 길을 지나가지 않았을까. 아니면 경을 싣고 가는 소나 말이지는 않았을까. 그렇지 않다면 보이는 것들이 왜 이렇게 눈에 익을까. 회오리바람을 휘감아 용트림하는 지평선, 백양나무 숲들, 한가롭게 오고가는 우마차들, 그리고 온갖 사막의 표정들, 나는 어제 저녁에도 잠이 부족했다. 내가 순례를 떠난 후에 잠을 푹 잔 적이 거의 없었지만 이 길을 들어서고는 더더욱 잠을 잊었다. 잠을 들 수 없었기 때문이다. 낮에 차 안에서라도 꾸벅꾸벅 졸 수 있었을 터인데도 오히려 사막으로 들어서면 정신이 더 초롱초롱해졌다. 연일 계속되는 이동에 나는 서역남로 삼매에 푹 빠졌다. 거의 똑 같은 사막의 풍경이 화두가 되어 나를 과거세 서역으로 몰아세웠다. 이런 경험은 결코 흔한 것이 아니다.

오늘따라 서역남로의 하늘이 유난히 맑았다. 먼지와 구름으로 하늘과 땅을 구분하기 어려웠는데 비로소 활짝 갠 하늘을 보게 되었다. 반갑기도 했지만 새로운 기분이 들었다. 주변을 관찰하기도 좋았고 멀리 앞을 바라보기에도 좋았다. 기분이 더욱 호쾌해졌다. 그러면 그럴수록 온갖 것이 더 익숙한 모습으로 나에게 다가와 도저히 눈길을 뗄 수 없다. 피곤한 몸인데도 잠들지 않을 수 있었던 것은 그런 일종의 묘한 흥분이 내 몸을 감고 있었기 때문이다. 나는 내 기분에 도취하여 다행스러움과 행복감을 느꼈다. 과연 내가 이 길을 가고 있는 것이 사실인가 하는 의아심마저 들 정도로 다행한 마음이 일고 삼매에서 나오기 싫었다.

서역남로에 대해서는 내가 어릴 때부터 지금까지 얼마나 많이 들어왔는지 모를 정도로 익숙한 이름이다. 그런 곳을 꿈에서가 아니라 실제로 지나가고 있으니, 이 사실을 확인하는 순간마다 가슴 벅찬 감격이 솟아올랐음은 어쩌면 너무나 당연하다. 이 길에 대한 과거 인연 때문인지 어릴 때부터 들었던 익숙함 때

문인지 나는 이번 순례 코스의 입안자가 되었고 동참자가 되었
으며 또한 순례자로서 온갖 감흥을 체험하고 있다.

체르첸은 전형적인 사막의 오아시스 도시답게 간단하고 단조
로웠다. 오후에 체르첸 민속박물관엘 갔는데 볼 것이라고는 거
의 없었다. 속은 기분이 들었다. 대신 현지인들에게 들은 이야
기는, 사막에는 세 가지 보배가 있는데, 첫째는 '버드나무'(홍유
또는 홍리)라고 했다. 버드나무는 어디서나 잘 자라는 특성 때
문에 사막에 작열하는 태양의 광우(光雨)를 숲으로 가려 사람들
에게 도움을 주고, 둘째는 백양나무인데 역시 그런 역할을 하며
집을 짓거나 생활에 요긴한 목재로 쓰인다고 했다. 셋째로는 낙
타가 먹는 억센 풀인 경단초라고 했다. 낙타의 먹이는 사람의
먹이만큼이나 중요하다. 낙타가 없으면 사막에서는 잠시라도 살
아가기 어려울 것이라는 생각이 들었다. 마치 티베트 사람들에
게 야크가 없으면 살 수 없듯이.

이곳도 중국 서쪽 신장 지역인데 어딜 가나 비슷한 기후와
비슷한 사람들의 생활이 펼쳐져 있었다. 그리고 날씨는 한결같
이 덥다. 또 일교차가 극심해서 밤이 되면 솜옷을 입고 수박을
먹는다고 한다.

이번 순례 길에 가장 아쉬웠던 점은 기도였다. 아침저녁 동행
자들이 모두 모여 예불과 기도를 해야 했는데 그 당연한 일과
를 못했다. 물론 혼자서라도 하면 되겠지만 대중이 함께 하는
것과는 비교가 안 된다. 여기저기서 모인 사람들이 거의 불자라
고 해도 우선은 제각각이었고, 그것을 통합할 출중한 리더가 없
어서였다. 곳곳마다 가는 불교성지에서 마땅히 대중이 모여 기

도를 해야 하는 것인데 개인적인 일로 처리되고 말았으니 생각할수록 아쉽기 그지없다.

지금까지 거쳐 온 오아시스 도시치고는 가장 허술한 느낌이 드는 체르첸이다. 물론 사막의 오아시스 도시라는 한계 때문이겠지만 그래도 자신들의 뿌리를 정리하고 보존하는 박물관이라도 있었으면 하는 아쉬움이 남았다. 서역남로, 하루 종일 거의 길만 보고 달리다가 해가 저물면 머물고 다시 떠나는 연속이다. 휙휙 지나가는 바람소리마저도 나에게는 예사롭지 않다. 아쉬움을 품은 채 지나간다.

■ 7월 30일(토)

서역남로 위의 작은 오아시스 도시 체르첸(且末), 이곳도 역시 우리들의 선배들이 등에 경을 지고 낙타를 몰고 대상(隊商)을 따라 지나다녔을 생각을 떠올리니 감회가 뭉클하다. 아침공양 전에 숙소 주변 정원을 한 바퀴 돌았다. 내 눈에는 모든 것이 새롭고 반갑고 정겹기까지 했다. 화단에 화려하게 피어 있는 꽃들에게도 말을 건네보고 채전에 있는 배추나 무, 시금치에게도 다가가 인사를 했다. 이 자그마한 오아시스 도시가 나에게는 반가움이고 그리움이다.

우리는 아침공양을 일찍 하고 태양이 작열하기 전에 서둘러 출발했다. 오늘 가는 루오지앙(若羌)까지의 사막길은 지금까지 온 길보다 훨씬 강도 높은 길이 될 것이라고 가이드가 말했다. 실제로 체르첸을 나서 보니 금방 사막의 위세가 나타났다. 중간에 있을 법한 작은 오아시스 마을도 거의 볼 수 없었고, 어쩌다가 듬성듬성 자라난 낙타먹이 풀 한 포기마저 눈에 띄지 않았다. 사막의 위세가 등등하기만 했다. 지금까지 지나왔던 길과는 전혀 다른 사막의 풍광이 펼쳐졌다. 신기루가 나타나 착시가 되고, 바람기둥이 일어 하늘과 땅이 막히고, 차문을 열면 뜨거운 모래열기가 삼킬 듯이 곧장 덮쳐왔다. 가공할 위세를 시시각각 쏟아낼 끝없는 사막이 동서남북조차 분간하지 못할 정도로 무진장 펼쳐져 있었다. 어디를 둘러봐도 막막하기만 했다. 이제야 사막이 어떤 곳인가, 사막이 뭘 하는 곳인가를 좀 더 분명하게 깨달을 수 있을 것 같다. 사계절이 고르고 일기가 순한 한국에서 태어나 자란 나는 사막을 처음 만났다. 그래서 우리 식으로만 하늘땅을 이해하고 있다가 전혀 다른 하늘땅을 새롭게 배우는 기회를 만났다.

이런 곳에서 낙타를 타고 가다가 회오리바람에 갇혀 길을 잃어 쉴 곳도 없고 물도 떨어지고 양식마저 떨어진다면 그야말로 속절없이 저승의 객이 되고 말겠구나 하는 실감이 났다. 더럭 겁이 났다. 공연히 오한이 든 것처럼 온 몸에 소름이 쫙 끼쳤다. 차 안의 동행자들도 거의 비슷한 생각을 하는지 눈이 휘둥그레져 있었다.

어쩌면 여기 우리 동행자들이 과거세 어느 세상에 태어나 이 서역남로를 함께 오갔는지도 모를 일이다. 그리고 인간의 몸으로 수백 생을 반복하면서 어디서 무엇은 하지 않았겠는가? 그동안 태어나고 죽기를 밥 먹듯이 했겠지만 아직도 죽음이 두렵기는 마찬가지다. 나는 이러한 생사대사(生死大事)를 해결하기

사막에 모래 회오리가 일고 있다.(고장 난 차를 응급 수리하는 중에)

위해서 한 가정의 자식에게 주어진 의무도 버리고, 조상에 대한 후손으로서 도리도 버리고 과감히 출가를 했는데 해결은커녕 애꿎은 시주 밥만 축내고 세월만 하염없이 보내고 말았으니 도 대체 이 일을 어쩌면 좋단 말인가. 생각할수록 안타까움의 탄식과 허송세월의 통분함을 금할 수 없는 노릇이다.

몸은 사막에 갇히고 생각은 생사에 갇혀 있다 보니 어느 새 12시가 넘어 있었다. 그제야 출출한 느낌이 들어 간식을 조금 했다. 아침을 든든히 먹고 출발했지만 워낙 일찍 아침을 먹은 탓도 있고 또 중국음식과 나의 체질이 다른 탓도 있어서인지 쉽게 배가 고팠다.

그리고서도 2시간 이상을 줄곧 달려서야 오늘의 목적지 루오 지앙에 도착했다. 중간중간 길이 끊겨서 왔던 길을 다시 돌아가야 하는 애로를 이기며 달린 덕분에 거의 예정시간에 서역남로의 루오지앙(若羌)에 안착했다. 숙소에 짐을 풀고 휴식을 취했다. 집이나 그늘에서는 습기가 없어서인지 서늘할 정도로 쾌적한 기후였다.

오후 8시라고 해도 한낮에 가까웠다. 사막 속의 오아시스를 이해하기 위해 시내 산책을 나갔더니 야시장이 어찌나 정겨운지 금방 친밀감을 느꼈다. 여러 가지 산물과 남녀노소의 지역주민들, 번화로에 늘어서 있는 건물들과 상점, 이곳저곳을 기웃거리며 일행들과 얘기꽃을 피우다 거의 11시가 되어서야 숙소로 돌아왔다. 서역남로의 낭만을 만끽한 밤이었다. 천 년 전의 이야기를 지금 해도 조금도 어색하지 않을 정경을 서역남로를 두고 또 어디서 찾을까.

■ 7월 31일(일)

타클라마칸 사막의 먼지는 마치 안개 같다. 회오리 먼지가 하늘을 덮는 엄청난 위세는 보지 않고 겪지 않으면 이해나 상상마저 불가능하다. 사막에 일직선으로 뚫린 아스팔트 도로를 타고 가니 까만 길이 보이는 것이지 만약 낙타나 사람으로 걸어간다면 육안으로는 동서남북을 전혀 분간할 수 없을 것이다. 한번 빠지면 다시 돌아올 수 없다는 뜻의 타클라마칸, 사람이나 물건에나 허명(虛名)은 없다더니만 타클라마칸 역시 그것을 말해주고 있었다. 앞차가 약간의 고장이 있어서 잠시 멈춰 섰다. 그때 사막의 모래먼지가 이는데 갑자기 사위가 캄캄해지는 듯

하더니 급기야 하늘과 땅이 하나로 되고 말았다. 순식간의 일이었다. 참으로 공포스러웠다.

우리는 아침 일찍 루오지앙에서 오늘의 목적지 하투고를 향해 출발했다. 루오지앙 시가지를 벗어나자 바로 사막이었다. 마치 우리가 탄 차들이 사막 속으로 빨려 들어가는 것 같았다. 운전기사들은 잠시의 방심도 없이 운전대를 단단히 잡고 먼지 속에서 조심조심 헤쳐 나갔다. 나는 차에 온 몸을 맡긴 채 앞을 응시하고 있었다. 어느 순간부터 눈앞에 펼쳐지는 지형이 계속 오르막이라는 느낌이 들었다. 워낙 평평한 곳을 달리던 중이어서 얼핏 봐서는 느낄 수가 없었다. 다시 주시해보니 과연 차가 서서히 산으로 오르고 있는 것이다. 처음에는 경사가 완만했지만 점점 들어갈수록 가파른 봉우리와 깊은 계곡의 험산이 나타났다. 양 절벽 사이로 난 협곡의 바닥에 파인 작은 물길을 따라 차는 온 몸을 비틀어가며 엉금엉금 올라가고 있었다. 출발하기 전 지도에서 본 바대로 곤륜산에서 갈라져 나온 지류인 아리금산일 것이라는 판단이 들었다. 이 산의 최고 높이는 무려 6천 미터가 넘는다고 했는데 나중에 정상 봉우리에서 잠시 멈췄을 때 고도계를 눌러보니 4천 미터에 가까웠다.

차로 아리금산의 정상을 넘는 길은 너무나 험로였다. 흔히 힘든 길을 기어서 간다고 하는데 차는 사람보다 더 힘들게 기어서 올랐다. 만약 그 길에서 대향차라도 만난다면 꼼짝없이 맞물려 있어야 할 판이었다. 도로 폭이 한 뼘이나 될 것 같은 벼랑 길을 원숭이 나무 타듯이 매달려 지나가기를 수십 번이나 반복했다. 그런 길 아닌 길을 얼마나 지나고 고개를 넘고 나중에는 언제 끝나나 하는 지루함을 느낄 정도였다.

그야말로 천신만고 끝에 아리금산의 정상에 차가 올라 멈춰서니 일행 모두 내려 지나온 길을 되돌아보기도 하고 앞으로 나아갈 길을 내다보기도 했다. 지대가 높아서인지 바람이 몹시 차가워 밖에서 더 살피고 싶었지만 곧 쫓겨 들어가듯이 차 안으로 들었다. 일행은 한기 때문에 도저히 더 머뭇거릴 수가 없어서 서둘러 정상을 떠났다. 점심시간이 한참 지났음에도 추위 때문에 산 아래로 내려가지 않으면 식사할 장소를 찾기가 어려웠다. 거의 산 아래에 도달해서야 바람막이 골짜기를 한 곳 발견하여 점심 보따리를 풀었다. 산에 나무 한 그루 없어서 그늘이라곤 찾을 수 없었지만 정상에서 매서운 추위를 경험했기에 모두들 모자를 푹 눌러 쓰고 햇빛만 가린 채 약 먹듯이 천천히 허기를 달랬다.

오늘의 목적지인 하투고에 도착하기 위해 곧 출발했다. 딱히 주변에 볼 만한 경관도 없었고 유적지도 없기에 머물 이유가 없었던 것이다. 산의 경계를 완전히 벗어나 한참 달리다 보니 오른쪽으로 눈 덮인 곤륜의 연봉들이 다시 나타났다. 그 덕분에 이곳이 사막이긴 해도 곳곳에 개울물이 흐르고 있었다. 이 험난한 길을 나의 선배들이신 옛 스님들은 오로지 전법·구법의 사명감을 가지고 부처님 은혜에 보답해야 한다는 일념으로 목숨까지 내놓고 위법망구의 보현도인 전법·구법의 임무를 완수하셨다. 그런 생각을 떠올리게 되니 내가 비록 차를 타고 횡— 지나가는 길이라 해도, 그리고 천 년, 이천 년 전의 까마득한 일이라 해도 그 당시의 상황을 충분히 가늠해 볼 수 있겠다. 우리

한바탕 모래 회오리가 휘몰아친 뒤 차츰 안정을 찾고 있는 사막 한가운데 선 필자.

가 예불할 때, "至心歸命禮 西乾東晉 及我海東 歷代傳燈 諸大祖師 天下宗師 一切微塵數 諸大善知識" 하고, 낭송하는 본뜻을 이제야 똑바로 알았다. 바로 여기 이곳의 상황을 설정한 구절이로구나 하는 생각을 했을 때, 갑자기 목젖이 내려앉고 가슴이 탁 막혀 온 몸에 경련이 일 것 같았다. 아니 머리끝이 곤두서는 전율을 느꼈다.

나는 너무나 절절한 신앙심을 느꼈다. 한편으로는 그동안 이 기막힌 사연을 모르고 다만 입으로 소리만 냈다는 사실에 부끄럽고 한심하다는 생각도 들었다.

이런 저런 감회가 그 어느 곳보다 절절하여 오늘은 하루종일 동행자들에게 말 한 마디 걸지 않고 옛 위법망구의 보살들 생각만 골똘하게 했다. 이 모두가 수미산님이 나를 인도하고 가호하고 구제해주신 덕분이라는 생각이 들었다. 사실 나는 이 사막

길을 지나오면서도 수미산을 거의 잠시도 잊지 못하고 어딜 가나 항상 동행하고 있었다. 말하자면 같이 가는 동행자들보다 수미산은 나와 더 밀접한 도반이 되어서 순례를 계속하고 있는 것이다. 아무튼 앞으로 무슨 일이 있어도 오늘의 감회와 결심을 잘 간직하고 꼭 실천해야 한다. 두 번 세 번, 아니 백 번 천 번 다짐하고 마음속으로 굳게 결심한다. 조금도 물러서서는 안 된다.

이런 상념에 빠져서 지내느라 먼지 속을 그리 오래 달렸건만 지루한 줄을 몰랐다. 한참 더 달려가니 길가의 아치에 신장은 여기서 끝이고 이제부터는 청해성(靑海省)으로 진입했다는 표시가 붙어 있었다. 정말 땅이 크고도 넓었다. 땅이 한량없이 드넓어 어디로 눈길을 주어도 눈길 가는 곳 모두 텅텅 비어 툭 터져 있었다. 마치 우주처럼 광활하다고 말해야 할 것 같다. 마침내 하투고에 오후 5시 조금 지나서야 들어섰다. 이곳은 중국에서도 석유가 많이 나는 곳이라고 한다. 중국 정부에서 석유관계로 오가는 사람들을 위해 초대소를 꽤 번듯하게 지었다고 한다. 널찍하고 큼직한 것이 초대소라기보다는 호텔급인 빙관이라고 해야 될 것 같았다. 아무튼 청해성이라고 하면 저 앞에 가로놓인 곤륜산맥만 훌쩍 넘으면 바로 티베트 땅이다. 청해성은 거의가 티베트 영토였는데 중국에서 편입시켜 따로 청해성이라고 부른다는 말을 들었다. 중국 영토의 광활함은 곧 전법(傳法)의 지난(至難)함을 말해주고 있음을 확인하고 체험하면서 몸으로 그 크기를 더듬어가고 있다. 중국의 석유도시 하투고에서 오늘은 나그네의 지친 몸을 눕힌다. 다른 볼 것은 전무(全無)다. 장

기간의 순례여정을 통해 사람들이 지쳐가고 있나보다. 자그만
일에도 신경이 곤두서는 것을 느끼게 되고 의외의 돌출 행동도
나타나곤 한다.

■ 8월 1일(월)

돈황을 향해서 석유촌 하투고를 출발한 차는 쉬임 없이 모래
구릉을 건너고 모래 산을 넘었다. 모래먼지는 땅에만 있는 것이
아니었다. 하늘까지 온통 모래먼지로 가득 차서 하늘과 땅을 구
분할 수조차 없다. 아침에 하투고 숙소에서 해가 뜨는 것을 보
니 사막의 모래먼지에 가려서 해가 달처럼 희끄무레하게 보였
다. 고지대(3천 미터)에서 보는 해여서 크긴 한데 모래먼지에
흐려져 선명하지가 않았다.

이제 다시 사막으로 들어서고 보니까 그나마 해는 어디로 갔
는지 자취도 없고 무지막지한 모래먼지 속으로 우리들의 차가
한없이 빨려 들어가는 느낌만 받았다. 그리고 간혹 부는 모래바
람은 사람이나 차를 쓸어안아서 한꺼번에 공중으로 날려버릴
것 같았다. 아득히 멀리 산줄기가 시야에 들어오는 데도 무려
두어 시간을 일직선으로 달려서야 그 언덕에 닿을 수 있었다.
사방 어디를 둘러봐도 끝간 데를 알 수 없을 정도다.

넓다는 말, 크다는 말을 이번 중국에 와서 실감할 수 있었다.
나는 그 두 단어에 대해서 개념정리를 새롭게 해야겠다고 생각
했다. 사실 이번 순례여정을 통해 많은 부문을 새롭게 인식하게
되었다. 짧은 기간에 일어난 놀라운 인식의 전환이며 변화라고

할 수 있다. 중간에 나타난 어느 이름 모를 사막촌에서 잠깐 점심공양 하는 시간을 뺀다면 우리는 거의 하루 종일 계속 달리기만 했다. 어느 곳에서도 쉴 수가 없었다. 나무 한 그루 서 있지 않고, 풀 한 포기 자라지 않는 뜨거운 가마솥 같은 사막과 불화로처럼 이글거리는 태양 아래서 몸을 쉴 만한 곳은 한 곳도 없었다. 아스팔트가 녹아내릴 정도의 사막의 태양 아래서는 그나마 달리지 않으면 숨쉬기조차도 어려웠다. 차문을 내리면 불기운 같은 열기가 차 안으로 훅 몰아쳤다. 혹시 타이어 펑크라도 나면 어떻게 하나 하는 염려가 되었다. 이런 상황에서는 무엇보다 빨리 이 사막을 통과하는 일이 급선무였다.

덕분에 예정시간보다 훨씬 빨리 돈황에 도착할 수 있었다. 돈황은 중국의 어느 큰 도시와 비교해도 손색이 없을 만큼 크기도 하고 화려하기도 했다. 무엇하나 부족함이 없을 만큼 물자는 풍족하고 사람들은 홍청거렸다. 거리에는 주민들과 여행객들이 반반씩 섞여 물결처럼 출렁거렸다. 우리 차가 돈황 초입에 들어서자마자 단번에 풍성함을 느낄 수가 있었다. 시내의 번화가로 다가가자 더욱 실감났다. 워낙 빈촌이었던 하투고에서 부실한 하룻밤이었기에 더 크게 비교되는지도 모르겠다.

하투고에서 돈황으로 들어오는 초입의 길에서 발견한 것은 그 유명한 양관(陽關)과 옥문관(玉門關)이었다. 돈황 들어오기 직전에 그리로 가는 길이 있기에 내 생각 같아서는 그리로 차를 돌렸으면 했다. 그렇지만 이미 지친 여러 동행자들을 일일이 설득하기가 번거로워 이내 단념하고 말았다. 그렇지만 못내 가보고 싶은 곳은 그 두 곳이었다. 비록 가서 보면 아무것도 없고 달랑 사막 한 가운데 관문의 흔적만 남아 있다고 해도, 보고 느끼는 감회가 사뭇 클 것 같았다.

돈황은 분지처럼 폭 파묻힌 오아시스 도시다. 그래서 돈황으로 들어가기 위해서는 산언덕 하나를 넘어야 한다. 그 산언덕에 올라서니 오아시스의 도시 돈황이 사막 한 가운데 푸르름으로 둘러싸여 있는 것이 눈에 보였다. 대개가 사막의 오아시스는 이 돈황처럼 자리하고 있다. 끝없는 사막을 달리다 보면 난데없이 푸른 숲이 앞을 가로막고, 거기에 사람들이 살고 여행자들이 물과 양식을 보충하며 쉰다.

오늘 하투고에서 사막을 건너오면서 차 안에서 무던히 생각했던 것은 내가 티베트를 돌아 곤륜의 험지를 넘어 여기까지 온 것에 대해서였다. 기분 좋을 뿐만 아니라 무척 대견스럽고 흐뭇하기까지 했다. 이 순례여정 프로그램은 처음부터 내가 발상해서 이루어진 것이었기에 그만큼 성취감이 컸고, 또 처음 의도를 그대로 살렸다는 점에서 나의 기쁨은 컸다. 여행사에서도 엄두를 내지 못하던 일을 나의 기획과 의지로 밀어붙였던 것이다.

물론 다른 동행자들도 순례기간 동안 많은 경험을 하고 새로운 체험을 했겠지만 나는 좀 더 절실한 심정으로 지냈다. 수미산 순례의 스님환생 기도는 말할 것도 없고, 무엇보다 중국 사람들이 그토록 신성시하는 곤륜산이나, 서역남로를 통한 불교 전법자들이나 구법자들의 비장한 각오와 헌신을 충분히 짐작할 수 있었다. 4명이 한 팀을 이루어 오랫동안 차내 생활을 하다 보니 흉허물이 다 드러난 점도 없지 않지만 다만 별 탈 없이 순례 장정을 마쳤다는 안도감이 들었다. 사실 나머지 작은 일들은 세월 속에 묻어두면 될 일이다. 원래 계획으로는 아침마다 모두 모여 예불을 올리려 했고, 일사불란한 협동체제로 엄숙하게 순례를 진행하려고 했었다. 그러나 예불도 못 했고 엄숙하지도 못 했다. 이런 점에서 오합지졸이 된 것 같은 느낌은 자존심 상하는 일이었고 옥의 티 같은 아쉬움 중에 하나다. 처음부터 우리들 스스로 순례하는 자세를 가다듬어 어딜 가나 현지인들에게 대한민국의 불자들은 매우 진지하구나 하는 인상을 깊이 심고 싶었다. 왜냐하면 성지순례는 귀한 시간과 비싼 돈 써가며 하는 특별한 일이기 때문이다. 아무쪼록 대한민국을 대표한 민간 문화사절 역할을 자임하고 싶었다.

이런 처음 계획이 잘 이루어지지 않았던 것은 내가 부족해서였다. 처음부터 동행자들을 잘 리드해서 사람들을 충분히 설득했더라면 좋았을 텐데 하는 아쉬움이 남는다. 그러나 덕망의 부족은 하루 이틀에 채워지지 않는다는 사실이다. 이점은 아마 내가 죽는 날까지 계속 노력해야 할 것이다.

오랜 시일, 험난한 지대를 두루 거쳐 막상 돈황에 들어서고 보니 감회가 더욱 새롭다. 인생의 폭넓은 시야와 가슴 시린 포부가 가득 안겨왔다. 우리가 하룻밤 묵은 하투고는 청해성이다. 지나올 때는 평지로만 느꼈는데 그곳은 해발이 높은 고원이었다. 그래서 청해성과 서장을 일컬어 청장고원(靑藏高原)이라고 부르고 있다. 고도계가 줄곧 3천 미터를 오갔다. 그러나 끝없는 지평선, 내 눈이 다 담아내지 못하는 한계를 느끼면서 중국의 거대한 땅덩어리를 실감할 수밖에 없었다.

돈황의 명사산에 선 필자(멀리 물이 점점 줄어들고 있는 월아천이 반달처럼 보인다).

■ 8월 2일(화)

돈황에서 눈을 떴다. 오전에는 관광객들을 위한 여행코스에 우리도 동참하기로 했다. 명사산을 낙타를 타고 올라갔다가 월아천까지 간다. 밀가루처럼 가는 모래에 대나무 깔판으로 미끄럼을 타는 일 등 흥겨운 놀이가 우리를 기다리고 있었다. 이미 몇 년 전에 다녀간 곳이고 해본 일이었지만 남들이 하니까 따라서 즐겼다. 모래썰매를 타기 위해 모래산 정상까지 올라가서 월아천을 내려다보았다. 오아시스 도시인 돈황이 한눈에 환하게 조망되었다. 모래산까지 올라가는 계단은 어림잡아 수백 개도 더 되는 것 같다. 가파른 계단을 쉬지 않고 올라가면서 나의 체력검증을 해봤다. 무척 숨이 가빴다.

나는 무엇보다 낙타 타는 일은 내키지 않았다. 왜냐하면 돈을 내도 짐승에게 신세지는 일이 싫었고, 낙타가 힘들어하는 것을 보면 공연히 부담이 되었다. 물론 내 마음이긴 하겠지만 불편한 것이 사실이다. 내심으로는 이곳 명사산이나 월아천보다는 양관이나 옥문관엘 나가 보고 싶었다. 단체 행동 때문에 나 혼자 개별행동을 할 수가 없어서 어쩔 수 없이 묵묵히 따랐다. 그러나 못내 그 옛날부터 양관이나 옥문관을 나서야 서역이기 때문에 서역남로를 따라온 우리는 꼭 그 관문을 확인해야만 답사가 끝난다는 생각이 계속 내 머릿속을 벗어나지 않았다. 우리가 차를 타고 온 길은 서역남로라기 보다는 현대의 자동차도로였다. 도시와 도시를 잇기 위해 건설한 산업도로와 같은 셈이다. 어쩔 수 없는 일이었다. 그렇다고 옛 길을 따라 걸을 수도 없는 일이다.

이런 점을 극복하기 위해서 형해(形骸)만 남아있는 곳이라 해도 양관과 옥문관에 가서 여기가 서역남로의 출발지구나 하는 확인을 꼭 할 필요가 있다고 본다. 그런 생각을 줄곧 하면서도 애꿎은 낙타만 힘들게 했으니, 마음에 있는 일이나 좋은 일도 다 안 되는 일이 많다는 것을 새삼 느낀다.

오후에는 막고굴 배관을 나섰다. 지난 번 '전법의 길' 순례시에 한 번 배관했지만 아쉬움이 많았었다. 그래서 돈황에 들어오기 전부터 마음이 온통 막고굴 배관에 대한 기대에 쏠려 있었다. 그만큼 보고 싶은 곳이고 기대 어린 곳이기 때문이다. 오후 1시 30분에 막고굴로 출발한 우리는 거의 세 시간을 굴에 있었다. 빠짐없이 다 보려고 하면 아마 며칠이 걸려야 하겠지만 이곳 방침에 의해 개방되는 굴이 따로 있었다. 그것도 날짜마다 들어갈 수 있는 굴이 다르다. 안내원은 중국인이지만 한국말을 매우 잘한다. 안내하는 이 선생의 변함없는 열정적 안내에 감동하여 한층 더 그의 설명에 귀 기울였다. 설명의 중요성도 있지만 그의 한국어 발음이 아직은 익숙지 않아 다른 말로 들릴 때가 있다. 정신을 집중하지 않으면 이해가 잘 되지 않는다. 그러나 아주 간단한 것이어도 그의 설명을 듣고 보면 갑자기 눈앞이 환해지는 느낌을 받곤 했다. 역시 아는 것은 놀라운 힘이다. 조금이라도 알고 보는 것과 전혀 모르고 보는 것은 그야말로 천양지차(天壤之差)다. 그러니 나뿐만 아니라 22명 전원이 서로 그의 곁에 서려고 보이지 않는 신경전을 펼쳤다. 이 굴에서 저 굴로 또 다음 굴로 연속 이동해 가며, 굴마다 전혀 새로운 세계를 만나게 되어 자신도 모르는 사이 환호성이 터져 나왔고, 입이 저절로 따악 벌어지기도 했다. 너무나 놀랍다. 무한감동의 괴력을 가진 돈황의 막고굴이다.

하염없이 빠져드는 동굴의 세계, 아니 불보살의 장엄한 세계, 가히 누가 이곳에서 경탄을 아끼겠는가. 간혹 우리말에 어색한 이 선생의 농담 한 마디가 분위기를 부드럽게 하여 긴장감을 풀어주기도 했다. 오후의 사막은 가장 뜨거워지는 시간인데, 마치 모래를 가마솥에 데워 놓은 것과 같아서 낙타도 모래 위를 걷지 못한다고 한다. 그런 혹심한 더위 속에서도 막고굴 안이나 그늘 속에 들어가면 서늘해진다. 여름방학을 맞아서 외국 사람, 중국 사람 얼마나 많이 들어오는지 정말 인산인해였다. 그 중에는 우리를 포함한 한국 사람들도 무척 많았다. 매우 좋은 일이다. 부자나라에 가서 부귀영화 누리는 것보다 문화를 찾아 나서는 것이 훨씬 바람직한 일이기 때문이다. 자연 굴마다 사람들이 가득가득하여 사람에게서 뿜어져 나오는 열기 또한 굉장하다. 아니 오히려 굴 속이 더 답답하고 숨이 막히는 것 같았다. 그런 가운데서도 설명을 놓치지 않으려고 부지런히 움직였다. 그렇게 집중해서 세 시간 가량 학습하고 밖으로 나오니 갑자기 허기가 느껴졌다.

부처님이 누워 계시는 모습을 보고 이 선생이 와불상(臥佛像)이라고 했는데 내가 그에게 질문을 했다. 열반상이냐? 와불상이냐? 안내자뿐 아니라 동행자들도 도무지 구분을 못했다. 나는 돌아오는 차 안에서 열반과 대각의 선정삼매가 같다고 이야기해주었다.

사막에 있는 오아시스에서는 아침저녁이 가장 좋다고 한다. 오전 10시만 넘으면 벌써 태양이 작열하고 모래가 서서히 달구어지기 시작한다. 현지인들은 아침이나 오후 늦게 더위를 이긴 승리감 때문에 맥주를 마시고 안식을 취한다. 그렇지만 이방인이 이런 사막에 익숙해지는 생활습관을 들이자면 어느 정도 신체적으로 단련되어야 한다. 아니 어쩌면 타고나는 점도 없지 않을 것이다. 물론 인간에게는 환경에 적응하는 대단한 능력도 있지만 우리처럼 숲속에 살던 사람들이 살기에는 여러 가지 고장과 탈이 자주 날 것 같다.

이곳 돈황에서 이틀 밤을 묵으면서 느끼고 깨닫고 마음 아파했던 점을 모두 싸들고 내일이면 북경행 비행기를 탄다. 그동안 지나온 순례여정을 다시 돌아보면 장한 점도 많고 아쉬운 점도

많다. 그래서 잠으로만 보내기에는 섭섭함이 느껴져 가까운 동
행자들과 어울려 순례의 여담을 털어놓고 좁은 차 안에서 벌어
졌던 감정의 앙금도 풀어냈다. 사실 하루 이틀도 아니고 차를
탄 시간만 이십여 일이 넘는 기간 동안 좁은 공간에서 부닥친
일이 어디 한두 가지이겠는가. 정말 잘 견디고 잘 지내왔다는
자위와 안도를 금할 수 없는 심정이다.

■ 8월 3일(수)

고비사막은 바다다. 하늘에서 고비사막을 내려다보는 나의 느
낌이다. 도대체 사막의 크기가 얼마나 큰지 비행기로 무려 한
시간을 날아도 사막의 끝은 다하지 않았다. 고비사막의 왼쪽은
기련산맥으로 막혀 있다. 돈황이 감숙성이고 감숙성의 성도(省
都)는 난주였다. 그래서인지 비행기는 난주에서 거의 한 시간
정도 머물렀다. 난주는 불교명소가 많은데 생각 같아서는 내려
서 곳곳을 들러보고 싶었다. 그러나 난주에서 다시 이륙한 비행
기는 2시간여 만에 북경공항에 착륙했다. 북경에서는 서울에서
출발할 때부터 별러왔던 초의다실의 여상스님을 만났다. 그를
통해서 많은 차 이야기를 듣게 되었고 그의 조언으로 몇 가지
차를 구했다. 아무래도 서울의 중국 찻집에서 구하는 것보다 품
질과 가격에서 한결 낮을 것 같아서였다. 다인(茶人)은 못 되지
만 차 양식을 갖춰놓는 것은 괜히 즐거운 일이 된다는 것을 경
험을 통해 알고 있기에 약간의 무리를 감수하며 차를 구했다.
그가 이 차 저 차에 대한 품평과 설명을 하느라 무려 세 시간

가까이 차를 마셨는데 나중에는 배가 부르다는 느낌마저 들었다.

다음에는 꼭 한 번 혼자 와서 그와 더불어 좀 더 느긋한 심정으로 차를 접하고 싶었는데, 그도 내 마음을 알아차렸는지 그런 제안을 했다. 내 마음이 들켰다는 생각을 하기도 했지만 그의 제안에 고마움을 느꼈다. 서로의 인사말을 뒤로 하고 그가 배려해준 차를 타고 자금성을 보러 갔던 동행자들과 합류했다. 이제 오늘 북경에서 자고 나면 내일은 귀국이다. 만 31일 만에 다시 주지직으로 돌아가는 셈이다.

■ 8월 4일(목)

일상에서의 31일간 탈출. 다시 일상으로의 복귀. 이 사건을 통해 많은 것을 돌아보았고 미래를 생각했고 또 오늘의 나를 생각했다. 그러나 별 뾰족한 수가 없었다. 사는 날까지 살아야 된다는 사실 외에는 말이다. 하루하루 살면 된다. 착실하고 알뜰한 생활에서 꿈을 키우고 희망을 간직하고 미래를 그려나가는 것이다.

인생이 뭐냐? 진리가 뭐냐? 본지풍광(本地風光)이 뭐고, 향상일로(向上一路)가 뭐냐? 하는 질문은 일상의 평범함 앞에서는 별로 의미가 없다. '평범'이라는 이 글자 앞에서는 그 무엇도 맥을 추지 못한다. 평상심(平常心)이 도(道)이기 때문일까? 이것도 말장난이겠지.

허나 일상의 평범함은 매우 가치 있는 것이다. 어쩌면 평범함이 진리라는 사실을 체험하기 위해 31일 동안 순례여정을 잡았고 실행했던 것인지도 모른다. 이제 특별한 일정을 모두 마치면서 다시 느끼고 깨닫는 것은 바로 평범함이다. 나는 이 평범함을 강화하기 위해 순례를 다녀와야 했던 것이다. 수미산 친견이라든가 스님의 환생은 모두 이 평범함에서 이루어지는 일상의 가치들이다.

이 가치의 실현은 누구나 자신이 서 있는 기반을 더욱 튼튼하게 다져가는 일이다. 그렇지 못하면 인생은 허송이 되고 사회에 대한 기여는 물거품이 되고 만다. 생활의 성실이야말로 가장 귀한 재산이며 자신의 인생자본이 될 것이다. 특히 수행자는 항상 이점을 깊이 명심해야 되리라 본다.

북경의 아침은 일찍 열렸다. 아마 그간 내가 서쪽 변방으로만 다녔기 때문일 것이다. 이곳 로얄펠리스 호텔 주변을 산책하면서 이번 순례를 다시 되돌아보았고 또 내 자신도 돌아보았다. 결국 내 내면에 대한 인생순례였다는 말이 맞겠다.

金河堂 光德大禪師 年譜

作成, 2001년 2월 1일
1차 수정·보완, 2001년 10월 16일
2차 수정 · 보완, 2002년 12월 1일

연도	연령	연　　　　보
1864	甲子	후일, 翁師가 되신 새 佛敎運動 大覺敎의 開創祖 龍城震鐘 祖師 誕生(朝鮮 高宗 1年).
1886	丙戌	龍城祖師, 경북 선산 모례원에서 勇猛精進 結社로 悟道(당년 23세).
1890	庚寅	후일, 恩師가 되신 淨化佛事의 大功德主 東山慧日 大宗師 誕生(용성조사, 27세).
1897	丁酉	후일, 法師가 되신 韶天大禪師 誕生.
1905		제2차 韓日協約(을사보호조약) 체결.
1910		① 3월, 안중근 義士, 여순 감옥에서 순국(死刑). ② 8월 22일 韓日合邦條約 調印.
1912		① 東山慧日 大宗師 出家(당년 23세). ② 후일, 拈華知音의 師兄이 되신 淨化佛事의 完成者이며 禪佛敎의 思想家 退翁性徹 大宗師 誕生.
1919		① 光武帝의 國葬을 계기로 전국 각지, 방방곡곡에서 기미년 독립운동(3.1운동)이 요원의 불길로 勃發. ② 龍城祖師 독립운동으로 수감(상좌인 東山 대종사 3년간 옥바라지).

年度	나이	내용
1919		③ 上海 임시정부 수립. ④ 韶天禪師 3.1 독립운동 참가 후, 김좌진 장군 휘하에 入隊(당년 23세).
1921		龍城祖師 大覺敎 創立.
1927 (丁卯)	1	① 東山 大宗師 金泉 直指寺에서 悟道(당년 38세). ② 4월 4일(음 3.3), 경기도 화성군 오산읍 내리에서 아버지 高公 準學, 어머니 金氏 東娘의 2男3女 중 넷째로 출생. 본관 제주, 본명 秉完.
1935	9	退翁性徹 大宗師 東山 門下로 出家(당년 24세). (당시 東山 大宗師 46세, 海印寺 白蓮庵 住錫).
1939	13	兄, 秉烈 死亡.
1940	14	4월 1일(음 2.24) 龍城祖師 入寂(世壽 77세, 法臘 61세).
1941	15	아버지, 高公 準學 別世.
1945	19	日帝 强占에서 解放.
1946	20	어머니, 金氏 東娘 別世.
1947	21	① 韓國大學(현 서경대학의 前身)에 進學, 폐결핵 感染. ② 둘째 누이 死亡.
1950	24	① 韓國戰爭 勃發, 가을 釜山 梵魚寺 入山. ② 東山선사와의 만남을 통해 인생관, 세계관의 일대 전환을 맞이하여 범어사 선방(청풍당), 관음전, 지장전, 미륵암, 금강암, 송도, 죽도, 삼천포, 함안 장춘사 등에서 발분 정진.
1951	25	칠월칠석(양 8.9), 東山 大宗師를 戒師로 沙彌十戒 수계식 도중, 受 十戒를 受 五戒로 복창하고 스스로 거사의 신분으로 낮추어 겸허하게 수행함.

1953	27	韶天大禪師의 覺運動과 그 思想에 깊이 契合한바 '金剛經讀誦救國願力隊'에 참여 전국 순회.
1954	28	① 釜山 東萊 온천장 金井寺에서 悟道. ② 부산 범일동에서 최초의 法燈家族 특별법회 시작(1년간 매주 실시). ③ 한국불교 淨化佛事 시작됨.
1956	30	대각회 창립, 초대회장에 취임(9.16).
1959	33	가을, 범어사 禪院에서 性昊·眞常·日陀 등 선사들과 現代禪學研究會를 결성하고 취지문을 작성, 발표한 뒤 『벽암록』 및 여러 禪典을 현토함.
1960	34	① 범어사 보살계 때(음 3.15) 東山大宗師를 恩師와 戒師로 受戒 ② 4.19 혁명 ③ 大韓佛教譯經院을 설립하여 『벽암록』·『선문촬요』·『선문염송』·『선관책진』·『선문단련설』 등 출판(현토).
1961	35	① 佛國寺에서 現代禪學研究會 주최, 雪峰 師, 초청, 『벽암록』 최초 강의. ② 5.16 군사정변
1962	36	① 『벽암록』(성호 현토본) 간행(편집·현대선학연구회, 발행·대한불교역경원). ② 曹溪宗 서무국장으로 宗憲·宗法 제정과 불교재산관리법을 주도적으로 成案하고 기타 종단 法令 마련으로 종단의 법률적 틀을 만듦.
1963	37	한국대학생불교연합회 창립(9.22, 초대 지도법사 취임).
1965	39	① 恩師, 東山大宗師 入寂(음 3.23, 양 4.24. 오후 6시 무렵 世壽 76세, 法臘 53세). ② 서울 奉恩寺 結社(주지취임)로 대학생 수도원 설립(9.12).

1965	39	③『보현행원품』(프린트본)-한국대학생불교연합회 교본으로 발행(6.5). ④ 학교법인 대동학원 이사 취임(8.18~1974.2.6).
1966	40	학교법인 원효학원 이사 취임(~1979.3.4).
1967	41	『선관책진』 간행(진수당, 10.15).
1968	42	『보현행원품』 간행(해인사판, 성철스님 서문).
1971	45	① 조계종 총무부장 취임(~1973.1.25). ② 조계종 총무원장 직무대행(청담스님 입적시, 11.25).
1972	46	① 自號 運海 사용(진리의 태양을 좋아하고 추종한다는 뜻의 高運海). ② 10월 維新 政治 쿠테타 敢行.
1974	48	① 財團法人 大覺會 理事長 就任(3.25~1976.6.29). ② '한마음헌장' 선포(4.2), 월간「불광」창간호에 게재. ③ 大覺寺에서 佛光會 創立(9.1). ④『반야심경 강의』 완성-禪智와 般若眼의 究極을 밝힌 佛光敎典. ⑤ 月刊「佛光」創刊, 發行人 登錄(11.1, 불광회를 모체로 함). ⑥ 순수불교 선언(월간「불광」창간호-새불교결사운동).
1975	49	① 대각사에서 佛光法會 創立(10.16, 불광회를 모체로 함). ②『法寶壇經』刊行(대각출판부).
1976	50	사리불법등(대학생법회) 창등(2.5).
1977	51	① 普賢行者의 誓願 발표. ② 救國救世의 보살을 양성하기 위해『菩薩聖典』 간행(10.30). ③ 學校法人 東國學園 理事 就任(11.23~1993.11.13).

1978	52	① 法師 韶天大禪師 入寂(4.15, 세수 82세). ② 禪智와 般若眼의 寶庫『禪門要典』 간행(10.9).
1979	53	① 파라미타 합창단 창단(3.29). ② 연꽃마을 이야기 출간(5.30). ③ 佛光出版部 開設(10.10), 發行人 登錄. ④ 12.12 新軍部 쿠데타 敢行.
1980	54	① 신달법등(중고등학생법회) 창등(9월). ② 新軍部 政權의 10.27法難 恣行.
1982	56	① 잠실 벌판에 佛光寺 竣工 奉獻(10.24.)-불광 제2기 잠실시대 개막. ② 마하보디 합창단 창단(11월).
1983	57	① 活功救國救世運動을 위한 正法護持 發願(8월 3일 호법발원) 시작. ② 불광의식집『불광법회요전』 발간(3.10).
1984	58	대웅전(후불탱화) 금판 금강경 주조 봉안(2.11).
1986	60	① 佛光幼稚園 設立(10.19). ② 佛光布教院 設立(10.19).
1987	61	① 回甲記念 불교 시론집『빛의 목소리』 간행(3.20). ② '판소리 불타전' 공연-상수불학운동(5.5). ③ 6.29 시민항쟁 승리선언.
1991	65	월간「불광」 200호 발행(6.1).
1992	66	① 創作 國樂交聲曲 '普賢行願頌' 발표 공연으로 새불교 운동을 거듭 제창함과 아울러 불교음악의 새로운 지평을 여는 계기가 되었음(4.2, 세종문화회관 대강당). ② 財團法人 大覺會 理事長 就任(5.12～1999.9.10).

1992	66	③ 圖書出版 한강수 開設(10.27), 發行人 登錄. ④ 佛光敎育院 設立(10.26, 석촌동 160-2의 건물 매입).
1993	67	① 財團法人 普德學會 理事 就任(3.30∼1996.3.30). ② 分坐知音 退翁性徹 大宗師 入寂(11.4, 海印寺 堆雪堂에서 世壽 82세, 法臘 59세).
1996	70	창작 국악 교성곡 '父母恩重頌' 발표공연(5.11, 국립중앙극장).
1998	72	週報(일요정기 법회용) 제1,000호 발행(8.9).
1999	73	① 佛光寺 法主室에서 2월 27일(음 1.12) 오후 2시 무렵, 大圓寂 般若寂光三昧에 듦(爲法忘軀의 大慈大悲가 化歸本空 함). ② 入寂 100일(6.6) 추모재(도피안사) 奉行. ③『광덕스님 시봉일기 1』(내일이면 늦으리) 출판(6.6). ④ 광덕스님 속환발원기도-티베트 수미산 순례단 출발(7.8).
2000		광덕스님 속환발원-1,000일기도 입재(2.27) 資 송암 奉行精進(도피안사).
2001		①『광덕스님 시봉일기 2』(징검다리) 출판(2.27, 대원적 2주기). ② 범어사에 行蹟碑와 부도 제막(10.21). ③『광덕스님 시봉일기 3』(구국구세의 횃불) 출판(12.30).
2002		①『광덕스님 시봉일기 7』(사부대중의 구세송) 출판(7.1). ② 입적 3주년 및 도솔산 개산 10주년 '환생' 전시회 개최(11.22, 서울 불일미술관), 도록『환생』발간.

門人 松菴至元 錄

오로지 스님의 뜻을 따라서

1. 재가불자의 말 한마디

스님의 기일을 불광사에서는 음력으로 모시고, 이곳 도피안사에서는 양력(2월 27일)으로 모시고 있다. 여기 도피안사에서도 기일을 모시는 까닭은 이 절 개산조(開山祖)가 스님이시기 때문이다. 그런데 올해는 기일 하루 전인 26일이 마침 일요일 정기 지장법회여서 기왕이면 형제들이 모일 때가 좋겠다는 의견이 있어서 하루 앞당겨 제를 모시기로 했다.

특히 올해는 덕암거사 박종린 불자와 반야심보살 권오영 불자 등이 주축이 되어 2월 25일(토) 0시부터 당일 23시 30분까지 거의 스물네 시간을 꼬박 쉬지 않고 절하면서 염송하는 '광덕큰스님 원적 7주년 추모 일만 배 용맹정진'을 봉행했다.

덕암거사는 절 수행 3백만 배의 서원을 세워 매일 천 배, 토요일마다 3천 배를 하여 지금 2백만 배를 지나 최종 목적지를 향해 나아가고 있는 근래 드문 재가의 수행불자이다. 그가 힘든 용맹정진을 마친 26일 0시 30분쯤 내 방에 와서 차 한 잔으로 목을 축이면서 자신의 속내를 털어놓았다.

"저는 하루종일 절하면서, 광덕 큰스님 이전에도 광덕 큰스님은 없었고 광덕 큰스님 이후에도 광덕 큰스님은 없다는 것을 알게 되었습니다."

그 말을 듣는 순간 나는 가슴이 서늘해지는 느낌을 받았다. 뭔가 모를 두려움으로 나도 몰래 옷깃을 매만졌다. 스님의 상좌로서 실로 무서운 이야기를 들었기 때문이었다.

그러나 무서운 이야기가 어디 그뿐일까. 세상 사람들이 나 모르게 스님의 권속들 모르게 쏟아놓는 말은 훨씬 더 많을 것이다. 이런 점에서 나나 권속들이 분명 알아야 하고 잊지 말아야 할 스님의 뜻이 있다.

2. 뜻을 따르는 일

스님께서 생전에 상좌인 나에게 기회가 있을 때마다 고백하셨다.

"나는 별 계획 없이 그때그때의 상황에 따라 인생을 살아왔다. 범어사에서 총무원에서, 그리고 오늘 불광까지 나는 나의 계획으로 살았다기보다는 그때그때의 상황에 따라 살면서 다만 내 나름대로 최선을 다하려고 노력했을 뿐이다. 어쩌면 무척 시시한 삶인지도 모르겠다. 딱 부러진 자신의 계획을 가지고 살지 못 했으니 말이야. 그러나 굳이 좋게 말한다면 부처님의 인도하심과 가호하심이라고 말할 수도 있겠지."

스님의 이 진솔한 고백을 다시 한 번 생각해본다면, 스님 자신은 어느 때나 자신을 내세우지 않는 무아(無我)의 실천적인 삶을 살았다는 것이 되며, 불광의 출현은 부처님의 뜻[願力]이라는 해석이 가능하다. 이것이 스님께서 은연중에 드러내신 자신의 뜻이다.

또 한 가지, 스님께서 사바를 떠나시기 전, 불광사의 모든 권한[창건주 승계권]을 생각지도 못 했던 어린 상좌에게 넘기셨다. 그때 스님의 상좌들 중에는 나이 든 사람들도 있었고, 선승이나 포교승, 학승이라고 말할 사람들이 두루 있었지만 그들을 모두 제쳐두고 어린 상좌에게 불광의 대임을 넘겼다. 안팎으로 놀라움을 금치 못할 일이었다.

그러나 스님의 그 결정을 자세히 살펴보면 거기에는 스님께서 이생의 마지막으로 상좌 모두에게 내린 무섭고 준엄한 꾸지람의 교훈이 들어 있다. 그러므로 스님의 은혜를 조금이라도 입은 사람들이나 권속이라면 누구를 막론하고 스님께서 왜 그런 결정을 내렸는가를 옷깃을 여미고 깊이 생각해봐야 했다.

그리하여 크게 부끄러워해야 하고 뉘우치며 참회해야 마땅했다. 그럼에도 불고하고 스님 입적 후 불과 며칠 지나지 않아 스님의 뜻[결정]을 남도 아닌 가장 가까운 사람들이 뒤집어버렸다. 이런 일련의 일은 결국 제자들이 스승을 철저하게 무시한 처사가 되고 말았다. 물론 그들도 나름대로 이유가 있었을 테고 명분도 있었을 것이다. 역사적으로 국익에 큰 손실을 끼친 당시의 책임자들도 합당하다고 생각하는 이유와 명분은 다 있었으니까 말이다. 이유와 명분은 언제나 만들 수 있다.

여기서 중요한 것은 자신들의 입장이 아니라 바로 스승의 뜻을 어떻게 받드느냐에 달려 있는 것이다. 스승께서 결정한 일을 신중하게 생각하여 가르침을 배우는 제자로서는 마땅히 참회해야 할 일은 먼저 참회한 뒤 새롭게 임해야 한다. 참회하지 않고 얼버무리거나 적당히 넘어가면 진정한 화합이 될 수 없다. 만약 이런 절차를 갖지 않으면 무슨 이유와 명분을 내놓아도 날조와 기만에 지나지 않는다. 이점에서 숫자를 내세워 스승의 결정을 아무런 합당한 절차 없이 번복한 것은 스님의 뜻에 크게 어긋나는 일이다.

3. 스승에 대한 예의

그래서 스승에 대한 최소한의 예의로도 참회와 참회의 기간은 필요했다. 그런데도 참회는커녕 권속으로서 해서는 안 될 일을 감히 저지르고 말았으니…. 그것은 스승의 결정을 침탈하고 어린 상좌에게 있는 권한을 숫자로 빼앗아버린 일이다.

나는 지금도, 스님 입적 직후 권속들은 마땅히 스님의 뜻을 받들어야 했다고 본다. 왜냐하면 당시 스님의 결정에는 준엄하신 꾸지람이 들어 있었기 때문이다. 그렇게 했어야 권속들 간의 진정한 화합도 이루어지게 된다. 힘 가진 자가 승리한다는 말은 세속의 사람들도 드러내놓고 쓰지 않는 법이다. 나는 이런 생각을 범어사에서 스님 다비를 마치고 올라오는 버스 안에서 대표자에게 말했었다.

그때 내가 말한 것은 어린 창건주승계자를 도와 스승의 위업을 이어나가는 것이었다. 남이 보아도 보기 좋게 마치 왕조시대의 어린 왕을 실력자들이 보필하듯이. 결국 허사가 되고 말았지만 만약 그렇게 했다면 세월 속에 모든 일은 저절로 가닥이 잡히고 모든 것은 순조롭게 제자리를 찾았을 것이다.

그렇지만 일부 인사들은 끝내 정도를 가지 않고 쿠데타적인 행동을 저질렀다. 입적 후 불과 며칠 지나지 않아 스님의 결정을 무시한 채 스님의 자리를 차지하는 무엄한 일을 감행했던 것이다. 물론 대중이 의논하여 결정한 일이라고 둘러대겠지만 그 대중은 모두 스님의 권속들이다. 권속들이라면 당연히 스님의 뜻과 결정을 누구보다 신봉해야 할 사람들 아닌가. 그런데도 스님의 뜻을 받들지 않았다면 그들을 과연 권속들이라고 말할 수 있겠는가.

북한 김일성이 죽었을 때, 그 후계자는 삼 년이나 기다렸다. 후계자가 누구라는 것은 이미 정해졌고 세상이 다 알고 있는 사실인데도, 또 정권 차원에서 긴급한 일도 많았을 터인데도 쉬이 그 자리를 차지하지 않았다. 그것은 그들 나름의 여러 이유도 있었겠지만, 어버이이자 선임자가 죽기를 기다렸다는 듯한 행동으로 비쳐질까 봐 조심했을 것으로 본다. 또 그런 표면적인 이유보다는 부모나 윗사람을 모시는 우리의 오래된 예절이 그랬던 것이다.

정치적인 권력집단도 이런 정도의 분별을 가지고 있는데 하물며 출가 수행자들이 지엄하신 스승의 뜻과 결정, 그것도 준엄하신 이생의 마지막 꾸지람의 교훈을 철저하게 무시하는 행동을 저질렀다는 것은 실로 패륜이라고 말하지 않을 수 없다. 어떤 변명도 통하지 않는 배은망덕이며 만행(蠻行)이다.

그 뿐 아니다. 스님은 평소 기록하기를 좋아하셨다. 노년에도 줄곧 기록하여 여러 심경을 담은 일기형식의 기록이 있었는데 그마저 어디론가 사라졌다고 들었다. 이유 없이 스님의 중요한 유품이 사라진 것은 거기에 누군가에게 불리한 점이 있었을 것으로 생각한다. 그 장본인의 소행이리라.

4. 스님의 실상

내가 오늘에 와서 이런 일을 새삼 거론하는 것은,

첫째 스님께서 남기신 한국불교의 새물줄기인 반야바라밀다의 불광운동은 부처님의 뜻이라는 스님의 신념을 저버려서는 안 된다는 역사적 진실 때문이다.

둘째, 스님께서 사바를 떠나시기 전, 병으로 인해 정신이 흐려졌다는 말을 일부 사람들이 아직까지도 하고 다닌다는 말을 얼마 전에 또 들었다. 도대체 무엇을 근거로 그런 말을 하고 다니는지 나는 그 이유를 도저히 몰라서이다.

그러나 결론부터 말하자면, 전자에 대해서는 스님의 뜻을 모르거나 저버리고 어찌 스님의 법상에 함부로 오를 수 있으며 스님이 마련한 처소에서 살 수 있겠는가. 후자에 대해서는 실로 크나큰 불경이고 씻을 수 없는 죄업의 망발이다.

스님은 노년에 접어들수록 노쇠와 병고 속에서 매우 힘든 삶을 지냈던 것은 사실이다. 그렇지만 정신력은 평생에 닦은 수행의 힘과 신심으로 조금도 흐트러짐이 없었다. 다만 육신이 불편하여 거동이나 표현이 어려웠을 뿐이다. 또 스님을 이기려는 사람은 많았지만 뜻을 받들어주는 사람이 없어서 고적했던 것은 사실이다.

스님의 정황을 정확하게 말하면 오히려 연세가 들수록, 또는 병고가 깊어질수록 정신은 점점 더 광채를 발할 정도로 명징해갔다. 한없이 순수해지고 모든 것을 받아들이는 무심의 경지를 여실하게 내보여주었다. 매사에 분명한 태도를 잃지 않았던 것이다.

스님은 비록 누워서 지냈어도 불교의 바른 가르침을 일러주었고 자신의 뜻을 설명했으며 불광이 가야 할 길을 제시해주셨다. 그러기에 잘못을 저지른 사람들에게는 위와 같은 준엄한 질책도 할 수 있었던 것이다. 물론 방법은 거동이 자유로웠을 때와는 다를 수밖에 없었지만 말이다.

그것이 바로 어린 상좌에게 불광의 대업을 물려주어 다른 모든 권속들을 준열히 나무라신 일이다. 이러함에도 어찌 스님 말년에 정신이 흐려졌다고 여기저기 다니면서 함부로 말할 수 있는지, 그것도 가까운 사람들의 입에서 감히….

그렇게 말하고 생각하는 사람들은 스님의 뜻을 전혀 알지 못하는 무지몽매자들이라는 생각이 든다. 스님을 조금이라도 아는 사람들은 도저히 할 수 없는 어림도 없는 일이기에 그렇다.

혹시 자신의 잘못을 호도하거나 합리화하기 위해 스님의 실

상을 의도적으로 왜곡하는 소행이라면 더 더욱 용납되어서는
안 될 천하의 무도한 일이고 천인이 공노할 일이다.

만약 지금도 스님의 준열한 꾸지람을 바로 알지 못하고 병고
로 인해 정신이 흐려져 생긴 착오라고 생각하는 사람이 있다면
그는 하루 빨리 스님의 그늘에서 벗어나 스스로의 길을 찾아
가야 할 것이라고 본다.

그러나 최소한의 양심이나 수행자의 면모를 가지고 있다면
부처님과 한국불교와 스님께 더 큰 죄업을 짓기 전에 스스로를
잘 살펴 참회해야 하지 않겠는가. 충고하고픈 일이다.

5. 진정으로 해야 할 일

이런 몇 가지 일을 미루어봐서도 스님 말년의 정신이 얼마나
차원 높게 빛을 발하고 있었는가는 불을 보듯 알 수 있다. 그런
데도 일부 인사들에 의해서 스님 입적 후 자행된 여러 가지 행
태는 실로 어처구니없는 광경이었음을 알 것이다.

만약 제대로 된 생각을 가졌더라면 불광의 법주이신 스님이
반열반에 드신 후 스님이 결정한 후계자를 도와 가장 먼저 해
야 할 일은 스님의 사상과 행장을 모아 편찬하고 불광 신앙지
침서를 발간하는 일을 서둘러야 했다고 본다.

스님이 계시지 않은 상태에서 스님의 불사를 온전히 계속해
나가려면 무엇보다 스님의 모든 저서를 연구, 분석하여 다시 가
닥을 잡아 원칙과 방침을 세워나가는 것이 순서다. 왜냐하면 스

님 계실 때는 아무런 문제가 되지 않던 일도 스님 멸후에는 사
소한 일도 문제가 될 수 있고 의견이 다를 수 있기 때문이다.
이런 일련의 일이 선행되어야 함은 다른 이유도 있다. 사상운동
은 학문을 통해 틀을 만들지 않으면 후세에 전달하기가 어렵다.
그래서 연구가 필요한 것이다.

아무튼 이 일은 땅을 사고 집을 짓거나 고치는 일보다 더 시
급한 일이고 망설이거나 주저해야 할 일이 결코 아니다. 왜냐하
면 스님은 도심포교의 선구자, 성공자가 아니라 한국불교의 새
물줄기임을 선언한 사상가였기 때문에 더욱 그렇다.

그런데도 그처럼 당연한 일은 처음부터 하지 않았고 수년의
세월이 흐른 지금에도 집 짓는다는 소식은 들려도 그 일을 한
다는 소식은 없다. 그 흔한 뜬소문조차도 없다.

물론 이러한 주장은 나의 생각과 달라 견해차이라고 볼 수도
있다. 그러나 우리 모두에게는 거울이 있지 않은가. 과거 고인
(古人)들의 행적을 찾아보면 얼마든지 오늘의 거울이 될 수 있
다. 옛 사람들은 스승을 받드는 데, 스승이 물려주신 자리를 차
지하는 것보다 뜻을 차지하는 것이 먼저라고 믿었다. 그래서 비
문을 짓고 문집을 만들어 스승의 가풍과 사상을 길이 후세에
전하려고 했음은 누구나 잘 알고 있는 상식이다.

그렇다면 오늘 이 시대의 비문과 문집은 어떻게 만들어야 하
며, 또 새불교운동을 개창한 스님의 비문과 문집은 어떻게 만들
어야 할까. 생각이 이에 미치면 등이 뜨거워 지금도 잠이 오지
않는다. ‘광덕스님시봉일기’ 시리즈의 권수가 늘어난 것도, 이러
한 일을 남에게 미룰 일이 아니라 내 힘으로 해봐야겠다는 생

각을 가졌기 때문이다. 이 책을 내고 이 글을 쓰는 소이가 여기에 있음을 밝힌다.

그리고 내가 지난 일을 새삼 꺼내는 것은 딱히 옳고 그름을 가리고자 해서가 아니다. 다만 스님의 뜻을 그 누구도 왜곡시켜서는 안 된다는 상좌로서의 신념과 사명감 때문이다.

6. 스님의 본뜻을 이어가야

이제 모두는 자신들을 반성하고 참회하여 심기일전한 뒤, 다시 스님의 본뜻을 곰곰 생각해야 하리라.

스님은 "내가 서울에 절이 부족하여 불광사를 지은 것이 아니다"라고, 기회 있을 때마다 강조하셨다. 조금이라도 스님의 사람으로 자처하는 이들은 스님의 이 말씀을 글로 써서 머리맡에 붙여놓고 잠시도 잊어서는 안 될 것이다.

거듭 말하지만 이 길만이 권속들이 살 길이고 지난 잘못을 참회하는 유일한 길이다. 궁색한 변명이나 자기 합리화는 아무 소용이 없다. 또한 유구한 2천년 한국불교사의 대한민국시대에 불광의 등장은 부처님 뜻이라는 자각을 등져서도 안 된다. 천고만고의 씻을 수 없는 죄인이 된다.

오직 바라는 바는, 스님의 불광(권속의 불광이 아닌)이 한국불교의 새물줄기임을 분명히 알아야 하고 거기에 따라 분명한 태도를 취해야 한다. 그래서 한국불교 전체가 불광과 한 몸이라는 사실을 알고 교단 내에서 어느 편이 되거나 또는 특정인을 지지하는 비불광적인 일을 결단코 해서는 안 된다는 점을 말하고 싶다.

또한 불광의 사상이나 수행법은 이미 확고하게 정해져 있기 때문에 이제 와서 '친구가 장에 가니 거름 지고 따라간다'는 식으로 새삼 수행법 운운해서도 안 된다. 수행법 재정립이라는 말은 다른 여타의 절에서나 할 수 있는 말이다.

그것은 한국불교가 현대인에게 맞는 사상이나 수행법에 대한 이해와 준비가 부족했을 때 이미 불광은 사상과 사상의 실천방법[수행법]을 제시하면서 새 물줄기라고 선언하지 않았던가.

이토록 명백한 일을 왜 모르는지, 아니면 짐짓 외면하는지, 나로서는 그 까닭을 알 수 없다. 그러나 권속들의 자각으로 밝은 앞날을 기대하고픈 것이 솔직한 내 심정이다. 스님을 생각하면 더욱 그렇다.

7. 스님의 위상

절 수행을 통해 보살서원을 다져가는 덕암거사 박종린 불자의 이야기로 끝을 맺어야 할 것 같다. 그가 밤 꼭지시간에 나와 차를 마시면서, 요즘 재가 불자들 사이에 흐르는 이야기 한 가지를 전해주었다.

우리 한국의 현대불교에 4대 호법존자(護法尊者)가 있는데, 첫째로 성철스님은 달마대사로부터 비롯된 선종(禪宗)의 선불교사상을 완성시킨 분으로, 광덕스님은 반야바라밀다 신앙운동을 일으킨 사상가로, 숭산스님은 서쪽으로 간 한국판 달마대사로, 법정스님은 한국이 낳은 최고의 문서포교사로 각각 자리매김 되어 호법존자로 불린다는 것이었다.

물론 이 이야기는 처음 듣는 것이었다. 내가 생각하기에 이런 이야기를 누가 의도적으로 여론조사를 하여 발표한 것은 아닐 테고, 어디까지나 항간에 떠도는 말들의 한 토막이며, 한갓 여담에 불과할지도 모르겠다.

그렇지만 나는 스님에 관한 이야기에서 가슴이 크게 울리는 것을 느꼈다. 나는 평소 그런 생각을 하고 있었던 터이고, 또 스님의 유고집(遺稿集)인『반야의 종소리』와『꽃을 들어 보여라』 편찬 작업을 하면서, 스님은 반야바라밀다 새불교운동의 창시자라는 생각에 푹 빠져 있을 때였기 때문이다.

한국불교의 2천년 역사를 살펴보면, 위기 때마다 선각자가 나타나서 새로운 신앙운동을 일으켰다. 그러한 맥락에서 스님의 반야바라밀다 운동도 대등한 뜻을 가질 것이라고 본다. 나는 순직한 덕암거사를 가만히 바라보면서 아무런 이야기를 하지 않고 연신 차만 마셨다.

나무 마하반야바라밀다.

불기 2550(2006)년 5월

보현도량 도솔산 도피안사 묘향대에서

佛光門人 松菴至元 謹誌

환생

　내가 이 책, '광덕스님시봉일기' 시리즈를 장시간에 걸쳐 쓰는 까닭은 스님께서 환생하신다는 믿음과 거기에 따르는 준비 때문이다. 환생은 스님의 노년, 병석에서 누누이 다짐을 두셨던 일이기에 나에게는 스님의 환생이 의심의 여지없는 일일 뿐 아니라 꼭 실현되어야 하는 현실의 일이다. 스님께서 이 땅에 계셨던 말년, 반드시 다시 와서 '불광운동'을 하시겠다는 스님의 뜻을 측근에 있던 사람들은 다 안다.

　나는 그런 스님의 입적 후, 스님의 환생을 하루라도 빨리 맞이하기 위해 수미산으로 환생기도[速還娑婆 : 속히 사바로 돌아오소서]를 떠났었다. 그때나 지금이나 나 같은 사람 백 명이 '불광결사'를 하는 것보다 스님 한 분이 하는 것이 훨씬 낫다는 생각을 했다. 또 다른 사람은 스님께서 뜻하신 새불교운동의 '불광결사'를 완성시킬 수가 없다고 생각해서였다. 그 까닭은 많지만 여기서 일일이 말하기는 어렵다. 그리고 '불광결사'는 스님께서 남기신 미완(未完)의 일로, 전적으로 스님의 책임으로 생각했기 때문이기도 하다.

그동안 내가 스님 입적 후부터 지금까지, 내 인생의 모든 것을 스님의 환생에 걸고 8년여의 시간을 기다려 온 것은 다시 오신다는 스님의 약속을 굳게 믿었기 때문이고, 또 내가 할 수 있는 일은 그 약속을 받들고 지키는 일이라는 신앙을 가지고 있었기 때문이다.

그러한 스님의 환생이 내게 분명하게 각인된 것은 1999년 7월의 수미산 환생기도 때 다르첸에서 받은 감응으로 인해서였다. 감응의 내용은, '스님께서 반드시 다시 오신다'는 확인이었다. 그로 말미암아 스님의 환생은 천지가 뒤바뀌어도 변할 수 없는 내 삶의 신앙이 되었다. 스님 입적 후부터 나는, 환생은 티베트에만 있는 특별한 믿음[信仰]이 아니고 우리 한국불교를 비롯해 불교 전체에 있는 일반적인 신앙이라고 생각하고 있다. 말하자면 내가 불자로서 환생을 믿는 것은 너무나 자연스런 일이고 당연한 일이라는 것이다. 그래서 나는 환생을 믿지 않은 사람은 불자가 아니라고까지 주장하게 되었다.

1차 수미산 환생기도 때 받은 스님의 감응을 가슴에 간직한 나는 다녀와서 바로 천일기도를 입재했다. 물론 환생[速還娑婆]을 염원하는 기도였고 환생을 준비하기 위한 기도였다. 마치 옛 우리 조상님들이 부모가 세상을 떠났을 때, 무덤 앞에 움막을 짓고 삼년 시묘살이를 했듯이 그런 각오로 임했다.

그 천일기도 동안에 나는 줄기차게 시봉일기를 써내려갔다. 물론 외출도 하지 않았고 시봉일기 쓰는 일 외에는 다른 어느 일에도 시간을 허비하지 않았다. 줄곧 절에 꽉 틀어박혀서 시봉일기만 묵묵히 써내려갔다. 이 일은 스님께서 환생하셨을 때를 위한 내가 할 수 있는 유일한 준비라고 생각했다. 그러므로 내가 알고 있는 모든 것을 기록으로 남겨 스님이 오셨을 때 다시 처음부터 시작하지 않고 지난 생에 하시던 일을 그대로 이어서 순조롭게 불사를 할 수 있도록 한다는 것이 내 소박하고 단순한 직절일념(直節一念)이었다. 그런 자세 때문이었는지 이제 돌아보면 그 천일동안 많은 자료를 정리했다. 만약 지금 시봉일기를 시작한다면 어림도 없는 일이 되고 말았을 것이다.

3년여의 세월이 흘러 천일기도 회향이 되었을 때, '환생' 전시회를 서울 사간동 법련사 전시장에서 열었다. 마침 현석거사 이호신 불자가 스님의 진영(眞影)을 완성하기도 했고, 또 여러 분들이 스님의 환생에 대한 염원을 같이해 주었기에 가능했었다. 이런 일련의 일을 미루어보면 스님 입적 후 지금까지, 나는 오로지 스님의 환생만을 기다리며 살아온 셈이다.

'송암은 왜 그토록 광덕스님의 환생을 기다리는가?'
혹시 독자들이 이런 의아심을 갖게 될지도 모르겠다. 대답은 이렇다. 세월이 흘러 내가 나이를 조금씩 먹어 가고, 또 불교공부에 대해 철든 생각을 조금이라도 하고 보니, 스님은 도저히 내가 넘볼 수 없는 큰산이라는 사실을 깨닫게 되었다. 그래서 나 같은 사람 백 명보다 스님 한 분의 뜻과 안목이 훨씬 좋겠다는 생각이 간절했고, 또 스님이 시작하신 '불광결사'에 대한 원대한 흉중을 다른 사람은 미처 다 알 수 없기에 반드시 스님이 다시 오셔서 완성해야 된다는 결론과, 그리고 '불광결사'가

시대적으로나 불교적으로 갖는 의미가 너무나 장대하기에 이대
로 주저앉아서는 안 된다는 안타까움 때문이다. 이것이 나의 생
각이긴 하지만, 알고 보면 스님의 노고는 아랑곳하지 않고 오로
지 내 고생 덜하고 편할 생각만 하고 있는 것도 숨김없는 사실
이다.

그 이후, 다시 2차 수미산 환생기도를 다녀왔다. 역시 감응은
분명했다. 그 이후 스님의 환생에 대한 조짐은 내 눈에 좀 더
가까이 보였고, 현실로 다가옴을 점점 감지하기 시작했다. 막상
바라고 바라던 일이었으나 환생의 여러 조짐이 구체적으로 눈
앞에 나타날 때마다 나는 매우 놀랐다. 앞뒤가 맞지 않는 말 같
지만, 드디어 스님께서 오시는구나 하는 것을 눈으로 보게 되
니, 알지 못할 설렘에 가슴이 두근거리고 행동은 허둥거리게 된
다.

스님의 환생에 대한 여러 조짐과 메시지가 나에게 전해졌고
내 스스로가 간파했다. 일일이 다 말할 수가 없다. 그러나 이
모든 것을 감지하고 있는 나로서는 이제부터는 스님께서 환생
하신 곳을 찾아야 하는 일이 남았다. 티베트의 고승들이 환생을
찾아가듯이, 이제 내가 해야 하는 일은 스님의 환생을 찾는 일
이다. 그것은 기도다. 만약 기도의 감응을 통해 환생처를 찾지
못하면 부득이 스님 자신이 성장해서 만나야 한다. 그러기에는
너무 멀다. 환생에 대한 설렘으로 가득한 이 가슴을 부둥켜안고
오랜 세월을 견뎌낼 자신이 없다.

이 책에 들어 있는 나의 일기 말미에 2차 수미산 환생기도에

대한 일정을 모두 넣은 것도 이제 환생이 구체적으로 눈앞에
다가왔다는 사실을 대한민국 불자들에게 알림이다.

나는 짧지 않은 세월동안 환생에 골몰하여 사느라 인간관계
에 소홀하기도 했고 두문불출로 세상과 등지서 살다시피 했다.
그러나 무엇보다 내 자신의 인간 됨됨이가 부족하다고 생각한
다. 어느 날 이런 나를 위해 어느 분이 전송을 통해 충고를 해
왔다. 이름도 위치도 수취인도 밝히지 않았지만 보내온 글을 살
펴보니 분명 나에게 보낸 것이라는 생각이 들었다. 도둑이 제발
저리다는 말과 같이 모나게 살아온 내 자신을 늘 반성하고 있
던 차에 이런 지도를 받게 되었다. 이것을 좋은 계기로 삼고자
여기 실어서 내 거울로 삼는다.

사람과 사람을 묶어주는 인간관계 십계명

첫째, 먼저 손을 내밀어라.
대부분의 사람들은 먼저 다가가기보다 상대방이 다가오기를 기
다린다. 친구를 사귀고 싶다면 먼저 손을 내밀고 악수를 청하라.
둘째, 호감을 가져라.
사람들은 대개 자기를 좋아하는 사람을 좋아하고 자기에게 관심
을 보이는 사람에게 관심을 가진다. 호감과 관심을 받고 싶다면
먼저 상대방에게 호감과 관심을 가져라.
셋째, 통하라.
인간관계는 커뮤니케이션 관계며, 커뮤니케이션은 통하는 것이
다. 대화중에 말, 생각, 감정이 진심을 통해야 서로 통하는 사이가

된다.

넷째, 따뜻하게 말하라.

상대방에게 힘과 용기를 주는 말을 하라. 상대방에게 기쁨과 즐거움을 주는 말을 하라. 사랑과 애정이 담긴 말로 상대방의 마음을 따뜻하게 하라.

다섯째, 상처주지 말라.

상대방을 비판, 비난하지 마라. 상대방에게 책임과 잘못을 전가하지 마라. 상대방의 감정과 자존심에 상처를 주지 마라.

여섯째, 자신의 속을 보여주라.

열 길 물속은 알아도 한 길 사람 속은 모른다고 했다. 모르면 이해할 수 없고 이해 할 수 없으면 친해지지 않는다. 솔직하게 자신의 생각과 감정을 표현하고, 있는 그대로의 속을 보여줘라. 때로는 비밀도 공유하라.

일곱째, 많이 웃고 많이 웃겨라.

사람들은 잘 웃는 사람을 좋아한다. 사람들은 잘 웃기는 사람을 좋아한다. 사람들은 밝고 유쾌한 사람을 좋아하니 자주 웃고 자주 웃겨라.

여덟째, 상대방의 일을 내일처럼 생각하라.

상대방에게 필요한 일, 도움이 되는 일을 미리미리 잘 챙겨줘라.

아홉째, 참고 이해하고 용서하라.

좋은 인간관계를 만들려면 참을성이 있어야 한다. 참고 이해해야 한다. 좋은 사람끼리는 참고 이해하고 용서해야 한다.

열째, 먼저 등 돌리지 마라.

쉽게 친해지지 않는다고, 별 볼일 없다고, 섭섭하다고 먼저 등 돌리지 마라. 한 번 맺은 인연을 소중히 하고 절대로 먼저 등 돌리지 마라.

이 열 가지가 '시봉일기'를 쓰고 있는 나에게 해주는 우정어린 가르침이다. 그리고 이런 일은 부지기수다. 모두 고맙게 생각할 뿐 아니라 불보살님의 가호와 인도라고 믿는다.

나무마하반야바라밀다

불기 2551(2007)년 5월

부처님오신날

佛光門人 松菴至元 謹誌

추기(追記)

시봉일기 5권, 임의 숨결은 매우 늦었다. 사정이 생겨서가 아니라 내 마음이 느슨해졌기 때문이다. 점점 시간이 흐를수록 여유가 아닌 게으름이 처음 마음을 막고 있다. 그러나 또 한 면에서는 처음에는 백 미터 단거리 선수처럼 뛰었어도 마지막 마무리는 마라톤 선수처럼 뛰면서 실수나 아쉬움을 줄이고 싶은 것도 있다. 그래서 이 일을 시작한 지 10년 안에는 모든 것을 끝내고 싶다. 별권을 빼면 두 권 남았다.